·彩图版·

龚书铎◎主编

宋书 南齐书 梁书 陈书 南史

二十四史

巴蜀书社

白话精编二十四史 第四卷

宋书 南齐书 梁书 陈书 南史

图书在版编目（CIP）数据

白话精编二十四史／龚书铎主编 .—成都：巴蜀书社，
2016.10

ISBN 978-7-5531-0739-4

Ⅰ．①白… Ⅱ．①龚… Ⅲ．①中国历史－古代史－纪
传体②二十四史－译文 Ⅳ．① K204.1

中国版本图书馆 CIP 数据核字（2016）第 231862 号

白话精编二十四史　第四卷　　　　　　　　　　龚书铎 主编

策划组稿	林建	
责任编辑	施维　张照华　肖静　封龙　童际鹏　张亮亮	
出　版	巴蜀书社	
	成都市槐树街2号　邮编610031	
	总编室电话：（028）86259397	
网　址	www.bsbook.com	
发　行	巴蜀书社	
	发行科电话：（028）86259422　86259423	
经　销	新华书店	
制　作	日知图书（www.rzbook.com）	
印　刷	天津市光明印务有限公司	
版　次	2016年10月第1版	
印　次	2016年10月第1次印刷	
成品尺寸	165mm×230mm	
印　张	160	
字　数	3000千字	
书　号	ISBN 978-7-5531-0739-4	
定　价	298.00元（全十卷）	

前 言

　　鲁迅先生曾说："历史上写着中国的灵魂，指示着民族的未来。"中国的历史，无疑是我们国家和整个华夏民族的灵魂所在。从有文字以来，中国人就对历史的记述有着浓厚的兴趣。"左史记言，右史记事"滥觞于前，孕育了中国几千年来持续不断的历史记述制度，不仅"世有史官"，而且设立专门的著史机构；除了国家专门组织的著史工作之外，大量的私人著史活动也是风起云涌，从不同的角度，以不同的观念并在不同的深度和广度上反映了历史的真实，从而形成了一股汹涌澎湃的文化思潮，影响深远。

　　在这样的制度和文化背景下，几千年来，中国产生的历史著作可谓汗牛充栋，为了有所区别，于是产生了"正史"和"野史"之分。在浩如烟海的历史著作中，就正史而言，"二十四史"无疑是其中的佼佼者，是中国历史文化遗产中的璀璨明珠。

　　作为正史总集的"二十四史"是中国史学主干，由清乾隆帝钦定后，正史遂成为"二十四史"的专有名称。它从《史记》（司马迁著）至《明史》（张廷玉等著）共计24部、3243卷，约4000万字。"二十四史"的著作年代前后相差计1800年，是世界图书史上独有的巨著。

　　"二十四史"全部按照纪传体的形式，采取以人物为中心、以时间为顺序的方式记事，完整、系统地记录了从传说中的黄帝到明朝末年四千多年间中华民族形成、发展、融合、兴旺的历史轨迹，全面展示了历代王朝的兴亡盛衰规律，翔实而细致地记载了各个历史时期的经济、政治、文化、科技、军事、疆域、民族、外交等多方面内容以及宝贵的历史经验教训。

　　为了让读者能够轻松阅读这一皇皇巨著，我们编撰出版了这部《白话精编二十四史》，从24部史书中选取具有代表性的精华篇章编译为白话，遵循"信达雅"的原则，保持原书风貌，浓缩原著精华。为了适应现代读者的审美需求，本书打破了传统正史读物的条条框框，版式设计新颖别致，书中插配了近千幅与史书内容相关的绘画、书法、建筑、陶瓷、金银器等精美图片，通过这些元素的完美结合，将读者带进一个真实而多彩的历史空间，让读者全方位、多角度地去感受中华文明和华夏民族智慧之所在。

目录

宋书

宋书

原中华书局编审
刘德麟

《宋书》是一部纪传体断代史著作。南朝沈约撰。沈约历仕宋、齐、梁三朝，在宋仕记室参军、尚书度支郎。南齐永明五年（487），沈约开始撰写《宋书》，他根据何承天、徐爰等所著宋史旧本，旁采注纪，经过十余年的努力，大约在梁武帝年间，终于撰成《宋书》。

《宋书》记述了南朝刘宋王朝从刘裕建基至顺帝刘准殂于丹阳宫，共计六十年的历史。全书包括纪 10 卷，志 30 卷，列传 60 卷，共计 100 篇。纪传部分成于南齐永明六年，诸志当成于隆昌元年之后，叙事详密，列目入载二百三十余人。其中收录的大量诏令、奏疏、书札及文章，虽冗长，但有多方面的史料价值。各志工程巨大，内容详备，篇幅几占全书之半。志前有《志序》，详述前代修志情况，并上溯各志所记制度源流，可为考补前史缺志之助。《州郡志》记三国以来地理沿革并及东晋以来侨州郡县情况，有补于史事考证。《律历志》全载景初、元嘉、大明三历文字，为历法学的珍贵资料。《乐志》记叙汉魏及两晋乐府情况，乐府诗章有分类开录，并保存有汉魏以来大量乐府诗篇及乐舞文辞，其中"古辞"多为汉代遗篇，是研究乐府及诗史的重要文献。

全书以资料繁富而著称于史林，为研究刘宋一代历史的基本史料。

◆ 白话精编二十四史 ◆

第四卷

宋书 ●本纪●

武帝本纪

宋 武帝刘裕出身寒门庶族，却建立了南朝历史上的刘宋王朝，刘裕不仅武功卓著，而且在文治上也很有作为，解决了很多东晋政权积累的社会问题和政治问题。南宋时代著名的大词人辛弃疾在《永遇乐》中赞叹刘裕道："想当年，金戈铁马，气吞万里如虎。"足见其作为开国之君的风采令后人何等倾仰。

▶【锋芒初展】

高祖武皇帝刘裕，字德舆，小名叫寄奴，彭城县绥舆里（今江苏铜山）人，生于晋哀帝兴宁元年三月壬寅夜（363 年 4 月 16 日），是汉高祖刘邦之弟楚元王刘交的后裔。长大后，身高七尺六寸，骨骼精奇。虽然家贫，却胸怀大志，不屑于做那些买田置房的事。从小就以侍奉继母至孝至谨而

🔅 **宋武帝刘裕像**

著称于世。

开始的时候，高祖做冠军将军孙无终的司马。晋安帝隆安三年（399）十一月，孙恩在会稽（今浙江绍兴）起兵作乱，朝廷遣卫将军谢琰、前将军刘牢之率军平叛，刘牢之遂延请高祖为参府军事。十二月，大军到达前线，此时，孙恩把叛军都集结在官道附近。刘牢之命高祖领数十人前去侦察敌情，却遇上了数千叛军，高祖未做迟疑，便率领数十部属冲向了敌军。由于敌我人数悬殊，很快高祖的士卒就战死了多半，而高祖仍毫无惧意，长刀所向，敌辄溅血而亡。刘牢之的儿子刘敬宣看高祖出营这么久还没有回来，担心他遇到叛军，就率领部下出来寻找高祖，当看到高祖被敌军围困后，就立刻飞马冲杀过来，叛军见高祖有援军到来，便赶紧向后撤退，这一仗，高祖率众斩获了千余敌军。于是，大军乘胜向前推进，平定了山阴（今浙江绍兴，古时会稽郡治下之

一县），孙恩带部分叛军逃到了海上。次年，孙恩又率众卷土重来，攻入会稽，杀死了卫将军谢琰。十一月，刘牢之复率军征讨，孙恩引军稍稍撤退。刘牢之便率主力驻扎在上虞（今浙江上虞），派高祖驻守句章城（今宁波江北区附近）。句章城很小，而且守军不过数百人而已。每战，高祖都披坚执锐，冲锋在前，挡者披靡，敌军不得已乃退还浹口（今宁波镇海口）。这时，来征讨孙恩的各路将领都御军无章，纵兵暴虐百姓，百姓们苦不堪言。唯有高祖的军队法令严明，与民无犯，甚得民心。

【战无不胜】

隆安五年（401）春，孙恩频繁率军攻打城小兵寡的高祖，却屡被高祖打败，孙恩见讨不了便宜，就又向海上逃去。三月，孙恩向北进攻海盐（今浙江海盐），高祖追杀而来，便在海盐修筑城池。叛军乘高祖立足未稳，便来攻城，高祖此时手下兵力甚弱，所以在军队中挑选了数百敢死之士，使众人脱去甲胄，手执短兵器，在轰隆震耳的战鼓声中，向来敌杀去，叛军被这阵势一吓，顿时就士气大减，纷纷丢掉盔甲等物溃逃，叛军大帅姚盛被高祖部下一刀砍掉了脑袋。

之后，在接连几日的战斗中，虽然高祖都打败了敌军，但是心里依然为敌众我寡而感到忧虑，每天夜里都睡不着，绞尽脑汁思考对策。

一天夜里，高祖命令军士藏起旗子，埋伏在城中，造成已逃走的假象。次日清晨大开城门，使老弱数人在城上来来去去。叛军来到城前向城上喊道："刘裕在哪？"城上人答道："昨天晚上就逃走了。"叛军信以为真，便毫无防备地向城中而来，高祖忽然举起大旗，擂动战鼓，大喊着向惊呆的叛军杀来，叛军遂被杀得大败而去。孙恩知道打不过高祖，便引叛军转向沪渎（今黄浦江下游附近）。高祖弃城追击。海盐令鲍陋对高祖说愿意让自己的儿子鲍嗣之带领精兵一千作为讨贼先锋，高祖说："贼兵强悍，而大人手下兵卒多不习战，若为先锋，恐非逆贼敌手，前锋失利，则我军必败，请大人公子作为后援助阵吧。"鲍陋父子没有听从高祖的建议。这天夜里，高祖在多处设下伏兵，多置军旗和战鼓，然而每一处埋伏不过数人而已，只为虚张声势。第二日，叛军万人来攻，两军前锋交战后，高祖伏兵尽出，摇旗擂鼓，叛军以为四面全是官军，便开始后退。鲍嗣之这时率领他的一千军队向敌人追击，却反被敌军击败。敌军乘胜反攻，高祖且战且退，部下伤亡惨重。高祖想这次可能自己要战死了，他逃到伏兵处，命手下扒了死人的衣服给自己换上，以隐藏身份。叛贼看到高祖率残部逃到半路却停了下来，便怀疑有伏兵，高祖此时大喝一声，率军向叛贼杀回，叛军见官军都那么勇猛，就以为果然有埋伏，急忙退走。高祖终于稍稍松了口气，败走的部下们也都陆续归来。

五月，孙恩占领沪渎，杀掉了包括吴国内史袁山松在内的四千余人。当月，高祖在娄县（今江苏昆山东北）又一次击败了部分叛军。六月，孙恩乘胜从海路进军逼近丹徒（今江苏镇江丹徒县），威胁京都，此刻其麾下已聚集十余万叛军，而刘牢之犹屯兵于山阴，都城建康（今南京）空虚，朝野震动。高祖闻之，昼夜兼程驰援丹徒，几乎与孙恩叛军同时到达。这时，敌众我寡，高祖军队经过不间断的长途行军，军士俱已疲劳不堪，战斗力大降，丹徒守军更是毫无斗志。孙恩率领数万叛军擂鼓呐喊着登上蒜山，当地的百姓都将家里值钱的东西用担子挑着，做好了逃亡的准备。高祖迅速领军冲杀过来，大败骄横的孙恩叛军，叛军跳崖溺水而亡者不计其数。孙恩靠着盾牌浮水，才捡了条性命，逃回了海上的战船。虽然被打得大败，但是凭借着人数众多，孙恩仍率领战船向建康推进。由于楼船太过高大，江上又起了很大的逆风，所以过了十余天，叛军才来到白石（今南京老虎山附近）。到了白石后，孙恩才知道刘牢之已经引军回到建康，朝廷已经做好了充分的防御准备，已无胜算，孙恩便转向郁洲（今江苏连云港附近）进军。八月，朝廷封高祖为建武将军、下邳太守，命高祖率水军追讨孙恩。至郁洲，高祖大败孙恩，孙恩向南逃走。十一月，高祖追杀孙恩到沪渎，又到海盐，皆大败叛军。经过这三次大战，高祖俘杀叛军万余。孙恩叛军开始缺粮，并且发生了疾病和瘟疫，因而又折损了大半军士，接着孙恩带叛军从浃口逃向临海（今浙江临海）。

▶【折节事"贼"】

元兴元年（402）正月，骠骑将军司马元显西征荆州刺史桓玄，桓玄也率领荆楚之兵前来讨伐司马元显。司马元显派遣镇北将军刘牢之抵挡桓玄大军，高祖为参军随行，大军驻于溧洲（今南京西南长江中）。桓玄率军而至，高祖请命立即出战，刘牢之不许，他说打算派自己的儿子刘敬宣去桓玄那里议和，高祖和刘牢之的外甥何无忌极力劝阻刘牢之的这个决定。然而心生叛意的刘牢之依然一意孤行，派了自己的儿子去议和，随之率众投降了桓玄。很快，桓玄就攻破了建康城，杀掉了司马元显。之后，桓玄任命刘牢之为会稽内史，剥夺了他的兵权。刘牢之问高祖："如今我兵权被削，恐怕就要大祸临头了。不如到广陵（今扬州）登高一呼，举义兵以讨贼，将军能跟从我吗？"高祖答道："将军曾有精兵数万，望风而降于桓玄。如今桓玄已经得到皇帝承认，威震天下。将士之心，都已归向人家，广陵还怎么去得了呢？我刘裕还是返回京口吧。"刘牢之因为恐惧难安，最终叛走，落得个自缢而亡的下场。舅父叛走后，何无忌没有了依靠，就问高祖："我去哪儿呢？"高祖说："镇北将军此去，必然不能免祸。不如你随我回京口吧。如果桓玄能守节甘为臣子，我们就一起先在他手下做事，如果他敢篡位，我们就想办法除掉他。如今正是桓玄得意自傲之时，为自显宽仁，他一定会任用我们。"桓玄用自己的堂兄桓修镇守丹徒，命高祖为中兵参军，之前的封号和官职不变。

孙恩自从败逃后，手下的人死的死，散的散，他怕自己被朝廷活捉，于是就在临海投水自尽了。剩下的叛军就推举孙恩的妹夫卢循为首。桓玄想彻底平定东南一带，于是就下令招安卢循，赐封卢循为永嘉太守。卢循虽然接受了朝廷的任命，却依然纵兵抢掠不止。

🔴 **双层甲胄骑兵俑·南北朝**

五月，桓玄命高祖领军征讨。这时卢循从临海跑到了东阳（今浙江东阳）。次年正月，桓玄再次命高祖征讨卢循，于东阳大败叛贼。卢循逃去永嘉（今温州附近），高祖追来，又把他打得大败，斩杀了叛军大帅张士道，进而又追讨至晋安（今福建福州），卢循乘船向南逃到了海上。六月，桓玄升高祖为彭城内史。

【密谋杀"贼"】

桓玄做了楚王后，就要阴谋篡位。桓玄堂兄卫将军桓谦秘问高祖："楚王德高望重，四海归心。朝臣们都认为皇上应该行禅让制礼，将军意下如何？"高祖已有心想除掉桓玄，便虚意夸誉道："楚王，那是功臣宣武公的儿子，功德盖世。如今晋室丧德，民心已经失去很久了，此时顺天承运代晋称

本纪 ●宋书

帝，有何不可呢！"桓谦大喜道："将军说可以，那就真是可以了。"十二月，桓玄篡位，把晋安帝安置到浔阳（今九江、广济之间）。桓修入朝，高祖随行入京。桓玄见了高祖后，对司徒王谧说："昨天看到刘裕，姿容雄伟，大概会是人中豪杰。"之后，每次的聚宴游猎，桓玄对高祖都特别恭敬有礼，还会赏赐很多东西，然而高祖心里却愈发憎恶他。有人对桓玄说："刘裕龙行虎步，气宇非凡，恐怕不会甘于久为人下，应早日图之。"桓玄说："我刚打算荡平海内，非刘裕不足以分担此重任。还是等到关陇地区平定后，再说吧。"于是下诏褒扬了高祖一番。

先时，高祖东征卢循，何无忌随行到山阴的时候，就劝高祖在会稽郡起兵诛逆。高祖那时认为桓玄还没有

篡位，而且会稽远离京城，起义很难成功，不如等桓玄坐实了篡位之名，然后再在京口起兵，就不愁大事不成了。跟着桓修入朝后不久，高祖就假称旧创复发，难以走路，便携何无忌回到了京口，开始准备复兴晋朝的大计。高祖堂弟刘道规、沛郡的刘毅、平昌的孟昶、任城的魏咏之、高平的檀凭之、琅琊的诸葛长民、太原的王元德、陇西的辛扈兴、东莞的童厚之等人都参与了谋划。此时桓修之弟桓弘官居征虏将军、青州刺史，领兵镇守在广陵。刘道规在他的军中任中兵参军，孟昶为青州主簿。高祖命刘毅偷偷跟孟昶汇合一处，率部众到江北地区，以准备杀掉桓弘。身为豫州刺史刁逵左军府参军的诸葛长民，准备在历阳（今安徽和县）起兵响应。王元德和童厚之在京城作为内应，聚集部署准备攻打桓玄。诸人谋划已定，

🌀 江苏镇江北固亭

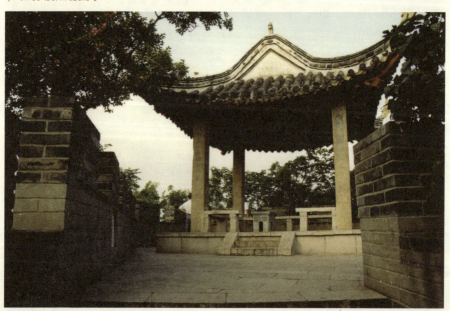

准备一起定期发难。

【起兵讨"贼"】

404 年阴历二月初一到二十七这段时间，高祖假借狩猎的名义，与何无忌等人秘密召集义士，凡同谋者二十七人，愿意附从的也有一百余人。丙辰清晨，城门大开的时候，何无忌穿着传召服，站在殿前假称是替楚皇帝桓玄传召，桓修毫无防备，就被突然冲进来的起义将士斩杀了，其余官吏惊惧不已，莫敢妄动。高祖为桓修的死悲痛地哭了起来，命人将桓修加以厚葬。孟昶之前也劝说桓弘在这一天出城去狩猎，清晨打开城门，随从出猎的人刚走出城门，孟昶、刘道规和刘毅就率领五六十人乘隙杀人。其时桓弘正在吃粥，就被一下砍去了脑袋，然后众人就率领军队渡过长江。义军最初攻克京城时，桓修的司马刁弘率文武官员来到城前，高祖在城上对他们说："江州刺史郭昶之已在浔阳尊奉皇帝重建晋国，我等今日聚义，都是受了皇帝的密诏，诛除乱臣贼子。此时逆贼桓玄的首级应该已枭于大航了。诸位大人不都是大晋的臣子吗，今日来这儿想做什么啊？"刁弘等人信了高祖的话，就领着众人散去了。刘毅来到后，高祖命他杀掉刁弘。起义前，刘毅的兄长刘迈正在京城，高祖派周安穆去告诉他起义的事，希望他能做内应。刘迈虽然表面上答应了，

但内心却非常恐惧，周安穆看出了他的恐惧，猜到他会把事情泄露，就急忙回来了。当时，刘迈被桓玄封为竟陵太守，刘迈知道了高祖要起义的事后，不知道自己该怎么办，便打算先回竟陵郡。当日夜里，刘迈接到了桓玄的来信："北府军的那些人都怎么样啊？卿最近都听刘裕说过什么啊？"刘迈以为桓玄已经知道了高祖将起义的事，次日早上便把高祖将起义和拉拢自己做内应的事告诉了桓玄。桓玄大感惊恐，便封刘迈为重安侯，过后却又怨刘迈不抓住周安穆，使其逃走了，遂杀掉了刘迈。接着又杀掉了王元德、辛扈兴、童厚之等人。然后招来桓谦、卞范之等人谋划该如何抵御高祖的义军，桓谦等人说："立即出兵攻打。"桓玄说："不能这样。对方士气锐猛，皆有万死之志。如果派遣水军去，是不足以与之相抗衡的。不如把大军屯扎在覆舟山以逸待劳。对方空行二百余里，不遇一战，锐气已衰，等到了覆舟山的时候，忽见大军当道，必然惊骇难当。我们则继续坚壁不战，对方百般求战不得，自然作鸟兽散，这才是上上之计。"桓谦等人还是力劝桓玄出兵讨伐义军，见桓玄始终不答应，就私自派遣顿丘太守吴甫之、右卫将军皇甫敷领军北伐义军。桓玄听说自己的军队出征了，便担心自己再也没有什么应对之策了。有人对桓玄说："刘裕等人势单力薄，会有什么作为呢，

先冲向敌军，众将士奋勇杀敌，即斩吴甫之于马下。义军继续前进到罗落桥（今南京东北长江南岸），又遭遇到皇甫敷率领的数千敌军，檀凭之与高祖各率一支兵马杀向敌军，檀凭之战败被杀，部下溃散。高祖却愈发威猛，率众前后拼杀，终于在预定时间内大败敌军，杀了皇甫敷。

桓玄听说自己的两员猛将都被杀了，心中愈加恐惧，便派桓谦屯兵东陵口，卞范之屯兵覆舟山以西，二人兵力共有两万。己未清晨，义军吃过早餐，丢掉剩余的军粮，进发至覆舟山以东，并令兵士在山上多树旗子，作为疑兵。桓玄又命武骑将军庾祎之率领装备更加精良的军队来援助桓谦和卞范之。阵前，高祖又是一马当先杀向敌军，将士们也都拼死冲锋，无不以一当百，杀声震天。忽然东北风大作，高祖命军士纵火攻敌，一时烈焰弥天，浓烟蔽日，战鼓声声震彻京城。桓谦等人军队，即告溃败而去。桓玄虽然遣将抵御义军，但是已打算逃离建康，他派领军将军殷仲文在石头渡准备好船只，便带着自家的子侄旧部从水路向南逃去。高祖即领军进入建康，众人遂推举高祖为使持节，都督扬、徐、兖、豫、青、冀、幽、

🔹 **宋高祖刘裕留袆戒奢**

陛下何必这么忧虑！"桓玄有些绝望地说："刘裕乃当世英雄，刘毅的家里连一石储存的粮食都没有，在赌博的时候却能一掷千金；何无忌是刘牢之的外甥，才谋酷似其舅舅。这样的三个人凑在一起，怎么能说做不成事呢。"

【义军盟主】

于是，义军将士推举高祖为盟主，发檄讨贼。任命孟昶为长史，总领后勤事务，拜檀凭之为司马。有一千多百姓愿意跟从义军。三月戊午，义军和吴甫之军队在江乘（今江苏句容北）遭遇。吴甫之是桓玄的猛将，其军队战力很强。高祖手持长刀，大呼着率

并八州诸军事，领军将军，徐州刺史。桓玄挟持晋安帝逃至江陵（今荆州），后又大败于峥嵘洲（今湖北鄂城），败后又欲逃往汉中（今陕西汉中），途中被益州督护冯迁杀掉。

【称帝建宋】

义熙元年（405）正月，晋安帝复国，三月，下诏加封高祖为兖州刺史，都督十六州诸军事。四年（408）正月，又加封高祖为侍中、车骑将军、开府仪同三司、扬州刺史、录尚书及徐兖二州刺史如故。

晋安帝复国以来，燕国慕容超屡为边患，五年（409）三月，高祖上表皇帝出师北伐，六月大败慕容超，次年二月于建康菜市将慕容超斩首。高祖北伐之时，卢循又起兵作乱，官军屡败。高祖回建康后，调兵遣将，十二月击败卢循叛军。七年（411）二月，朝廷加封高祖为太尉、中书监。交州刺史杜慧度斩卢循首级传送至建康。八年（412）四月刘毅谋反，十月高祖诛杀刘毅及其党羽。十一月高祖到了江陵，下令减免百姓赋税，减轻刑罚，命官员要为政宽简。朝廷进封高祖为太傅、扬州牧，加羽葆鼓吹，班剑二十人。高祖又上表朝廷请求抑制豪强，以使耕者有田。下令尽量废除苛捐杂役，使百姓休养生息。十一年（415）高祖西征司马休之，四月，司马休之逃往羌地。皇帝赐高祖剑履上殿，入朝不趋。次年正月，皇帝加封高祖都督中外诸军事。八月

十二日，高祖出师北伐后秦，高祖向北魏借道，反遭北魏军队袭扰，高祖大败北魏军队。皇帝封高祖为宋公、丞相。十三年（417）八月，大败后秦皇帝姚泓的军队，八月二十四日，姚泓投降，九月，高祖进入长安（今西安），拜谒汉高祖刘邦陵，犒赏三军，于未央殿大会文武群臣。十月，皇帝加封高祖为宋王，高祖辞让。十二月，晋安帝驾崩，司马德文即位，是为晋恭帝。元熙元年（418）正月，封高祖为宋王，七月，高祖才接受了这个封号。十二月，晋恭帝命高祖自建天子仪仗。次年六月，晋恭帝下诏禅皇帝位于高祖。永初元年（420）六月，高祖即皇帝位，建都建康，国号宋，建元永初。次年正月，大赦天下。十月，下诏对有罪者要量刑从轻，鼓励办学。永初三年（422）五月，高祖驾崩，享年六十岁。

论赞

史臣曰：大汉江山有四百余年，足以比祚于周朝。后来刘氏虽然丧失帝位，但是百姓的心里还是向着大汉朝的。晋朝政权南迁之后，皇帝的威德已经丧失殆尽。论土地，高祖没有齐桓公、晋文公那么多，手里也没有人数众多的军队。剪凶除暴，消灭内贼外患，功高盖世，勋德真是盛大啊！

后废帝本纪

刘昱算是位儿皇帝，在位六年中，多次大赦天下，然而却并不代表他仁德无量，实际上他残暴如桀纣。他虽是一个十几岁的孩子，却嗜血成性，专以杀人为乐，最终招来了杀身之祸，刘宋也从此走上了灭亡的道路。

【在位六年】

宋废帝刘昱，字德融，小名叫惠震，是宋明帝刘彧的长子，大明七年（463）正月出生。泰始二年（466），被立为太子。

泰豫元年（472）四月乙亥，明帝驾崩，庚子，刘昱即皇帝位，大赦天下。尚书令袁粲、护军将军褚渊共辅朝政。戊辰，放还沿长江戍守兵卒中的老弱伤残者。六月壬辰，下诏派遣官员去各地体察民情，又下诏广求贤士。京城附近雨多成灾，刘昱下诏赈济两县的贫民。乙巳，尊奉明帝皇后为皇太后，册立刘氏为皇后。七月戊辰，尊奉生母陈贵妃为皇太妃。芮芮国（即柔然，其国土包括今大漠南北和西北广大地区）、高句丽遣使进贡特产。北魏侵扰义阳（今河南信阳），司州刺史王瞻击退来犯之敌。

元徽元年（473）正月戊寅朔，更换年号，大赦天下。壬寅，刘昱下诏赦免元徽元年之前流放者，使其还乡。三月，婆利国（今文莱国）遣使进贡。五月丙申，河南王遣使进贡特产。六月，寿阳（今安徽寿县）发生水灾，己未，朝廷遣殿中将军赈灾慰劳百姓。七月丁丑，散骑常侍顾长康、长水校尉何翌之向刘昱献上合作撰写的《谏林》，其书起自虞、舜之时，下至晋武帝时代，一共十二卷。八月辛亥，下诏褒美文典治世之功。秘书丞王俭又献上自己撰写的三十卷《七志》。京城附近大旱。癸亥，加封建平王刘景素为镇北将军。丁亥，封衡阳王刘巘之子刘伯玉为南平王。十一月乙巳，加封司空、江州刺史桂阳王刘休范为太尉，袁粲为卫将军。癸亥，立前建安王世子刘伯融为始安县王。

元徽二年（474）正月庚子，任命张永为征北将军、南兖州刺史。二月己巳，加封褚渊为中军将军。五月壬午，桂阳王刘休范起兵谋反。朝廷加封中领军刘勔为镇军将军、右卫将军萧道成为平南将军，命二人作为南征逆贼的先锋，进驻新亭（今南京南面），命征北将军张永屯兵白下（今南京今川门外），前南兖州刺史沈怀明戍守于石头。令卫将军袁粲、中军将军褚渊率军守卫皇宫。壬辰，叛军进攻新亭，萧道成纵兵出击，大败叛军。刘休范被越骑校尉张敬儿斩首。刘休范党羽杜黑蠡、丁文豪分兵进犯朱雀航（今南京镇淮桥东），刘勔率军御敌，力战而死。右军将军王道隆败退时被杀。张永也在白下溃败，沈怀明在石头大败。戊午，抚军典签茅恬打开京城东府放入叛军，叛军进驻中堂。羽林监陈显达率部击败叛军。丙申，张敬儿等人又在宣阳门、庄严寺、小市打败叛军，乘胜进攻东府，剿灭了叛军。朝廷按军功赏赐了诸位将领。丁酉，朝廷命京城和附近两个县的人们埋葬战死的官军和叛军。当日，解除戒严，大赦天下。文武大臣皆赏赐一级官爵。刘昱下诏减免苛捐，裁减皇帝享乐费用。十一月丙戌，刘昱行加冠冕之礼，大赦天下。

元徽三年(475)正月辛巳，刘昱亲自到南郊、明堂祭祀。三月己巳，任命车骑将军张敬儿为雍州刺史。当日京城地区发生水灾，刘昱命尚书郎赈济灾民。闰月戊戌，下诏为吏者要体恤民情，为政清简。四月，刘昱派尚书郎到各地体察民情，布施皇恩。七月庚

戌，任命袁粲为尚书令。八月庚子，加封护军将军褚渊为中书监。十月丙戌，高句丽遣使进贡特产。

元徽四年（476）正月己亥，刘昱亲自下田耕种，行籍田之礼。接着又一次大赦天下。六月乙亥，加封镇军将军萧道成为尚书左仆射。七月戊子，征北将军、南徐州刺史建平王刘景素在京口谋反。己丑，京城内外戒严。刘昱遣骁骑将军任农夫、领军将军黄回出兵讨伐刘景素，任命镇军将军萧道成为讨逆大军统帅。甲午，左军将军张保战败被杀。黄回等人杀至京口，与刘景素叛军大战，接连击败叛军。乙未，大军攻下京口，斩杀了刘景素及其党羽。丙申，刘昱大赦天下，封赏功臣。

羽人戏虎砖印画·南北朝

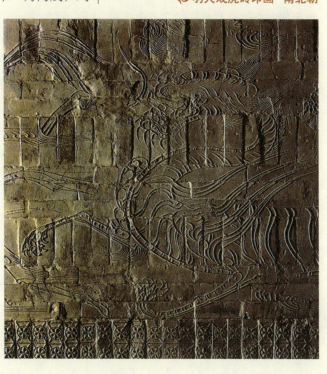

元徽五年（477）四月甲戌豫州刺史阮佃夫、步兵校尉申伯宗、朱幼阴谋废掉刘昱，另立新君，事发，三人被杀。六月甲戌，刘昱诛杀司徒左长史沈勃、散骑常侍杜幼文、游击将军孙超之、长水校尉杜叔文，之后大赦天下。

七月戊子夜，刘昱驾崩于仁寿殿，终年十五岁。皇太后下旨痛陈刘昱昏乱丧德，自取灭亡，废其帝号，降为苍梧郡王。他被安葬于丹阳秣陵县（今湖北荆门）之郊。

【自取灭亡】

当初，刘昱还是太子的时候，五六岁就被安排读书学习，但是他不光学习懒惰，而且异常顽劣，老师也管束不了他。稍稍长大后，刘昱便喜怒无常，身边的侍从有半点事不合他心意，他就拳脚相加。老师把刘昱的劣行都告诉了宋明帝，明帝就命刘昱的生母对他严加管束。刘昱刚即帝位时，在内害怕太后，在外害怕辅臣，还不敢放肆。但是自从他行了成人礼后，便渐渐转性，朝廷内外的人他都慢慢不放在眼里了。

元徽三年秋冬的时候，刘昱喜欢上出宫游玩，他母亲只能乘车跟在后面看着他。慢慢地，刘昱越来越肆无忌惮，连他母亲也管教不了他了。经常只带着几个随从就跑出去几十里玩，不论是荒山还是闹市，直到晚上才回宫。到了第二年春夏之际，他出宫游玩就更加频繁了。自从京口的叛乱被平定后，他就更加骄纵，每天都出宫游玩，和解僧智、张五儿等这些亲随们不是早上出去，晚上回来，就是晚上出去，第二天早上才回来。他们随身携带着长矛等兵刃，路上无论和他们相遇的是行人还是牲畜，都会被他们残害。百姓们都恐惧难安，白天也都不敢打开大门，路上的行人几乎要绝迹。刘昱外出时经常穿一身便于骑乘的袴褶之衣，从来不穿戴正常的衣冠。有谁不合他心意，他就肆意残虐谁。数十随从都手持大木棒，还随身带着针、锥、凿、锯等物，他经常用锥子扎别人的下阴，随从们有面对此场景不忍心看的，他就怒不可遏地命此人袒露出上半身立正，然后亲自用矛刺穿那人的肩胛。

刘昱在耀灵殿里养着数十头驴，他自己骑的马，就养在他的寝室里。先前民间讹传说，明帝被戴了绿帽子，因为刘昱的母亲曾经是李道儿的小妾，人们便传言说刘昱其实是李道儿的儿子。刘昱每次出宫游乐，都经常自称为刘统或是李将军。刘昱和右卫翼辇营的女子通奸，每次和她出游，都送给数千钱，以作酒肉之费。张羊是阮佃夫的心腹，阮佃夫谋反失败后，张羊闻风而逃，后来被抓获，刘昱在承明门亲自驾车把他活活碾压死。杜延载、沈勃、杜幼文、孙超等人都是他亲自动手屠杀的，在玄武湖之北抓到杜幼文之兄杜叔文后，又是他亲自纵马挥槊，一下刺穿了杜叔文。凡是一些下等人做的事，他都能过目不忘，像制作那些金银器物，衣服鞋帽等，都是工艺绝伦的。他从来没学过吹篪，却拿过来就能吹奏出乐曲。刘昱天性喜好杀戮，并以此为乐，一天不杀人，他就闷闷不乐。朝廷内外，人人忧惧，都怕朝不保夕。

萧道成顺应天意民心，有废掉刘昱之意，他和直阁将军王敬则谋划了这件事。七月七日，刘昱乘车带着两百多人去青园尼寺，晚上到达新安寺时候就和昙度道人饮酒，喝得大醉。随从们扶他回到仁寿殿就寝，因为刘昱进出宫没什么规律，所有宫门晚上都不关闭，而且守卫们都怕遇到刘昱后自己性命不保，就都自动撤走了。王敬则之前已经秘密结交了刘昱身边的二十五个亲随，并和他们谋划杀掉刘昱。当天夜里，刘昱的亲随用刘昱床边的佩刀砍下了熟睡中的刘昱的脑袋，然后出宫把首级交给了王敬则，王敬则立刻驰奔到领军府，把刘昱的首级呈献给萧道成。于是萧道成身着戎装，带领数十亲信进入皇宫稳定局势。第二天，萧道成奉皇太后懿旨，迎请安成王刘准进京继承皇位。

论赞

史臣曰：亡国之君，虽然结局都差不多，但是自从开始以来的所作所为可能会有所不同。前废帝刘子业荒淫无度，出行的车驾极尽奢华，并有庞大的仪仗开路警卫；刘昱则游乐无终，出行的时候一身短装，驾着快车独来独往。至于招致身死国败的道理却是相同的。

王弘列传

王弘出生于世宦豪族，乱世建功，为政宽仁，居官清廉，流惠下民。新君即位政权交替之时，多少权臣被诛，而王弘却能独善其身，令人钦佩。虽小节微缺，却大德昭昭。

【修身立德】

王弘字休元，琅琊临沂（今山东临沂）人。曾祖父王导，是东晋时的宰相。祖父王洽，官居中领军。父亲王珣，官至司徒。

王弘年少好学，以清净恬淡而知名于世，跟尚书仆射谢混交厚。二十岁时，就在会稽王司马道子手下做了骠骑参军主簿。当时，国家农业凋敝，工商业繁荣，王弘认为应该实行屯田，他写了详细的奏章呈上朝廷。司马道子欲任他为黄门侍郎，父亲王珣说他还年少，辞谢了司马道子的好意。

王珣很喜欢积聚财物，他的财产遍布民间。王珣死后，王弘烧毁所有契约文书，租债一概不收，其余家业他也都交给了弟弟。还没等他服丧期满，后将军司马元显就来延聘他做咨议参军、宁远将军，主管记室事务，他推辞了。接着司马道子又请他做咨议参军、建威将军，领中兵，他也推辞掉。当时朝廷内外多难，服丧的人很难服满期，只有王弘坚守礼制。桓玄叛逆攻入京城，把司马道子下了廷尉大牢，群臣畏惧，没人敢探看送行，王弘虽犹未除丧，却独自在路旁叩拜，攀着车子哭泣，人们都很敬佩他。

【功名卓著】

高祖刘裕任镇军时，任命王弘为咨议参军。后又根据他的功劳封为华容县五等侯。之后升任琅琊王司马从事中郎。继而又任宁远将军、琅琊内史，尚书吏部郎中、豫章相。卢循侵犯南康各郡，王弘避往浔阳。高祖又任命他为中军咨议参军，又升为大司马右长史，转任吴国内史。义熙十一年（415），高祖任王弘为太尉长史，又转任左长史。王弘跟随高祖北征，前军平定洛阳后，朝廷还没派人来向高祖颁赐九锡之礼，王弘便领受高祖的意旨回到京城，向朝廷暗示高祖的意思，当时刘穆之正掌管后方事务，他对此十分惭愧恐惧，接着就发病而亡了。高祖回到彭城（今徐州）后，以王弘为彭城太守。

刘宋建立之初，王弘被加封为尚书仆射，领彭城太守之职如故。王弘上书弹劾世子左卫率康乐县公谢灵运不能治家，其小妾和他人通奸，而又杀盗其小妾者，请求朝廷将谢灵运免官削爵治罪。御史中丞都亭侯王准之失职，不报此事，也应一并免官，并贬黜回封地。高祖下旨说："谢灵运免官就可以了，其余准奏。尚书仆射整肃风气礼法，实在是符合我的愿望，怎能拘泥于常规，今后把这作为定制吧。"

义熙十四年（418），王弘升任抚军将军、江州刺史，监江州、豫州之西阳、新蔡二郡诸军事。他上任后，就减免赋税劳役，百姓安宁。永初元年（420），升任散骑常侍。由于辅佐高祖建国有功，封为华容县公，食邑二千户。永初三年（422），王弘被征召进入朝廷，受封为卫将军，开府仪同三司。

高祖一次大宴群臣，对众公卿说："我本是一介布衣，之前真没想到会有今天。"傅亮等人都打算写诗赋来对高祖歌功颂德。王弘却当即对答道："这就是所谓的天命，不是你的，求也求不来，是你的，推也推不掉。"当时的人都称赞他所言简要切理。

【明哲保身】

少帝景平二年（424），徐羡之等人密谋废黜少帝，另立新君，召王弘入朝。文帝刘义隆即位后，因王弘胸怀安邦定国之策，封他为司空，建安郡公，食邑一千户。王弘上表执意请辞，于是皇上改封他为车骑大将军、侍中，使持节，改监军事为都督军事，开府仪同三司、江州刺史之职如故。

徐羡之等人因弑杀少帝的罪行而将被诛杀，王弘既然不是主谋，他弟弟王昙首又是文帝的亲信，文帝谋划将要诛杀徐羡之等人，王昙首派人秘

天人画像砖·南北朝

密把消息告诉了王弘。徐羡之等人被诛杀后，皇上封王弘为侍中、司徒、扬州刺史，录尚书，赐班剑仪仗三十人。文帝西征谢晦时，王弘和彭城王刘义康留守京城，入住中书下省，出入都带着仪仗。司徒府也权且设置了参军。

元嘉五年（428）春季，天大旱，王弘上表把这事说成是自己德薄所致，因而请求辞去官职。在此之前，刘义康任荆州刺史，镇守江陵。平陆令成粲写信给王弘说你已位极人臣，当怀谦慎之心，把权位让给刘义康。王弘本已生身退之心，再加上成粲一番话，遂决意请辞。于是降职为卫将军，开府仪同三司。

元嘉六年，王弘上奏皇上，推荐彭城王刘义康进京接替自己的职务。皇上准奏，命刘义康接任司徒之职，与王弘共理朝政。不久，王弘又上表皇帝请求减免自己的职权和配属，把自己手下的官佐和军用物资等都划拨给司徒刘义康。皇上下诏说："卫将军奏表所言既然如此恳切，司徒应该努力去办，可以顺照卫将军的好意，分拨两千人配给丞相府。至于储备的物资就不用送交了。"

释慧影造释迦牟尼佛漆金石像·南朝

【立法从宽】

王弘很熟悉治理国家的纲要，留心各种事务，按照实际情况来考虑处理问题，常常保持宽和公允。他在给八座丞郎的疏中说："同伍之人犯法，没有士人不被判罪这条法律，然而每到审问议罪的时候，就有人来为之说情。如降恩宽宥，那法律就形同被废而不能实行。按照事实来追究罪责的话，那人们就会以为苛刻而心生怨恨。应当更变一下法度，使宽大和严厉都适中。又如，守卫的人偷五匹布，一般人偷四十匹，都会被施以死刑，人们议论着都认为刑罚太重了，应当变为负责守卫的人偷了十匹布，一般人偷五十匹，才判死刑，偷四十匹就判为充军。如此一来，既能稍稍宽宥民众的生命，又足以惩戒罪恶。

释慧影造释迦牟尼佛漆金石像·南朝

希望你们各自谈谈自己的看法。"左丞江奥、尚书王准之、殿中郎谢元、吏部郎何尚之等人都各自积极陈述了自己对律法从宽还是从严的看法，在对贵族和平民的量刑原则上众人产生了分歧。王弘又上奏皇上说，法律要严明公正，制定律法则要心存仁恕。皇上下诏肯定了王弘的建议。王弘接着又上书皇帝，建议朝廷把百姓年满十三岁服半个劳役，年满十六岁服全劳役这个制度改为十五岁至十六岁服半个劳役，年满十七岁服全劳役。皇上准奏。

【死而有荣】

之后，王弘便卧病在床了，他屡次上表请求致仕，而皇上总是下诏慰勉不许他归老。元嘉九年（432），朝廷又封他为太保、中书监，其余职位如故。同年，王弘病逝，享年五十四岁，谥号"文昭"，配享高祖庙廷。其后，皇上又下诏增加王弘食邑一千户。皇上听说王弘因清廉节俭，死后家无余财，便赏赐王家钱百万，米一千斛。

大明五年（461），孝武帝刘骏外出巡游，从王弘的墓前经过。回宫后，下诏怀念王弘，派人去墓地祭祀他。

王弘为人明达，聪慧有才思，既以天下百姓的福祉为行事依据，即使是仓促间办事也必定依从礼仪和法度，做任何事，都是依照正规的礼仪和程序来办，后人都效法他，把他理事的方法称为"王太保家法"。王弘虽然历任要职，却从不牟取私

利，亡故后，家无余财。然而言行轻率，缺少威仪，性情狭隘，有谁忤逆他的旨意，他就会当面斥责羞辱谁。他年轻的时候曾在一个叫公城子野的小馆中和人玩一种叫摴蒲的赌博游戏，他在朝中掌权后，有个人去他府上求一个县官的职位做，言辞非常恳切。此人曾在玩摴蒲的时候得罪过他，他便责问那人道："君有钱善于赌博，何必要爵禄呢？"那人答道："不知道公城子野在哪里？"王弘默然无语。

王弘的儿子王锡继承了他的爵位。由于是宰相之子，王锡年少即被征召出来做员外散骑。历任中书郎、太子左卫率、江夏内史。着意抬高自己的官位和待遇。太尉江夏王刘义恭在朝中执掌朝政，王锡见他时张开双腿像簸箕似的坐着，没有尊敬刘义恭的意思。后来，他死在任上。王锡之子王僧亮承袭爵位。宋禅让于齐，王僧亮爵位由公降为侯，食邑五百户。

论赞

史臣曰：高祖一朝创建义旗，沧海横流，整治混乱的典章制度，施行公平的大道，使主尊臣卑的礼制，决定在马鞍之下。威严的号令一经发出，朝廷内外都要遵从禁令。以东汉建武和永平年间的风气，改变晋朝太元和隆安年间以来的恶俗，这是王弘所为。

檀道济列传

宋 文帝刘义隆最大的本事就是屠戮功臣，檀道济一生征战南北，居功厥伟，和徐羡之、谢晦等同为高祖刘裕留下的忠臣。徐、谢等人被诛后，檀道济仍不反省，以求归养天年，终于步徐、谢后尘，惨遭杀害。刘义隆亲手毁掉了他的最后一道长城。

▶【战功卓著】

檀道济，高平金乡（今山东金乡）人，是东晋左将军檀韶的幼弟。年幼时失去父母，服丧时尽孝守礼。奉养姐姐，侍奉兄长，以和睦恭谨的品行受到时人的称赞。

高祖刘裕举义时，檀道济随军进入京城，参与高祖建武军事，任征西将军。讨平鲁山，俘获了桓振后，

升任辅国参军，南阳太守。因辅佐高祖举义有功，被封为吴兴县五等侯。卢循叛乱时，众多贼寇纷纷响应，郭寄生等聚集在作唐县作乱，高祖任命檀道济为扬武将军，天门太守，率兵讨平了他们。之后又跟随刘道规讨平桓谦、荀林等人，他以身为范，激励文武官员，冲锋时身先士卒，所向披靡。徐道覆进逼京城时，刘道规亲自领兵出战，其中檀道济立战功最多。不久，檀道济升任安远护军、武陵内史。又升为太尉参军，中书侍郎，转任宁朔将军，参太尉军事。因前后征战立功甚多，被封为作唐县男，食邑四百户。又升任太尉主簿，咨议参军。高祖世子刘义符任征虏将军镇守京口时，檀道济任司马、

🔸 檀道济像

檀道济（? ~ 436），高平金乡（今山东金乡）人，南朝宋名将，曾任司空、都督、刺史。

宋书

列传

卷四十三

临淮太守。又任世子西中郎司马、梁国内史。接着迁升为世子征虏将军司马，加冠军将军。

义熙十二年（416），高祖北伐后秦，命檀道济为先锋，领兵进发至淮水、肥水，大军所到之处，各城莫不望风而降。又进兵攻下许昌（今河南许昌），俘获后秦宁朔将军、颍川太守姚坦及大将杨业。进发至成皋（今河南荥阳西北），后秦兖州刺史韦华投降。大军径直逼向洛阳，后秦平南将军姚洸归顺。一路攻池掠地，俘敌四千余人。有人建议将俘虏全部杀掉，将尸体运回京城堆成高台以显军威。檀道济说："吊民伐罪，正在于今日。"下令释放了全部俘虏。因此戎夷都很感佩檀道济的仁义，率领部族前来归顺的有很多。大军继而进占潼关，檀道济与其他各路大军击败姚绍。长安平定后，檀道济升任征虏将军、琅琊内史。世子刘义符将镇守江陵，檀道济任西中郎司马、持节、南蛮校尉。之后又迁升为宋国侍中，领世子中庶子，兖州大中正。

【新朝勋贵】

高祖称帝，封檀道济为护军，加散骑常侍，主管石头城防务。可不必通传即可进入宫廷。以辅佐高祖建立宋国功勋，封为永修县公，食邑二千户。之后转任丹阳尹，护军之职如故。高祖病重时，赐檀道济班剑仪仗二十人。

其后檀道济出京监督南徐、兖州之江北、淮南诸郡军事，任镇北将军、南兖州刺史。少帝景平元年（423），北魏军队在东阳城围攻青州刺史竺夔，竺夔向朝廷告急。皇上封檀道济使持节、监征讨诸军事，与王仲德前去救援。大军还没到，北魏军队就烧掉营寨和攻城器具逃走了。檀道济欲率军追敌，但东阳城内无粮，于是打开粮窖，取陈谷以充军粮。然而粮窖深达数丈，等把稻谷碾成米，已经耽误了两昼夜，敌人早已逃远，追不上了，檀道济便打消了追击的想法。之后，檀道济回师镇守广陵（今扬州）。

徐羡之打算废黜庐陵王刘义真，把这个想法告诉了檀道济，檀道济提出了异议，他屡次劝阻徐羡之，均不被采纳。徐羡之等人又密谋废掉少帝，改立刘义隆为帝，徐羡之婉辞请檀道济入朝，到了后，徐羡之等人就把计划告诉了他。在准备废黜少帝的当晚，檀道济进入领军府跟谢晦同宿，谢晦整晚惊恐不安，难以入睡，檀道济却倒头即入梦乡，谢晦因此非常佩服他。文帝刘义隆还没进入京城时，檀道济在朝堂守卫。文帝登基后，加封檀道济为征北将军，散骑常侍，武陵郡公，食邑四千户。檀道济辞谢进封。皇上又增加他都督青州、徐州之淮阳、下邳、琅琊、东莞五郡诸军事。

朝廷发兵征讨谢晦时，檀道济领军增援到彦之。到彦之被打败，退守隐圻（今岳阳东北，长江南岸附近），正好檀道济率援军赶到。谢晦原以为

檀道济唱筹量沙

南朝宋征南将军檀道济北伐北魏，缺粮时以"唱筹量沙"之法退敌。出自清代马驷《历代名将画谱》。

檀道济会同徐羡之等人一起被朝廷诛杀，这时突然听说檀道济领军前来，立时惊恐万分，便不战自溃了。平定谢晦后，朝廷封檀道济为都督江州之江夏、豫州之西阳、新蔡、晋熙四郡诸军事、征南大将军、开府仪同三司、江州刺史，增加食邑一千户。持节、常侍等职如故。

【兔死狗烹】

元嘉八年（431），到彦之讨伐北魏，攻占了河南，随之又失去，连金墉城（今洛阳孟津附近）和虎牢关（今河南荥阳西北）也一并失陷，北魏军进逼滑台（今河南滑）。皇上任命檀道济都督征讨诸军事，率军北伐。大

军行至东平郡张寿县（今山东东平县西南），正遇上北魏安平公乙旃眷。檀道济率领宁朔将军王仲德、骁骑将军段宏奋勇还击，大败乙旃眷军队。檀道济率军转战到高梁亭（今山西洪洞县附近），北魏宁南将军、济州刺史寿昌公悉颇库结领兵多次前来挑战，檀道济派段宏及沈虔之等将领奇袭敌军，当即斩杀了悉颇库结。大军继续进发到济水，之后接连作战二十余日，和敌军交战数十次，终因寡不敌众，致使滑台失陷。檀道济从历城（今济南市郊）撤回全部军队。朝廷加封他为司空，持节、常侍、都督、刺史等职衔如故，镇守浔阳（今九江）。

檀道济在前朝时就建立了赫赫战功，威望很高，手下心腹爱将，全都身经百战，他的几个儿子又都很有才，所以朝廷开始渐渐疑忌他。

文帝卧病多年，曾数次病危，彭城王刘义康忧心皇上一旦驾崩，朝廷就再也掌控不了檀道济。元嘉十二年（435），皇上病重，正值北魏侵犯边境，朝廷征召檀道济入朝。檀道济进京后，皇上病情好转。次年春季，皇上遣檀道济回浔阳，檀道济都已上了船，皇上却又病重了，于是又把他召回，借口为他饯行，回京后，皇上就把他抓捕起来交给廷尉治罪。皇上下诏说："檀道济凭着好的时运，过去就一直蒙受皇恩，宠禄优厚，无人可比。他却从不感念皇恩浩荡，思忖报答万一，他内怀二心，猜疑朝廷，不臣之心积蓄已久。元嘉以来，猜疑之心更重，对朝廷不忠不义不亲近的心思，收买臣下欺蒙皇帝的事情，早已路人皆知。谢灵运心志歹毒，言辞恶劣，不臣之行显而易见。檀道济却依然接受他的邪说，常替他包藏罪恶。并且还暗中散发钱财，招引奸恶狡猾之徒，朝廷逃犯争相投靠他，以至其邪恶的势力越来越大，时时窥探时机，妄图篡位夺权。镇军将军王仲德往年入朝，曾多次上报他的这些恶行。朕以为他身居宰辅之位，参列朝班要职，因而总是予以迁就宽容，希望他能洗心革面。可他却滋长邪恶不知停止，凶恶的图谋终于形成，趁朕病重之时，阴谋放纵其祸心。之前，南蛮行参军庞延祖已经把他详细的奸谋，秘密地告诉了朕知道。不可做篡逆弑君的事，否则刑罚就不能予以宽赦，

何况他罪恶深重，竟然达到了这种可怕的地步。如今便可将他收捕交给廷尉治罪，以明正典刑。此事只惩罚首恶，余者一概不究。"于是收捕了檀道济及其子给事黄门侍郎檀植、司徒从事中郎檀粲、太子舍人檀隰、征北主簿檀承伯、秘书郎檀遵等八人，交付廷尉，诛杀。又收捕司空参军薛彤，押解到京城处决。皇上派尚书库部郎顾仲文、建武将军茅亨赶到浔阳，抓获檀道济之子檀夷、檀邕、檀演及司空参军高进之，全部诛杀。薛彤和高进之都是檀道济的心腹爱将，勇猛非凡，时人把他们比作三国的张飞和关羽。当初，檀道济被捕时，气愤地扯下头巾掷到地上说："竟又做自毁你家万里长城之事！"檀邕之子檀孺被赦免，孝武帝刘骏即位后，他被任命为奉朝请一职。

论赞

史臣曰：弹去冠上的灰尘出乡做官，佩结印绶入朝辅国，治国的道术伸展向康庄大路，命运却挣扎在险隘的车辙中，所以古人在出仕还是隐居的问题上徘徊不定，面临着歧路的选择，内心争斗不休。如果他身负重任，受君王知遇之恩，即使身遭鼎烹剑斩之刑，也会毫不在意一己之生死。

白话精编二十四史

第四卷

谢晦列传

> **谢** 晦曾跟随宋高祖刘裕征战四方，忠心耿耿，为宋国的建立，立下汗马功劳，极为刘裕所信任和欣赏，并托孤于他，一时权倾天下，可谓年少得意。宋文帝刘义隆继承皇位后，即受到猜疑，他为求自保，只能起兵谋反，在战略审视和战术运用中却屡屡犯错，加之他本无心和刘义隆争夺天下，又岂能不失败呢？

▶【得遇明主】

谢晦，字宣明，陈郡阳夏（今河南太康）人。祖父谢朗，是东阳太守。父亲谢重，是会稽王司马道子的骠骑长史。兄长谢绚，是宋高祖刘裕的镇军长史，早逝。

谢晦最初在孟昶的建威府中任中兵参军。孟昶死后，刘裕问刘穆之："孟

🔸文吏俑浮雕砖·南朝
1958年河南邓州学庄出土。

昶的手下，谁还能过来辅佐我啊？"刘穆之举荐了谢晦，刘裕便任命谢晦为太尉参军。刘裕曾经审讯囚犯，那天刑狱参军抱恙未能到职，在书札中写明案情请谢晦代职，谢晦在来衙门的车子里翻看完案情记录，到了衙门就立刻审结了案子。当时刘裕的丞相府事情冗繁，积累了很多刑案没处理，刘裕边问，谢晦边答，就把事情处理完了。刘裕立即对他另眼相看，当日就升他为豫州治中从事，主管刑狱治安之事。义熙八年（412），迁升为太尉主簿，跟随刘裕出征司马休之。当时徐逵之战败被杀，刘裕大怒，想披挂战甲亲自去对岸杀敌，众将领劝阻，刘裕不听，怒气越来越大。谢晦冲上前抱住刘裕，刘裕厉色道："我斩了你！"谢晦谏道："天下可以没有我谢晦，但绝对不能没有主公，死一个谢晦算什么！"恰在这时，军士来报说胡藩将军已经登上对岸，叛军已被杀退，刘裕这才作罢。

谢晦风流倜傥，喜欢言笑，眉目分明，鬓发漆黑。而又博学多才，见识高远，刘裕对他的喜爱和欣赏之情，是同僚们都没法相比的。谢晦跟从刘裕出征后秦，重要事务刘裕都会委派给他。刘穆之派遣使者到军中陈述后方的政事，谢晦每每会表达自己的不同意见，刘穆之怒道："你还有回来的时候吧！"后来刘裕想任命谢晦为从事中郎，征求刘穆之的意见时，他坚决表示反对。刘穆之去世后，谢晦才迁升为从事中郎。

【托孤重臣】

宋国刚刚建立时，谢晦升任右卫将军，不久又被加封为侍中。刘裕称帝时，谢晦领军警卫，迁升为中领军。之后，被封为武昌县公，拥有两千户食邑。永初二年（421）因事被免去侍中之职。不久又迁升为领军将军、散骑常侍，依照西晋羊祜的事例，进入皇宫当职，统御禁卫军。三月，刘裕卧病，赐给谢晦班剑仪仗二十人，谢晦同徐羡之、傅亮、檀道济等侍奉在刘裕病床前。

宋少帝刘义符即位，加封谢晦为中书令，与徐羡之、傅亮共同辅佐朝政。刘义符被废掉后，司空徐羡之暂主朝政，任命谢晦为都督荆湘雍益宁南北秦七州诸军事、抚军将军、护南蛮校尉、荆州刺史。徐羡之打算让谢晦作为他的外援，他害怕宋文帝刘义隆进京继承皇位后，会把这些职务封给其他人，所以才突然对谢晦有此任

命。朝廷的精兵猛将都调拨给了谢晦，装备和军需物资都很丰富。刘义隆登基后，封谢晦持节，废掉徐羡之的任命，令谢晦官居原职。谢晦害怕逃不走，非常惶恐，等到了新亭（今南京南面）的时候，回望石头城（今南京），高兴地说："如今总算逃出来了！"不久，朝廷加封谢晦为卫将军、散骑常侍，赐爵建平郡公，食邑四千户，谢晦推辞朝廷的封赐。

刚被任命为荆州刺史的时候，谢晦非常自鸣得意，去荆州之前，他来到堂叔父光禄大夫谢澹家拜别。谢澹问谢晦多少岁了，谢晦沾沾自喜地说："三十五岁。"谢澹笑道："当年荀羡二十七岁就已官拜北府都督，你和他比起来，已经老了。"谢晦听后，羞愧不已。

【奢望朝廷】

到了江陵（今荆州）后，谢晦先着意结交新皇帝的宠臣侍中王华，希望借以免除祸事。并把两个女儿分别许配给彭城王刘义康和新野侯刘义宾。元嘉二年（425），谢晦派妻子曹氏和长子谢世休护送女儿去京城。先前在景平年间，北魏进犯，侵占了黄河之南的一些地区。而到了这时，宋文帝刘义隆想杀掉徐羡之等人，并讨伐谢晦，便假装声称将要征讨北魏，又说要去京口（今镇江）的兴宁陵拜祭祖母孝懿皇后，并把行装也搬到了战船上。傅亮写信给谢晦说："近来皇帝声言准备征伐河朔（今黄河以北）

之地，这件事还没最终确定，朝臣们都在思考这件事，担忧的人占多数。"又说："朝臣们大多都谏阻皇帝北伐，皇上将要派外监万幼宗去征求你的意见。"此时，朝廷的调度跟平时有些不同，诛杀徐羡之等人的密谋已泄露了不少。次年正月，谢晦之弟黄门侍郎谢𥊹派人飞马把这些消息告诉给谢晦，谢晦仍然认为不可能。他把咨议参军何承天叫来，拿傅亮的来信给何承天看，说："估计万幼宗一两天就定然到达，傅公怕我多事，所以先派人送来此信。"何承天说："外面传闻，皇上西讨我们已成定局，万幼宗怎么还会来呢？"谢晦还是认为那些传闻是无稽之谈，他命何承天去预先写好答复皇帝诏令的草稿，说明讨伐北魏最好要等到明年。这时江夏内史程道惠得到一封浔阳人的书信，信中说"朝廷将要有大调度，此事已很准确了。"程道惠立刻把这封信封好命他辅国府的中兵参军乐冏给谢晦送去。谢晦看了信后，又对何承天说："万幼宗还没来到，如再过两三天还没消息，那就是不会来了吧？"何承天说："他本来是没有来这里的道理，如程道惠所言，事情已经很清楚了，岂容置疑。"

【谋划起兵】

谢晦打算烧掉南蛮士兵的名册，率领现有的兵力决战。手下们都劝他出兵，他才竖起旗帜并严加戒备。谢晦对司马庾登之说："现在我要亲自率兵东下，想拨三千军马令你守城，以防备刘粹前来攻打。"庾登之推辞道："下官的父母还在京城，我又一向没带过军队，再三思量，实在不敢接受此重任。"谢晦又问部下："三千军队，守城够不够？"南蛮司马周超回答道："岂止守城而已，如有外寇来，更可以立功呢。"庾登之说："周超一定能说到做到，请把我司马、南郡太守之职授给他吧。"当即在座谢晦就封周超为司马、建威将军、南义阳太守，而转调庾登之为长史，南郡太守之职不变。

刘义隆在京城诛杀了徐羡之等人，以及谢晦长子谢世休。并把谢晦之弟谢𥊹及其子下狱。乐冏派人告诉谢晦："徐羡之、傅亮和谢𥊹等人都已被杀了。"谢晦便先为徐羡之和傅亮举哀，接着又发布了自家子弟遇难的消息。之后，他亲自来到校场，召集军队。谢晦因为曾多次跟随宋高祖刘裕征战，所以他对发号施令、调度军队这些事做起来很熟悉。两三天，便有很多人投奔他，得到了三万精兵。于是谢晦寄表上奏皇帝，首先表达了自己对刘宋王朝是丹心一片，其次又为被杀的徐羡之和傅亮鸣不平，然后又说自己起兵是为了清除朝廷的奸佞之臣，以使大宋王朝不至覆灭。

此时，刘义隆已经严密戒备起来，朝廷的各路征讨大军也陆续进发。尚书令发给荆州的命令说，朝廷诛杀徐羡之、傅亮等人是因为他们弑杀了少帝刘义符，而且朝廷已经赦免了他们的家人，如今各路精兵猛将已向荆州进发，心里向着朝廷的荆州士民都应捉住谢晦，立功除害。

【贻误战机】

这时益州刺史萧摹之、巴西太守刘道产被征召回京，他们到了江陵的时候，谢晦把他们拘禁了，并没收了他们的钱财，充作军费。竟陵内史殷道鸾没有来郡里，谢晦任命他为咨议参军。任命弟弟谢遯为冠军、竟陵内史，留在后方做总勤，任命兄长之子谢世猷为建威将军、南平太守。刘粹若乘机前来相攻，而周超能打败他，即任命周超为龙骧将军、雍州刺史。安排完毕，谢晦便率领两万精兵自江陵出发，船队从渡口一直绵延到破冢（今湖北江陵县东南长江东岸），旌旗蔽日。谢晦面对此情景，叹息道："真恨不能把如此大军作为勤王之师啊！"谢晦自己就任湘州刺史，任命张邵为辅国将军，张邵辞谢了。

谢晦发檄文到京城历数王华的罪过，说自己起兵就是要为国家铲除像王华这些奸佞，并夸说自己的军队勇猛无敌。

谢晦领军到达江口时，朝廷方面到彦之率领的军队已据守在彭城洲

🔴 **画像砖·南朝**
1958 年河南邓州学庄出土。

（今岳阳东北，长江南岸）。庾登之占据巴陵（今岳阳）后，却心生畏惧而不敢继续进军。正巧这时连着下了多天的雨，参军刘和之说："彼此都在雨天里，檀道济大军就快来到了，东边朝廷的军队实力就会更加强大，我军现在应速战速决。"庾登之怯战，没有听从刘和之的建议，他命小将陈祐做了很多大布袋，在里面装上茅草，再把袋子悬挂在船帆的桅杆上，说这

样就可以采取火攻。而火攻是要等到天晴的，庾登之因此就达到了暂时避战的目的。谢晦也认为庾登之的做法正确，于是就停止进军十五天。十五日后，中兵参军孔延秀才率领三千军队进攻驻守在彭城洲的萧欣军队，孔延秀率军殊死拼杀，萧欣在军队后面拿着盾牌防身，后来又丢掉自己的部下逃到船上，萧欣的军队被杀得大败。孔延秀乘胜又攻下了彭城洲口的营寨。到彦之因而率军退守隐圻（彭城洲东北）。

这时，谢晦又给皇帝上表说，如果皇上能诛杀王华这些奸佞，并还公道于徐羡之、傅亮和谢家，他就立即率军返回荆州，继续做好臣子的本分。

❀ 彩绘朱雀画像砖

【兵败被杀】

当初，谢晦和许羡之、傅亮谋划自保的策略，打算由谢晦控制长江上游，而檀道济镇守广陵（今扬州市），各自凭借雄厚的兵力，来牵制朝廷，徐羡之和傅亮则在朝中掌握大权，这样他们就可以永保平安了。等到宋文帝刘义隆要诛杀他们时，王华等人都说："檀道济也不可以相信。"刘义隆说："檀道济只是迫于形势才跟从他们，本来就不是弑君的主谋。杀害少帝的事，跟他又没关系。我召他回朝问一问他，他一定会忠于朝廷的。"于是下诏召檀道济回朝，把军队交给他统领，委派他讨伐谢晦。谢晦听到徐羡之等人的死讯后，还担心檀道济命不久矣，当听说檀道济率军前来讨伐他后，他就开始惶惶不安，毫无对

策了。

　　檀道济率军到达前线后，和到彦之合兵一处，沿江岸牵引着战船。谢晦见对方的战船很少，就很轻视，没有立即出战。到了晚上，檀道济的战船都顺风悬挂上船帆前后相连着冲来，谢晦的军队被拦腰切断，士兵们立刻就丧失了斗志。檀道济进军至忌置洲（今湖北洪湖西南长江北岸），乘战船渡过长江，谢晦的军队当即就溃散了。谢晦连夜奔逃，先跑到了巴陵，之后又乘了小船，逃回了江陵。在这之前，雍州刺史刘粹派遣他弟弟竟陵太守刘道济和官军主帅沈敞之袭击江陵，在沙桥（江陵城西），周超率领一万守军出战，大败了刘道济等人的军队，之后不久，谢晦战败的消息就传回了江陵。谢晦逃回江陵后，什么都没做，只是惭愧地感谢周超而已。周超知道谢晦大势已去，当天夜里就离开军队，乘船去了到彦之军中投降。谢晦眼见自己部众离散殆尽，便带着弟弟谢遯、兄长之子谢世基等七骑向北而逃。因为谢遯身体肥胖，骑不了快马，谢晦总要等着他跟上来，所以他们走得很慢。当行到安陆延头（今湖北大悟县东南）的时候，被这里的守将光顺之给抓捕了。光顺之原来就是谢晦的部下。谢晦被他装在了囚车里，解送往京城。在路上，谢晦作了《悲人道》这首诗，极尽哀感身世。

　　谢晦被斩于京城闹市时，年仅三十七岁。庾登之、殷道鸾、何承天等人被皇帝赦免。

　　河东人商玄石是谢晦参军，谢晦准备东进时，他随军作战。谢晦败，商玄石以预谋不成为憾，投水而死。文帝为嘉奖他，任命他的儿子商怀福为衡阳王刘义季右军参军督护。谢晦北逃时，左右亲信各自奔散，独有一名叫延陵盖的人追随不舍。文帝因他能为主尽命，又是古贤人延陵季子的后人，为嘉奖他，后来任他为长沙王刘义欣的镇军参军。

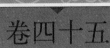

王镇恶列传

王镇恶可说是刘裕手下第一猛将，只可惜为人贪婪成性，傲慢无礼，还有些残暴不仁，虽然建下显赫战功，但还是算不得一代名将，最后竟然被自己鄙视的同袍所杀，实在有点窝囊。

▶【名门之后】

王镇恶，北海剧（今山东昌乐县西）人。他的祖父王猛，字景略，是符坚做前秦皇帝时的宰相。父亲王休在前秦时是河东太守。

因为王镇恶是农历五月初五出生的，家里人受风俗影响，有些忌讳，想要把他过继给远房的族人。王猛见到他的这个孙子后，却很惊奇，他说："这不是一个寻常的孩子，从前的孟尝君就是五月出生的，却成为了齐国的宰相，这孩子将来也会光耀家门的。"所以为之取名镇恶。

王镇恶十三岁的时候，前秦政权就崩溃了，关中一带陷入动乱之中，王家流落寄居在崤山（今河南洛宁县北）和渑池（今河南渑池县）之间。王镇恶曾在渑池的李方家寄食，李家待他很好，他对李方说："如果我能遇到一位明主，成为万户侯，一定会加倍报答你的厚恩。"李方答道："你是丞相大人之孙，如此才高志远，何愁他日不能富贵，到时你只要举荐我当本县的县令，我就很知足了。"后来，

王镇恶随同叔父王曜过江归顺东晋，客居在荆州。王镇恶研读了很多前人的兵书，好论军国大事，虽然骑术和箭法很差，但是却精于谋略，临机果决善断。

▶【明主知遇】

广固之战大败南燕慕容超后，有人向宋高祖刘裕推荐王镇恶，当时王镇恶正担任天门临澧县（今湖南临澧县）县令，高祖当即派人去召他来见。王镇恶来到后，高祖和他纵论天下大事，很惊异于他的才智，于是就留他住宿。第二天清晨，高祖对众多僚属说："镇恶，乃王猛之孙，真可谓将门有将啊。"即任命王镇恶为青州治中从事史，行参中军太尉军事，署前部贼曹。之后他在查浦（今南京清凉山南）迎击卢循叛军时，屡立战功，被封为博陆县五等子。

高祖谋划讨伐叛将刘毅，王镇恶说："主公如对刘毅用兵，请赐百艘战船，派我做先锋。"晋安帝义熙八年（412），刘毅有病，请求朝廷任命

28

他的堂弟兖州刺史刘藩做他副手，高祖假装答应了他。九月，高祖派大军征讨刘毅，任命王镇恶为参军事，振武将军。高祖领军到达姑孰（今安徽当涂县姑孰镇）后，于二十九日，派王镇恶率领龙骧将军蒯恩百艘战船向叛军守地进发。王镇恶领命后，率军昼夜兼程，十月二十二日，大军到达了距离江陵城还有二十里的豫章口。

【攻杀刘毅】

王镇恶从进军之日起，就自称是刘藩，刘毅信以为真，不知道自己即将被袭击。王镇恶在豫章口率军下船上岸西行，蒯恩领军在前，王镇恶在后。战船上只留下一两个人，在对着船的岸上竖起六七面大旗，旗下各放一面战鼓。王镇恶吩咐留下的人："估计我军到达江陵城边时，你们就猛烈擂鼓，使得后面就像有大军一样。"王镇恶又另拨出一小队人在后面，命他们烧掉渡头的所有船只。他还事先吩咐先头部队："如果有人前来盘问，只要说是兖州刺史刘藩的人就行了。"刘毅派驻在江边的守军以及附近的百姓们都以为到来的是刘藩的军队。

当大军行至距江陵城还有五六里的时候，遇上了刘毅手下的主将朱显之骑马带着十余骑和数十步兵去往渡头。朱显之便问："你们是什么人？"一个军士答道："刘兖州到了。"朱显之打马上前又问："刘兖州在哪儿？""在后面。"军士答道。朱显之见只有军队而没有刘藩，又见这些士兵都扛着盾牌和作战的装备，又望见江边渡头的船舶已经燃烧起来，浓烟滚滚，而且那边还有很响的战鼓声，他一想不对头，立刻调转马头飞奔回了江陵城。他气喘吁吁地告诉刘毅："城外有大军，像是从下游上来的，就快到城下了，江边的船也全都被烧毁了。"刘毅慌忙下令关闭所有

金铜佛造像·南朝宋

城门。但此时王镇恶的大军已经冲到了城下，士兵们爬过城墙，进入到了城里，守城的士兵还没来得及放下门闩，东城门就被官军打开了。刘毅在城中有八队人马，另外还有甲士一千余人，已经紧急防备起来。蒯恩率部从东门进城后，就折向城北攻打射堂（军队练习射箭的场所），接着从前面攻打城内牙城的东门，王镇恶则率军攻打牙城的西门，大军另一部分攻打牙城南门。牙城内的守军主要是刘毅从东部带来的旧部属，有六个队共一千余人，另外还有西部的部下两千多人。两军从早饭时一直交战到午后，牙城内的西部守军已降的降，散的散，所剩无几。王镇恶攻进城后，就借风放火，烧掉了大城的南门和东门。他派人拿着朝廷的诏书、赦罪文书和高祖的亲笔信给刘毅看，刘毅气得看都没看就全部烧掉了。牙城内的人也不相信高祖亲自来。有个叫王桓的人，家住江陵，曾经亲手砍掉了叛贼桓谦的脑袋，被高祖所赏识提拔，经常陪伴在高祖身边。之前他向高祖请求回江陵迎接家眷，此时正赶上官军前来讨伐刘毅，他便率领十多人加入战斗。傍晚时，王桓在牙城东门偏北三十步之处，在城墙上打穿了一个洞口，他率先钻了进去，王镇恶跟在他身后也钻了进去，随之越来越多的官军从洞口拥入，两军便用短兵器混战起来。王镇恶的部下与刘毅从东部带来的将士有不少是亲属关系，王镇恶命军士们边战斗边喊话，这样牙城内的守军就都知道高祖亲自来了，军心随即开始瓦解。到了夜里一更天的时候，公堂前沿的叛军已经溃散，刘毅的猛将赵蔡也被杀死了。刘毅身边的军队，仍然紧闭东面和西面的小门顽抗，王镇恶这时担心夜里看不见，会误伤了自己人，便命军队退了出来，然后包围牙城，只故意打开南门，供刘毅逃生用。刘毅担心南门外有军队埋伏，三更时分，他率领军队打开北门冲出。之前，刘毅的坐骑因为在城外，仓促之间在城内给他找不到马，他便向儿子刘肃民讨要马匹，刘肃民不给他，朱显之一把就帮刘毅夺过了马匹，并质问刘肃民："人家正在捉你父亲，你却连匹逃生的马也不借他，如果你现在自己逃走，又想逃哪儿去

青瓷莲花灯·南朝

呢？"于是刘毅骑上马就带兵突围，却正碰上王镇恶领军挡在面前，拼了命都没冲出去，他又调转马头向蒯恩的部队冲去，刘毅的部下经过了一整天的恶战，早已疲惫不堪，刘毅终于从大城东门逃出，逃到了城外二十里处的牛牧佛寺，绝望中在此自缢身亡。王镇恶在一天来的恶战中，身中五箭。江陵城平定二十日后，朝廷的后续大军才到达。

【盛极而衰】

因平定刘毅有功，王镇恶被封为汉寿县子，食邑五百户。高祖讨伐司马休之，王镇恶袭杀了司马休之部将朱襄。王镇恶生性贪婪，杀掉朱襄后，就纵兵在当地的蛮夷地区抢掠，没有按时率军返回。等他赶到江陵后，司马休之已被高祖击败，高祖很恼怒，没有及时接见他。王镇恶笑说："只要让我见主公一面，就没什么可忧虑的了。"王镇恶能言善辩，有随机应变的口才，高祖后来果然释怀。

义熙十二年（416），高祖将要北伐，任王镇恶为咨议参军，龙骧将军，作为先锋。王镇恶率军进入后秦国境，战无不胜，一路攻城略地，直至洛阳，后秦陈留公姚洸归降。接着率军进入渑池，造访故人李方家，登堂拜见李方母亲，赠送给他们很多礼品，当即任李方为渑池县令。

不久，王镇恶率军进攻到长安城下，激励将士破釜沉舟，拼死一战，遂攻破长安。高祖快到的时候，王镇

恶到灞上迎接，高祖慰劳他说："成就我霸业的人，真是你啊。"王镇恶拜谢道："这全是主公的威德，诸将的努力，镇恶哪有什么功劳！"高祖笑道："卿是想学东汉的冯异让功避禄啊。"此时关中地区，物产丰盛，王镇恶便肆意搜刮钱财，抢掠美女珍宝不计其数。高祖因其功大，并不追究，又给他征虏将军的封号。有人向高祖诬陷王镇恶，说攻克长安之后，他私藏姚泓的御用辇车，恐怕是要叛变。高祖秘密派人侦察存放辇车的地方，原来姚泓的御用辇车多用金银装饰，王镇恶悉数窃取了上面的金银珠宝，而把辇车抛到了城墙外面。高祖听闻之后，这才放下心来。

高祖回朝前，命二儿子桂阳公刘义真镇守长安，并留下王镇恶辅佐。不久西面的佛佛国前来进攻长安，刘义真派中兵参军沈田子御敌。敌军来势汹汹，沈田子屯兵与敌对峙，并派人把战况通报给王镇恶。王镇恶对沈田子傲慢不敬，加之二人素来互相猜忌，沈田子便袭杀了王镇恶，被害时四十六岁，这一年是义熙十四年（418）正月十五。

论赞

臣曰：王镇恶兵锋所指，无所不克，成为像周宣王时方叔那样的功臣，真是勇猛豪壮啊！

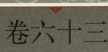

卷六十三

王华列传

 华做人低调谨慎，极有城府，代表新进权贵清除开国功臣。英年得意，却仍贪恋不止，岂知荣华日盛，而命已不久。

▶【因名入仕】

王华，字子陵，琅琊临沂（今山东临沂市）人。祖父王荟，官至卫将军，会稽内史。父亲王廞，官至太子中庶子，司徒左长史，居住在吴郡（今苏州）。晋隆安年（397～401）初，王恭起兵讨伐王国宝，当时王廞正居家为母亲服丧，见到王恭传发的檄文后，他立即聚众响应，以女儿为贞烈将军，任女人为官属。王国宝死后，王恭命王廞罢兵。由于王廞起兵之时，

🔸 **透雕龙纹玉鲜卑头**
白玉器，南朝宋文帝刘义隆御用品。

杀戮甚多，此时已无法收场，便转而讨伐王恭。王恭派刘牢之进攻王廞，王廞败逃，不知所终。其长子王泰被王恭诛杀。王华当时十三岁，和父亲在军中失散后，跟着僧人释昙永逃亡。刘牢之派人四处搜捕王华，释昙永让王华提着衣服幞巾跟在他后面走，在渡口巡逻的官兵有些觉得他们可疑。因为王华走得慢，释昙永便故意大声呵斥道："你这奴才真是太懒惰了，还没我走得快！"说着就用棍子打了王华几十下，那些官兵看到后就消除了怀疑，王华才捡回一命。

后来，朝廷赦免王家的罪责，王华回到了吴郡。他虽然年少，却很有德行志向，因为他不知道父亲是活着还是死了，便每天布衣素食生活，也不与人交游，如此度过了十余年，被时人所称颂。高祖刘裕想善用王华的才干，就发出了

32

王廞死亡的讣告，使王华服丧。王华服丧完时，高祖正北伐长安，遂任命他为州主簿，又转为镇西主簿，治中从事史，做每个职位他都赢得了同僚的称誉。文帝刘义隆镇守江陵时，任命王华为西中郎主簿，又迁升为咨议参军，领录事。文帝升任镇西将军后，他也跟着转职迁升。文帝未登基前，府中政务全权交给司马张邵处理。王华生性重视名利，不愿屈居人下。张邵性喜豪奢，每次出行都有一群侍从随在车旁，王华则故意反其道而行之，每次出行都驾牛车，随从仅两三人而已。二人车驾有一天在城中相遇，王华佯装不知道是张邵，对随从说："车驾仪仗如此盛大，一定是殿下（高祖）来到了。"于是赶紧下了牛车，肃立在道旁，张邵来到后，王华假意表示出极大的惊讶。又一天，张邵穿便服登上城楼，王华弹劾了他。张邵因而被高祖调走，王华终于取代了他的职位。

【争名夺利】

文帝要进京称帝时，因为少帝被杀害的事，使文帝心生迟疑，不敢进京。王华进谏道："徐羡之等人受先帝托孤重任，料其不敢背弃先帝的恩德。少帝被废后如果仍活着，他们会担心各自将来的安危，遂弑杀了少帝。大概还是畏祸之心占上风，岂敢贸然叛逆呢！且徐羡之等三人权势相当，心中必不能相互敬服，他们只是希望永掌大权，巩固自己的权威，以使新君仰仗他们罢了。殿下入朝就是，无

须疑虑。"文帝听从了他的建议，并派他留守，全权处理封地的事务。文帝即位后，封王华为侍中，右卫将军。

黄门侍郎、步兵校尉孔宁子和王华都有富贵的愿望，非常嫉妒徐羡之等人的权势，二人便经常在文帝面前搬弄是非。元嘉二年（425），孔宁子病死。次年，文帝诛杀了徐羡之等人。王华被加封为护军。

【贪名憾死】

在刘宋一朝，只有王华和南阳人刘湛从不矫情做作，得到官职就上任，视之为常事。王华因性格和行事与人不同，所以从不参加聚宴集会，终身滴酒不沾。如果要与同僚商议政事，他就乘车登门拜访，主人出门到车前来跟他相会。他曾惋惜自己才华未能尽展，叹息道："宰相一下子由几个人同时担任，天下岂能大治！"元嘉四年（427），王华逝世，终年四十三岁。

论赞

史 臣曰：元嘉初年，朝廷诛杀徐羡之等权臣时，孔宁子和王华居功至伟。杀掉人家而夺取名贵的玉璧，不懂得思虑那对自己也是累赘。颠覆他人的权势，夺取人家受到的恩宠，不怕自己也重蹈覆辙吗？如果这二人长寿，不知道他们将来如何明哲保身。

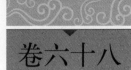

彭城王义康列传

刘 义康才略出众，勤于政事，先公而后己，为人率性真挚，为满朝公卿所称誉，终不为皇兄刘义隆所容，被一步步迫害致死。

▶【生而富贵】

彭城王刘义康在十二岁的时候，被父亲（高祖刘裕）封为督豫、司、雍、并四州诸军事、冠军将军、豫州刺史。这时高祖被从寿阳（今安徽寿县）征召入朝辅政，便留刘义康代为镇守寿阳，加封他为司州刺史，都督徐州之钟离、荆州之义阳诸军事。永初元年（420），被封为彭城王，右将军，食邑三千户。次年，又任南豫州刺史，都督南豫、豫、司、雍、并五州诸军事。永初三年，迁升为使持节、都督南徐、兖二州、扬州之晋陵诸军事、南徐州刺史。

文帝刘义隆即位，增刘义康食邑至五千户，加封为骠骑将军，散骑常侍，赐乐队一支。不久，又加封他为开府仪同三司。元嘉三年（426），兼任都督荆、湘、雍、梁、益、宁、南北秦八州诸军事，荆州刺史，皇上赐予班剑仪仗三十人。

▶【入朝辅政】

元嘉六年，司徒王弘上表请求让刘义康入朝辅政，遂被召回京城，任侍中，都督扬、南徐、兖三州诸军事，司徒、录尚书事，兼平北将军、南徐州刺史。刘义康与王弘共辅朝政。王弘多病，且遇事每多推让，因而此后朝中众多政务，几乎都由义康一人裁决。太子詹事刘湛有治国之才，刘义康在豫州的时候，他在身边做长史，既然本来就私交甚笃，此时刘义康对他更是分外器重，诸如品论人物雅俗，事务如何处理等问题，都经常垂询他。刘义康自从政以来，功绩卓著，时人交口称赞。元嘉九年（432），王弘去世，刘义康又兼任扬州刺史。

刘义康天生喜欢政事，醉心于文案，究查事务中的得失利弊，没有不精到的。他总揽朝政，朝中诸事都由自己决断，生杀大事则以录尚书的名义决断。凡是他上奏的事，皇上都会准奏。刺史或太守之下的官吏，都由他来任命。因此，朝野公卿大夫都聚集在他身边，一时权倾天下。刘义康一直都是自强不息，理政毫无懈怠。他的官邸前每天早上都停着数百辆车子，都是等着求见他的人。无论来者官职多么卑下，出身多么寒微，他都

——引入相见。他在给人任命官职时十分慎重，从不拿官职来为自己做人情。凡是朝中才智之士，他都延请进自己府中，而凡庸和不合自己宗旨的就在朝廷里给他们安排个适当的职位。因而，他手下的官吏都愿意为他效命，从不敢有所欺瞒辜负。文帝体虚，多年卧病在床，每有所思虑，便头痛难当，时有危险情况。他入宫侍奉皇上十分尽心，经常连着几昼夜都不解衣睡觉，凡汤药、膳食都先由他亲口尝过，才进献给皇上。元嘉十六年（439），受封为司徒，大将军，并赐许自行征召下属官吏。

【功高震主】

刘义康素来不谙于臣道，不识大礼，自认为和皇上是至亲兄弟，从不在意君臣相处的规矩，总是率性而为，未尝有所猜疑防备。他私下招养了六千家兵，也没有向朝廷禀明。各地官员进献贡品时，都会把最好的送给刘义康，而把相对次一点的进奉给皇上。冬天皇上有次吃柑橘，感叹道："这柑橘真是又小又酸啊。"下座的刘义康说："今年柑橘也有好的，臣派人回府取些来。"刘义康家的柑橘取来后，竟然比宫里的大了整整三寸！

尚书仆射殷景仁很受文帝恩宠，他原来和太子詹事刘湛的交情很好，可后来两人闹翻了。刘湛常想借着刘义康的权势压过殷景仁，而殷景仁也有皇帝来撑腰。刘义康屡次在皇上面前说殷景仁的不是，皇上始终都没听信，刘湛就更加气愤难平。南阳人刘斌，是刘湛同族中人，有些处理一般事务的才能，刘义康也很信任他，把他从司徒右长史提拔为左长史。司徒

🔶**牵马运粮疾行画像砖·南朝**
河南邓县出土，国家博物馆藏。

府中，从事中郎琅琊的王履、主簿沛郡的刘敬文、祭酒鲁郡的孔胤秀这些人都是从不正当途径进入仕途的。他们见皇上病势沉重，都建议立先皇年长的王子继承帝位。有次皇上病危，命刘义康起草辅佐幼主的诏书。刘义康回到官署后，涕泪交零地将此事告诉了刘湛和殷景仁。刘湛说："国事繁重，年幼之君焉能担当得起呢！"刘义康和殷景仁都没说什么。可是孔胤秀等人却去尚书省寻找晋成帝咸康末年立弟弟晋康帝为皇帝的史料，刘义康并不知道这件事。刘斌等人受刘义康知遇，且刘义康权倾天下，他们便想拥立刘义康为帝。于是这些人结为同党，暗中窥伺皇上举动，朝中如有忠君爱国，而又不和他们为伍的，就肆意编织罪名，使对方受罚或被罢免。他们还经常搜录殷景仁的过失，甚或虚构罪名后，到刘湛那儿报告。从此，皇帝和宰辅的权势已经对立，宫内和外府不和的局面形成了。

从元嘉十六年（439）秋天开始，皇上再也不去刘义康官署了。皇上认为自己和刘义康之间已有嫌隙，将来定会造成大祸。元嘉十七年十月，刘湛被送交廷尉治罪，处斩。接着朝廷又诛杀了刘斌及大将军录事参军刘敬文、贼曹参军孔邵秀、中兵参军邢怀明、主簿孔胤秀、丹阳丞孔文秀、司空从事中郎司马亮、乌程令盛昙泰等；流放尚书库部郎何默子、余姚令韩景之、永兴令颜遥之、刘湛之弟黄门侍郎刘素、刘斌之弟给事中刘温于广州；

王履罢官回家。

出事当天，皇上命刘义康入宫值宿，留在中书省就寝，于夜里派人抓捕了刘湛等人。青州刺史杜骥在宫殿内部署了军队，以备万一。接着皇上就派人传旨宣布了刘湛等人的罪行。

【悲伤离京】

于是，刘义康上表请求辞职。皇上便改封他为都督江州诸军事、江州刺史，离京镇守豫章（今江西），持节、侍中、大将军等职位不变。刘义康在宫中逗留了十多天，桂阳侯刘义融、新喻侯刘义宗、秘书监徐湛等人都不断来慰问过他。在中书省向皇帝辞行后，他就到渡头上船。辞行时，皇上只是对着他悲恸地哭泣，什么都没说。皇上又派僧人释慧琳去看他，他悲伤地问："弟子还有回京的可能吗？"释慧琳叹息道："恨公不多读些书啊。"左右亲信之人，全都随他去了豫章。后来，刘义康上表请求辞去江州刺史之职，皇上允许了，另授为督广、交二州、湘州之始兴诸军事。俸禄都很优厚，皇上的书信和赏赐也很殷勤，朝廷内的大事，都会告诉刘义康。

龙骧参军扶令育上京觐见皇上时上表请求朝廷召回刘义康，重新委以重任，言辞恳切。皇上立即将他下狱处死。

会稽长公主，是皇上所有兄弟姐妹中辈分最大的，皇上对她很亲近敬爱。刘义康被贬到豫章有一段时间后，皇上去看望长公主，宴饮欢愉之际，长公主忽然离席跪在皇上面前，不住地叩拜，悲不自胜。皇上大惊，赶紧亲自去扶起她。长公主说："车子（刘义康小名）年纪大了，必然不被陛下所容，我只请皇上能留他性命。"随即放声大哭起来。皇上也不禁流下泪来，举手指着蒋山说："一定不会出现你担忧的事，朕如有违今日之誓，便是对不起父皇！"旋即封好宴席上的酒，命人送去给刘义康，并附信说："姐姐宴饮想起皇弟，今封送剩余之酒。"

【相煎太急】

元嘉二十二年（445），太子詹事范晔等人谋反，牵连到了刘义康。有司上表历数刘义康之"罪"，请求朝廷将他免官削爵，下狱议罪。皇上下旨特赦刘义康，废刘义康及其子女为庶人，从皇族除名，羁押至安成郡（今江西安福县东南）安置。朝廷命宁朔将军沈邵领兵守卫。刘义康在安成郡读书，当读到有关西汉淮南厉王刘长的事时，不禁掩卷太息道："前代已有此事，我今遭罪也是理所当然的啊。"

元嘉二十四年，豫章的胡诞世、前吴平令袁恽等谋反，偷袭杀害了豫章太守桓隆、南昌令诸葛智之，领兵窃据郡城，打算把刘义康迎接回来。太尉录尚书江夏王刘义恭等人上书陈奏刘义康的大罪，并建议朝廷将他流放到广州（今广州）等偏远之地。皇上准奏，仍命沈邵严加看守。元嘉二十八年（451）皇上派中书舍人严龙赐毒药给刘义康，他不肯服药，说："佛教说自杀的人来生不可以再做人，除此怎么处死我都行。"于是就用被子闷死了他，终年四十三岁，以侯礼葬于安成郡。

🔴 提梁鸡冠壶·南朝
江苏扬州博物馆藏。

柳元景列传

柳 元景，才德兼备，一心忠于朝廷，出将入相，功勋卓著，从不作威作福。可惜晚年遭受疑忌，惨死于暴君之手。

【争相延聘】

柳元景，字孝仁，河东解（今山西解县）人。曾祖父柳卓，迁居襄阳（今湖北襄樊），官至汝南太守。祖父柳恬，是西河太守。父亲柳凭，是冯翊太守。柳元景少年即善骑射，数次跟随父亲讨伐蛮夷，以勇猛著称，寡言少语而内具才略。

荆州刺史谢晦闻听他的贤名，延请他入幕，还没等他前往，谢晦便败亡了。雍州刺史刘道产对他的才能很赞赏，但当时他正在为父亲守丧，因而不能出仕。恰巧江夏王刘义恭也来延聘他，刘道产便对他说："很久以来就想请你到我这里屈就，如今你受到尊贵的王爷邀请，我就很难强留了，夙愿未能实现，真是遗憾。"服丧期满后，江夏王任命他为中军将军，后又迁升为殿中将军。又再任江夏王司空行参军，随府转为司徒太尉城局参军，文帝刘义隆见到他后，又予嘉许。

【谋勇兼备】

先前，刘道产做雍州刺史时，有德政，远方的蛮夷也来归附他，这些人沿着沔水建立起村落，人口众多。刘道产死后，这些蛮夷就开始大肆为乱。孝武帝刘骏镇

青瓷点彩鸡首壶·南北朝

守襄阳时，柳元景是刘义恭手下的将帅。因而柳元景便被任命为广威将军、随郡太守。到任后，蛮夷切断了驿道，准备进攻郡城。此时，城内缺粮缺武器，柳元景想出了一个计策，他先从手下的六七百军士中拨出五百人，令其屯驻驿道。有人提出了异议："蛮夷即将攻城，不应再分散兵力了。"柳元景笑道："蛮夷听说城内驻有重兵，岂能料到兵少？内外夹攻，方为上策。"蛮夷快到城下时，柳元景命驻守驿道的军队准备潜行到蛮夷背后，下令道："以举火为号，向前急攻。"蛮夷来到城下后，立时陷入官军的前后夹攻，当即惊慌大乱，掉入郧水而死的有一千余人，斩杀俘获数百人。从此，一郡太平，再无劫掠。朱修之讨伐蛮夷，柳元景也随同出征。沈庆之征郧山时，他又任副将。之后，升任刘骏安北府中兵参军。

【北伐名将】

随王刘诞镇守襄阳，柳元景任后军中兵参军。待朝廷大举讨伐北方时，命令各地派军队参战。元嘉二十七年（450）八月，刘诞派振威将军尹显祖率军出贳谷，奋武将军鲁方平、建武将军薛安都、略阳太守庞法起率军进入卢氏，广威将军田义仁率军进入鲁阳，升柳元景为建威将军，统御众军。

经过诸军协力作战，十一月，柳元景率军到达弘农（今河南灵宝），在开方口（今河南灵宝开方口村）扎营。朝廷任命他为弘农太守，设置官佐。

起初，蔡安都留驻弘农，而其他前锋军队俱已攻入陕州（今河南陕县），柳元景到了弘农后，就对他说："不必再坐守这座空城了，令庞公他们孤军深入，不是上策。你应该尽快进军，与尹显祖合兵前往，待我征收完税赋就随后率军赶上。"众军赶到陕州城下，立即进入外城，建立营垒，威逼城中守军。众位将军几次进攻都未能攻入城中，敌军北魏洛州刺史张是连提率兵两万来援。鲁方平赶紧派人飞马把此消息报给柳元景，此时诸军粮草将尽，只剩几天口粮。柳元景正在后军督办租粮，并已装上车马，正准备运送，鲁方平的信使就到了，柳元景命副将柳元怙率马步军两千急赴陕州增援。只一夜，柳元怙援军就抵达了前线。第二天，从早上一直厮杀到太阳偏西，敌军大败，杀掉了敌将张是连提，斩杀敌军三千多首级，掉进黄河和沟堑而死的敌军不计其数，俘获敌军两千余人。

第二天上午，柳元景轻装骑马来到陕州城，俘获的敌军大多都是河内（今河南的河北道大部分地区）人，柳元景责问他们道："你们怨恨皇恩没有惠泽你们，无法解除疾苦，如今都为敌虏效命，可见你们本非良善。效忠朝廷者予以赦宥抚恤，逆附敌虏者杀无赦，朝廷历来都如此。"俘虏们跪着说："残暴的敌寇强迫我们出战，谁敢落后，就全家诛杀。他们用骑兵催督我们步兵出战，抗命的就被杀死。这些情形将军都已亲眼所见，并不是我们存心背叛朝廷啊。"众位将军都要杀掉这些俘虏，柳元景反对这么做，他说："如今王师北伐，正当以仁义为先。"于是下令释放全部俘虏，并令守关将士为家居关内的人放行，俘虏们都高呼万岁离去。

其时，王玄谟率领的另一路北伐军却被北魏打得大败，北魏军因而乘胜进入宋国境内。皇上认为柳元景孤军深入不安全，就命他班师回朝。于是柳元景率领各路建立功勋的将领回朝，军容异常雄武。朝廷任命他为宁朔将军，京兆、广平二郡太守，在樊城建立官署宅邸，和他的部下居住，统管北蛮事务。

之后，朝廷又加封柳元景为冠军司马、襄阳太守。鲁爽向虎牢关进军，朝廷命令柳元景率领部队进攻关城，关城之敌弃城逃走，柳元景占领该城。随后进军至洪关，打算同薛安都渡过黄河进攻蒲阪（今山西蒲州镇）的杜道生。这时，鲁爽却退兵了，柳元景只好率军返回。两次北伐，柳元景在宋国和北魏都建立了很高的声威。朝廷又命他率部向西阳（今湖北倒水以东、长江以北和蕲水以西地区）进发，会同其他将领征伐五水蛮夷。

【讨伐元凶】

刘骏起兵入京讨伐刘劭，任命柳元景为咨议参军、中兵、冠军将军，

拨给他一万军队做先锋，宗悫、薛安都等人率领的十三路大军都由他节制。柳元景写信给京城的朝臣，呼吁他们响应起义。

柳元景率军从水路在江宁（今南京江宁区）上岸，在板桥一带修建栅栏防守。军队进发至阴山后，派薛安都率骑兵驻守南岸。他自己悄悄率军来到新亭，依托山势建立营寨，东西两面都占据了险要地势。刘骏又派龙骧将军、行参军程天祚率军来汇合。程天祚又在东南面的高地修建了营寨。很多从京城逃出来的人，都劝柳元景加速进军，他说："不能这样。打仗不能全都依靠道义，而那些作恶的人却会同心协力，我军冒进不加防备，就会给敌人可乘之机。用兵贵在使我立于不败之地，岂能庆幸敌人不来相攻呢！"刘劭领军来攻，被柳元景打得大败，狼狈逃回宫中。

【辅佐新君】

刘骏在新亭即皇帝位，加封柳元景为侍中、左卫将军，使持节、监雍、梁、南北秦四州、荆州之竟陵、随二郡诸军事、前将军、宁蛮校尉、雍州刺史。先前刘骏曾问柳元景："战事平息后，将军有何要求？"柳元景答道："如有特恩，臣愿回归故里。"所以才有这样的封赐。之后，皇上又加封他为领军将军、散骑常侍、曲江县公，食邑三千户。

孝建元年（454）正月，鲁爽谋反，

臧质与南谯王刘义宣亦谋反，朝廷派柳元景平定了叛乱。

皇上传旨封柳元景为晋安郡公，开府仪同三司。柳元景辞开府仪同三司，遂任侍中、领军、太子詹事之职。大明三年（459），升任尚书令，改封巴东郡公。大明五年，升任左光禄大夫。次年，加封为骠骑将军，南兖州刺史。皇上驾崩，受遗诏同江夏王刘义恭、尚书仆射颜师伯共辅幼主。

柳元景从做将帅起家，入朝处理政事，虽然不是他的擅长，但他有宽宏雅量的美德。当时朝中勋贵大多都经营着庞大的私产，只有他不经营产业。他家有几十亩菜园，守菜园的下人卖菜后得到两万钱，送来府上。柳元景说："我建这个园子种菜，只是想供家里吃，又岂能卖菜赚钱来夺取百姓的利益呢？"于是将钱送给了守菜园的人。

世祖皇帝非常暴虐，柳元景虽然受到恩宠的待遇，却也时常担心遭到不测之祸。江夏王刘义恭以及诸位大臣也都小心翼翼，不敢私下往来，以免引起猜忌。世祖皇帝驾崩，江夏王刘义恭、柳元景以及诸位大臣彼此才说："这下可以避免遭到横死之祸了。"刘义恭诸王、柳元景、颜师伯等人自此互相走动，昼夜饮酒作乐。

🌀 **青釉四系盖壶·南朝**

该壶鼓腹，圈足，颈肩间有四系。灰胎，胎质细洁。通体及盖施青釉，釉色青黄。造型稳重质朴，为越窑青釉瓷器中的上品。

【命丧暴君之手】

前废帝刘子业从小就凶残成性，对柳元景这些功臣很不满，杀掉戴法兴后，乖悖的性情更加显露。柳元景、颜师伯等人密谋废掉刘子业，拥立刘义恭称帝，但却犹疑不定，未能决断。永光元年（465）夏，刘子业知道了他们的密谋，亲自带禁军来杀柳元景。柳元景得到消息后，知道大祸临头，便穿好朝服，乘车迎向刘子业。半路遇见刘子业后，被禁军杀害。就死时神色泰然，终年六十岁。

宋明帝刘彧即位后，追谥柳元景为"忠烈"。

元凶劭列传

刘劭自幼受他父皇宠爱，虽读书习文，却多行不义，痴迷巫蛊，因为一个女巫，竟然杀掉了自己的父皇，他仅当了三个月皇帝，就被宗亲诛杀了。

▶【生如商纣】

元凶刘劭，字休远，是宋文帝刘义隆的长子。文帝即位后生刘劭，因为当时文帝还在为先皇服丧，为了保守秘密，直到元嘉元年（426）三月，才宣布刘劭出生。历代以来，没有皇帝刚即位皇后就生太子的，只有殷商的帝乙登基后，正妃生了纣，到现在又有刘劭。因他出生时文帝正好登基，所以文帝很宠爱他。

刘劭六岁时，被立为太子。皇上专门为他建造了华丽的宫殿，十二岁时，他搬进东宫居住，娶黄门侍郎殷淳的女儿为妃。十三岁，行加冠礼。他喜欢读历史传记，尤爱骑马射箭。长大后，眉清目秀，大眼方口，身高七尺四寸。他亲自处理东宫事务，交接宾客，凡是他想要的、想做的，皇上都会听从他。

元嘉二十七年（450），皇上将北伐，刘劭与萧思话坚持阻谏，皇上没有听从。北魏军队进犯至瓜步（江边之山，隔江可望南京城），京城震骇，刘劭率水军镇守石头，善于安抚驾驭部下。皇上登上石头城，面有忧色，

刘劭说："不斩江湛、徐湛之，无以谢罪于天下。"皇上摇摇头说："北伐是我的意思，不关他们两人的事。"

▶【巫蛊咒父】

皇上致力于发展振兴农业，命宫里人都养蚕，欲以此劝勉天下。有个叫严道育的女巫，本是吴兴县人，自称能通灵，可以任意驱使鬼神。因丈夫犯了抢劫罪，她受牵连到官署中服劳役。刘劭姐姐东阳公主的婢女王鹦鹉对公主说："严道育可以通灵，还会法术呢。"公主便向皇上请求征严道育入宫，托词说她善于养蚕，皇上准许了。严道育入宫后自称懂得炼丹养生之道，公主和刘劭都深信不疑。始兴王刘浚素来对刘劭极尽谄媚，他们一起做错很多事，怕皇上知道，就命严道育来施法祈求，想以此来使皇上不能知晓。严道育对他们说："只要诚心向上天陈禀祷告，就一定不会泄露。"刘劭等人对她敬若神明，号称天师。之后，就逐渐演变成巫蛊，他们用玉雕刻成皇上的样子，埋在含章殿前面。

当初，东阳公主有个叫陈天兴的家奴，王鹦鹉收他做了养子，之后两人便通奸。王鹦鹉、陈天兴以及太监庆国都参与了巫蛊事件。刘劭将陈天兴提拔成他手下的一个队长。东阳公主去世后，按制度王鹦鹉应出嫁，刘劭担心她泄密，就找刘浚商议。刘劭就将王鹦鹉许配给了刘浚手下的心腹沈怀远做小妾，此事刘劭没有及时向皇上禀告，他担心瞒不住，就请临贺公主寻机委婉地向皇上陈情。皇上后来又知道陈天兴做了队长，就派太监奚承祖责问刘劭："临贺公主南府先前有个下人要出嫁，又听说此下人又收他人奴仆为养子，而你就用这个奴仆为队长，提拔得怎么这么快。你任用的队长和队副全都是家奴吗？那个下人你打算把她嫁到哪啊？"刘劭答道："陈天兴以前隶属南府，向我请求为朝廷效力，臣说'当个伍长没问题，倘能上战场杀贼，可以当个队长'。当时只是这么说着玩而已，过后都想不起来了。后来在路上遇见陈天兴，他又向我提起这事求一个职位，我回想起说过的话，不忍自食其言，我看他体貌魁梧，可以在军中服役，就轻率地让他做了监礼兼副队长。近来我虽然都是选用一些低贱的人，也是有才干的才提拔。我这就写上详细的任用名单呈上。至于那个要出嫁的下人，还没安排好呢。"而当时，王鹦鹉已经嫁给沈怀远了。刘劭害怕，赶紧写信告诉给刘浚，同时派人告诉临贺公主说："皇上如问下人嫁去了哪里，你就说还没安排好。"

王鹦鹉嫁给沈怀远后，担心以前和陈天兴通奸的事外泄，就请求刘劭杀了陈天兴，刘劭便秘密派人杀掉了陈天兴。太监庆国之前和陈天兴为刘劭等人往来传递消息，如今陈天兴死了，他怕自己也惨遭横祸，便把全部事情都禀告了皇上。皇上闻知后，又是震惊又是惋惜，立即派人去抓捕了王鹦鹉，并查封了她的家，在她家中搜出刘劭和刘浚所写的数百张纸，上面都写满诅咒巫蛊之言，在宫里还找出他们埋下的皇上玉像。严道育闻风而逃，没有被抓到。皇上大怒，亲自追查此事，分别派遣宫中官员进入东部各郡搜捕，都没抓到严道育。皇上斥责刘劭和刘浚，他们惶恐万分无

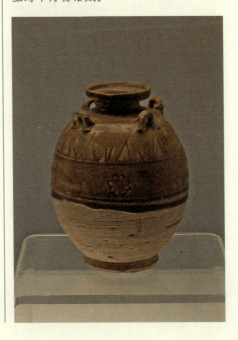

元凶刘劭笑祖俭德

辞可辩，只是一个劲地认罪。严道育扮成尼姑的行装躲进东宫藏匿，刘浚到京口去时，把她装在车子里带了出去，之后她有时便在农户张旴家里进进出出。

江夏王刘义恭从盱眙回朝后，皇上把巫蛊这件事告诉了他，并感慨道："从前只是在典籍上看过这样的事，还以为是子虚乌有的记载呢，没想到就亲眼目睹了这样的事。刘劭所为虽然有悖伦常，却也未必就能亡国，等他当皇帝的时候，再做什么就不关你我的事了。你儿子也很多，怕是你将来也会遇到这么不幸的事啊。"

【大逆弑君】

元嘉二十九年（453），天有异象，从十一月开始连绵大雨不休，还夹杂

着大雪。元嘉三十年正月，狂风大作，白霰纷飞，雷声隆隆。皇上担忧有人暗中发难，于是就给刘劭增加军队人数，东宫拥有了一万名带甲军士。皇上车驾出行，刘劭便进宫守卫，派他统领的充当侍卫的白直队跟随自己。

二月，刘浚从京口入朝，皇上又将派他去镇守江陵，他就在进京的时候用车把严道育带进了京城，他自己准备到江陵赴任。这时有人向皇上禀告："京口民间张旴家有个尼姑，服食丹药，经常进出刘浚府第，好像是严道育。"皇上起初不相信，试着派人去张旴家搜捕，抓到了严道育的两个婢女，她们招供说："严道育跟随征北将军刘浚回京城了。"皇上之前以为刘劭和刘浚已经和严道育断绝了关系，没想到他们却仍和她暗中来往着，感到十分惆怅，既震惊又惋惜。皇上下令把那两个婢女押运到京城，以查实此事，属实的话就废掉刘劭的太子之位，赐死刘浚，皇上将此决定告诉了刘浚的母亲潘淑妃，潘淑妃就把皇上的决定全告诉了刘浚。刘浚又赶紧告诉了刘劭，刘劭便因此心生歹意，每天夜里都设宴犒赏将士，有时还亲自为他们斟酒，和他的心腹陈叔

儿、詹叔儿、张超之、任建之等人密谋策划。

那两个婢女就快被押解进京城了，二月二十一日夜，刘劭假传圣旨说："鲁秀谋反，天明时你率部进宫守卫。"乘机派张超之等人集合平时蓄养的两千死士，让他们都穿好盔甲，召集来他手下的所有将领，预先进行部署约束，只说是将要去平定叛乱。刘劭又召见前中庶子、右军长史萧斌，夜里叫他和左卫率袁淑、中舍人殷仲素、左积弩将军王正见，一起入宫。刘劭跟他们说自己要发动政变，说着就给这些人跪下，泪流满面，众人面面相觑，皆惊骇不已。第二天早上，还没等上朝的鼓声响起，刘劭便一身戎装，披着红披风，和萧斌乘同辆车，从万春门进宫。按礼制，东宫的军队不能进入皇宫，刘劭对守门的禁军说："接到圣旨，有军事行动。"便下令后面他的军队迅速赶来，张超之等数十人骑马冲进云龙门，东中华门和斋阁，拔刀径直向合殿冲来。皇上昨夜和尚书仆射徐湛之密谈很晚，到了天明时蜡烛还没熄灭，值班的禁军还在睡觉。张超之冲进来，一刀就杀了皇上，徐湛之也被一并杀害。刘劭走进殿里时，皇上已经驾崩，他就出来坐到东堂上，萧斌持刀在旁侍卫。刘劭叫中书舍人顾嘏来见，顾嘏由于震恐没有立刻出来，等出来后，就问刘劭："打算废黜皇上，为何不早说啊。"还没等听刘劭回答，他就被斩杀了。刘劭又派人去杀死吏部尚书江湛，皇上的左细

杖主卜天与来东堂攻打刘劭，也被杀死，同时刘劭派人去杀死潘淑妃，又疯狂屠杀了宫中皇上的数十位亲信。然后立刻召见刘浚，和一众党羽都聚集在中堂。刘劭派人传召江夏王刘义恭和尚书令何尚之。

【篡位滥杀】

刘劭登上伪皇帝位，下诏说："徐湛之、江湛弑君，罪大恶极，我率兵赶来殿里时，已来不及救驾，只能号哭痛惜父皇驾崩，肝胆摧裂。如今罪魁祸首已被诛除，可以大赦天下，改元嘉三十年为太初元年。文武官员赐爵位两级，各级府衙照此认真办理。"文武官员才到了数十人，刘劭就迫不及待地宣布登基了。同日，刘劭任命萧斌为散骑常侍、尚书仆射、领军将军。为文帝举行大殓那天，刘劭推说生病，没敢参加。先前朝廷分发给各个王侯和众府衙的兵器装备，刘劭下令全部收回武库。任命殷仲素为黄门侍郎，王正见为左军将军，张超之及众多弑君逆贼闻人文子、徐兴祖、詹叔儿、陈叔儿、任建之等，连同将校以下龙骧将军和郡中官员，各赐二十万钱。刘劭派人对鲁秀说："徐湛之经常打算谋害你，我已为你除掉他了。"任命鲁秀和屯骑校尉庞秀之双双掌管军队。举行成服丧礼那天，刘劭面对灵堂哭得好像肝肠寸断。之后，刘劭到处登门拜见王公大臣们，征询治国良策，减轻劳役赋税，减少皇室游乐开支。归属皇家的田园山泽，

有能放弃的，都租借给贫民。

三月，诛杀王僧绰，因为他先前参与了废立太子的事。长沙王刘瑾、刘瑾弟刘楷、临川王刘烨、桂阳侯刘觊、新谕侯刘球，因为和刘劭有旧怨，都被下狱处死。司礼官为了迎媚刘劭，追尊文帝的谥号时不敢尽善尽美，只尊为中宗景皇帝。

世祖刘骏和南谯王刘义宣、随王刘诞及各地方镇将领举兵起义。刘劭仓促部署防卫。

四月，册立殷氏为皇后。

【义军四起】

世祖刘骏向京城发来讨逆檄文，历数刘劭的滔天罪恶。

🔊 **彩色釉陶马·南朝**
上海市博物馆藏。

刘劭自诩谙熟军事，对朝臣们夸说："卿等只需帮我处理好文书，不必注意排兵布阵的事。如有贼来，我当御驾亲征，只怕是贼人不敢妄动吧。"刘劭将刘骏和刘义宣留京的儿子都软禁起来，并让刘浚写信给刘骏，威逼刘骏放弃起兵。

刘劭又打算杀掉部分起义将士的家属，在刘义恭和何尚之的苦劝下，才放弃此意。刘浚和萧斌建议刘劭派水军在长江上游和义军决战，如若不然就据守长江两岸的东、西梁山。刘义恭担心义军水战力弱，会吃亏，便建议刘劭命军队养精蓄锐，在京城附近和义军决战，刘劭很赞同。萧斌极力主张主动出战，刘劭没有采纳他的建议。刘劭担心文帝时的旧臣不服自己，便万分厚待王罗汉、鲁秀，把军中事务都交给二人处置，大量赏赐珍宝美女来取悦笼络他们。刘劭每天都到军中巡视慰问将士，亲自监督水军修造战船，命人焚烧南岸的房屋，驱使百姓都迁到北岸。刘劭指使相关大臣上奏请立他儿子刘伟之为太子。

二十一日，义军占领新亭。刘劭命鲁秀和王罗汉驻守朱雀门。萧斌统帅步军，褚湛之统领水军。

二十二日，刘劭派萧斌率领鲁秀、王罗汉等一万精兵攻打新亭义军，刘劭登朱雀门亲自督战，将士想着他的重赏，都奋勇为他作战。将要大败义军的时候，鲁秀突然命令部下停止进攻，柳元景率领义军乘机反攻，鲁秀军队大败。刘劭带领死士亲自进攻，也被柳元景打败。刘劭逃回了朱雀门。萧斌被流矢射伤臂膀。褚湛之归降了义军。

二十五日，刘义恭单骑逃出京城，向义军投奔，他的两千多部下也跟随他南逃，但大部分人都被刘劭的追兵杀害了，刘劭还派刘浚杀了刘义恭的儿子。刘劭派人请来三国时将领蒋子文的神像，封他为王，向他祷告，祈求庇佑。

二十七日，刘劭立刘伟之为太子，大赦天下，刘骏、刘义宣、刘义恭、刘诞不在赦免之列。

【难逃一死】

五月，刘劭军队屡为义军所败，男丁征尽，刘劭就征用妇女从军。

五月三日，王罗汉正醉酒狎妓，忽惊闻义军渡江攻打过来，遂惶恐中缴械投降。

刘劭紧闭六门，在城内挖掘壕沟、设立栅栏做防护。城内闹如沸水，秩序大乱。萧斌无奈之下在石头城举白旗投降，被义军诛杀。

四日，刘义恭登上朱雀门，统帅所有义军将士攻打皇城各门。刘劭手下诸将或降或逃。薛安都与臧质率部攻入皇宫，相会于太极殿前，一同斩杀太子左卫率王正见。此时，被刘劭软禁的七位王爷也都唏嘘着走了出来。刘劭命人打穿了墙壁，躲进了武库的一口井中，被义军一个副队长高禽抓获。而刘浚则带着左右亲信数十人，和南平王刘铄出了西明门后一直向南奔逃，没逃多远，就遇上了刘义恭。刘浚翻下马背，问刘义恭："刘骏在哪里呢？"刘义恭答道："他已经答应了百官的请求，君临天下了。"刘浚又问："我现在来归降，算不算晚啊？"刘义恭说："真恨你来得晚了。"刘浚又问："我不会是死罪吧？"刘义恭说："你可以去皇上那儿请罪。"刘浚又问："不知道皇上能不能赏赐我个一官半职，好为朝廷效命呢？"刘义恭道："说不好。"说完，刘义恭就带着刘浚等人去见世祖。半路上，刘义恭即斩杀刘浚于马上。

刘劭被高禽抓获后，将他押送到了义军的帅帐前，斩首于牙旗之下。

论赞

史臣曰：太严重了啊，刘氏家族的祸难。同室相残，发生在骨肉之间。灾难和天相接，污秽流满床第。孝敬慈爱的大道，一时间消失得无影无踪。老百姓们没有穿上胡人左衽的衣服，也算是不幸中的万幸了。

南齐书

原中华书局编审

刘德麟

《南齐书》记述南朝萧齐王朝自齐高帝建元元年至齐和帝中兴二年，共二十三年史事，是现存关于南齐最早的纪传体断代史。南朝萧子显撰。萧子显字景阳，出身皇族，博学多识，长于写作，又是自齐入梁的贵族人物，对南齐许多史事、王室情况他都非常熟悉，有的事情是他亲自经历过的，加之梁朝取代南齐，未经重大战乱，许多图书文籍得以保存，这为萧子显撰著史书提供了有利条件。萧子显的撰述工作，在史书体例上基本遵循了檀超和江淹的旧制，又加入了自己的创见；在史书材料上汲取诸家成果，终于著成《南齐书》六十卷。

《南齐书》原名《齐书》，至宋代为区别于李百药所著《北齐书》，改称为《南齐书》。《南齐书》共六十卷，现存五十九卷，其中帝纪八卷，志十一卷，列传四十卷。其中一卷《自序》亡佚。《南齐书》文字简洁，文笔流畅，叙事完备。列传的撰写，继承了班固《汉书》的类叙法，又借鉴沈约《宋书》的代叙法，能于一传中列述较多人物，避免人各一传不胜其烦的弊病。书中各志及类传，除少数外，大都写有序文，借以概括全篇内容，提示写作主旨。

高帝本纪

> **萧** 道成辍学从戎，在叛乱四起时，南征北讨，稳定了刘宋王朝的政权，一步步成长为"救国"的英雄，渐渐收取人心。终于在刘宋皇室的自相残杀中，摘取了帝国的权柄，灭掉多个权臣悍将后，顺利代宋建齐，成就一代帝王伟业。

▶【辍学从戎】

太祖高皇帝名道成，字绍伯，姓萧，小名斗将，是西汉丞相萧何之二十四世孙。祖居沛县，后迁居东海兰陵（今山东苍山）。

太祖父亲名承之，字嗣伯。官居右军将军、南泰山太守，晋兴县五等男，食邑三百四十户。

太祖生于元嘉四年（427），姿容英伟，额似龙头，声若洪钟，龙鳞纹遍布全身。儒士雷次宗在鸡笼山开馆授学，太祖十三岁时前往读书，学习《礼记》和《春秋》。元嘉十七年（440），彭城王刘义康被贬黜出京，回豫章镇守，太祖父亲领兵防守他，太祖放弃学业，随军南行。元嘉十九年，竟陵蛮夷作乱，宋文帝派太祖率军讨伐。元嘉二十一年（444），率军讨伐北魏，

☙ 齐高帝萧道成像

萧道成（427～482），南朝齐建立者。字绍伯，小名斗将，祖籍沛县。本为宋禁军将领，乘宋皇族内战，掌握军政大权，杀后废帝，拥刘准为顺帝，被封为齐公。升明三年（479）四月废宋顺帝而自立，改元建元，齐国建立，是为齐高帝。建元四年（482）三月病逝，终年五十六岁，在位四年。葬于江苏省武进县泰安陵。

到达丘槛山（今祁连山一带），两次击败敌军。元嘉二十三年，雍州刺史萧思话镇守襄阳（今湖北襄樊），请求朝廷准许让太祖跟随他，太祖领军戍守沔北（今湖北武汉市以下的长江北面），讨伐樊、邓等处山地蛮族，攻破了他们的部落。之后担任左军中兵参军。

元嘉二十九年（452），太祖领军征讨仇池（今甘肃成县西北洛谷镇）。梁州西部边境过去有个武兴戍，晋隆安年中被氏族占领；武兴戍西北有个兰皋戍，距离仇池有两百里。太祖率领军队攻破了这两个地方。遂从谷口入关，大军距长安还有八十里时，梁州刺史刘秀之遣司马马注助太祖攻下了谈堤城，北魏河间公败逃。不久北魏救兵赶来，太祖兵少马乏，又听闻宋文帝驾崩，便烧掉城池，赶回南郑（今陕西南郑县）。承袭父亲的爵位为晋兴县五等男。孝建初年，升任江夏王大司马参军，随官署转任太宰，迁升为员外郎、直阁中书舍人、西阳王抚军参军、建康令。新安王刘子鸾很受皇上宠爱，皇上为他选任部属，任命太祖为北中郎中兵参军。太祖为母亲陈太后服丧期满后，被任命为武烈将军，建康令，中兵参军之职如故。景和年间，升任后军将军。宋明帝刘彧即位后，太祖迁升为右军将军。

【奔走救国】

当时四处都有反叛的人，会稽太守浔阳王刘子房和东面各郡都起兵造反。明帝加封太祖为辅国将军，率军东征。大军到晋陵（今江苏常州附近）时，和叛军前锋程捍、孙昙瓘等人遭遇，一天攻破叛军十二座营寨。太祖分兵平定各县，晋陵太守袁摽弃城逃走，东部各城叛军相继溃散。

徐州刺史薛安都在彭城（今徐州）谋反，他的侄子薛索儿领兵进犯淮阴（今江苏淮安），山阳太守程天祚也据城谋反，徐州刺史申令孙又投降了叛军。明帝命太祖前往征讨。当时太祖刚平定了东部叛乱回朝，现又到南部平叛，军队出城后驻扎在新亭，派前锋军队先行。薛索儿打败官军将领高道庆后准备西归。王宽与官军将领任农夫先一步占据了白鹄涧，张永派太祖到王宽部督军。薛索儿领军阻击太祖，使太祖无法行进。太祖击鼓结成战阵，径直进入了王宽部营垒，薛索儿望见后不敢再发兵。过了几天，薛索儿率军停留在石梁，太祖追击到葛冢，出去侦察的骑兵说敌军将要到了，于是太祖停军在引管，分派两支骑兵布防在营地两侧，等候敌军。过了会儿，敌人马步军赶到，推着火战车攻杀过来，双方鏖战很久，太祖命轻装部队攻击敌军西侧，又命马步军合力在敌军后方进攻，终于大败敌军，追获军器辎重无数。接着太祖进驻石梁涧之北。薛索儿派了千余人趁夜前来偷袭，军营陷入惊慌之中，太祖躺着没有起身，下令身边的人巡视军营，禁止军士骚动，不久，敌军就散去了。

太祖打算在石梁的西南方高地修筑营垒，打通南路，以截断叛军退路。薛索儿派兵前来争夺高地，被高祖大败，薛索儿率部逃往钟离，太祖追击到黯地后返回。朝廷封太祖为骁骑将军，西阳县侯，食邑六百户。不久又升为巴陵王卫军司马，随军镇守会稽。

江州刺史晋安王刘子勋派临川内史张淹进犯三吴地区，明帝派太祖领军三千讨伐。当时朝廷的军备都供给了南伐的军队，太祖军的装备很缺乏。于是就编棕皮作为马具马衣，砍伐竹子做兵器，夜里打着火把行军。叛军望见太祖军后，心生恐惧，不战而逃。太祖班师后升任桂阳王征北司马、南东海太守、行南徐州事。

当初，明帝派张永、沈攸之领兵威逼诱劝薛安都投降，问太祖："我想趁此机会北伐，卿以为如何？"太祖答道："薛安都才识不足，狡猾有余，如果朝廷放长绳子缓缓地驾驭他，他一定会派儿子进京做人质。如今以大

军相逼，他就会因恐惧而考虑自全之计，恐非于国有利啊。"明帝固执道："朝廷大军勇猛无敌，战无不胜，卿只管策马前行，不必多言。"薛安都见朝廷大军逼来，果然为自保和北魏勾结起来，致使张永等人兵败彭城。淮南的官军势孤力弱，朝廷于是任命太祖为假冠军将军、持节、都督北讨前锋诸军事，镇守淮阴。

泰始三年（467），沈攸之、吴喜兵败于睢口，众多城池的大小官员都逃了回来，北魏军遂推进至淮北，包围了角城，守城的贾法度军力寡弱，难以抗敌。众将领劝太祖立即渡河救援，太祖不允。太祖派高道庆在船上安装上强劲的大弩，在淮河上发箭攻击围城的北魏军，大弩一次就发射数

百枝箭，北魏骑兵竞相闪避，太祖便下令军队立刻进攻，围城敌军败退。太祖升任督南兖、徐二州诸军事、南兖州刺史，其他职衔如故。泰始五年，迁升为都督兖、青、冀三州诸军事。次年，朝廷任命太祖为黄门侍郎，领越骑校尉，太祖没有接受。又被封为冠军将军，保留原来的任命。

▶【天命渐归】

明帝常常疑忌太祖相貌不像臣子，而且民间也有"萧道成当为天子"的流言，明帝便愈加疑忌起来。明帝派冠军将军吴喜带军队三千出使北方，命他驻军在破釜，让他带着用银壶装的酒赏赐太祖。太祖穿着甲胄出门相迎，当即斟酒饮下。吴喜回京言明后，明帝心中窃喜。泰始七年(471)，明帝征召太祖回京，部下都劝他不要回去。太祖说："诸位看事还不那么深刻。皇上诛杀自己的众多弟弟，是因为太子幼弱，他要为后事多做安排和考虑，和我们不是皇族的人没关系。现在只应速速进京，迟缓了一定会被皇上猜疑。如今皇室骨肉相残，气运自不长久，祸难就快到了，到那时就是我们一起努力的时候了。"太祖入朝后，被任命为散骑常侍、太子左卫率，增加食邑两百户。

明帝驾崩，遗诏任命太祖为右卫将军，领卫尉，增加亲兵五百人。与尚书令袁粲、护军褚渊、领军刘勔共掌朝政。又主管东北选举的事。不久解去卫尉职，任侍中之职，领石头戍军事。

▶【诛杀刘休范】

明帝诛杀宗室皇亲，桂阳王刘休范因为资质平庸而幸免于难。后废帝刘昱即皇帝位后，刘休范便有了觊觎皇位的野心。元徽二年（474）五月，刘休范在浔阳起兵谋反，数日间就募集了两万军队，战马五百匹。朝廷震恐。太祖邀集朝中文武重臣商讨对策，众人皆缄口不言。太祖说："从前在江上游谋反的，皆因行军迟缓，招致失败。刘休范必定会引以为戒，趁朝廷还没做好准备，他就轻兵速进。目前应变之策，不宜考虑太远。如部分军队行军失去军纪，就会大大挫伤百姓之心。我们应把军队屯驻在新亭和白下，坚守皇宫、东府和石头，以等待有利时机。逆贼孤军千里冒进，后援无继，而又求战不得，到时自然瓦解。我请求屯驻新亭，以抵御贼军锋芒，征北将军张永可驻守白下，领军刘勔守卫宣阳门，作为诸路兵马的节制、调度。诸位公卿大可安坐殿中，右军将军等武将也不必竞相出战，我率军自为先锋，必能克敌凯旋。"于是取笔写下军队部署意见，众人都签字同意。因中书舍人孙千龄与刘休范暗中有勾结，他提出异议道："应按照原先的部属，派兵占据梁山、鲁显之间，右卫将军萧道成如果不进驻白下的话，则应驻守南州。"太祖肃容道："贼军今已逼近，军队怎赶得及到梁州，新亭才是军事要地，我当在此以死报国。平日我可以委意屈从，今日万万不能！"众人站起，太祖回头对刘勔说："将军既已同意我的意见，不可以再改变主意。"于是太祖驾单车披白袍出守新亭。皇帝封太祖为使持节、都督征讨诸军、平南将军，并赐军乐队一支。

太祖修整新亭的营垒还没完毕，贼军先锋已行至。太祖当时正解衣高卧，以安军心。于是取出白虎旗，登上西墙，命宁朔将军高道庆、羽林监陈显达、员外郎王敬则率军与贼军在江上展开大战，从新林一直打到赤岸，大败贼军，火烧贼军战船，贼军死伤无数。贼军由新林上岸，太祖派人快马飞报刘勔，急忙打开大小桁，调拨秦淮河中的船只，全军渡往北岸。

刘休范乘肩舆率军来到新亭垒南，皇上派宁朔将军黄回、马军主周盘龙率领马步军出营和敌军对阵，刘休范分兵攻打垒东，两军短兵接战，自巳时战至午时，官军众将皆大惊失色，太祖道："贼军虽众，却很杂乱，不久就会击败它。"杨运长率领弓弩手七百人御敌，箭箭命中，故而敌军不敢靠近城前。未时，张敬儿斩掉了刘休范首级。太祖派手下队长陈灵宝送刘休范首级回朝廷，陈灵宝半路上遇到贼军，便把刘休范首级埋到了路边。官军不见刘休范首级，更加疑虑惊恐。贼军也不知刘休范已死，杜黑蟆率领另一路叛军急攻垒东，司空主簿萧惠朗率数百人攻入东门，叫喊着来到堂下，城上守军纷纷后退。太祖挺身上马，率数百人出战，贼兵都拿着盾牌前进。相距数丈时，太祖分兵两队用箭射向敌军。太祖引弓发箭，部下举着盾牌掩护他，敌军莫不应弦而倒，杀伤敌军数百人。贼军死战而不能进，只好撤退。

贼军将领丁文豪设伏，在皂荚桥大败了一路官军，直逼朱雀桁。刘勔想断开浮桥，王道隆不从，二人遂都战死。贼军推进到杜姥宅，车骑典签茅恬打开东府放入贼军。冠军将军沈怀明军队在石头溃散，张永兵败于白下，宫内传言新亭也已失守，太后抓着皇帝的手哭道："天下完了！"太祖派陈显达、任农夫、张敬儿、周盘龙等将军从石头渡过秦淮河，抄小路从承明门进入皇宫守卫。

刘休范已死，典签许公与却诈称刘休范在新亭，士族和百姓都惶恐不安，来新亭投递名帖效忠的有数千人。太祖得到这些名帖后随即烧毁，于是列兵登上城北对那些人说："刘休范父子日前已被斩杀，尸首在南冈下，我是平南将军萧道成，诸位请看清楚，你们投进来的名帖我都已烧掉，都不必害怕。"朝廷分派军队平定了杜姥宅和宣阳门的贼军。太祖班师凯旋，百姓都夹道围观，赞叹着："保全国家者，便是此公！"

【擅行废立】

太祖与袁粲、褚渊、刘秉请求引咎解职，朝廷不准。皇上封太祖为散骑常侍、中领军、都督南兖徐兖青冀

五州军事、镇军将军、南兖州刺史、持节之职如故，爵位由侯进封为公，增加食邑两千户。太祖想把自己的功劳分给别人，请求朝廷增加袁粲等人的食邑户数。之后，太祖与袁粲、褚渊、刘秉轮流入宫值守处理朝政，号称为"四贵"。元徽四年（476），朝廷加封太祖为尚书左仆射，其他职衔如故。

刘休范覆灭后，后废帝变得越来越残暴。南徐州刺史建平王刘景素少年时便有令名，朝野归心。刘景素暗地里谋划着自全之计，他曾向太祖祖示忠诚，太祖拒不接纳。七月，羽林监袁祇投奔刘景素，刘景素举兵谋反。太祖领军屯驻玄武湖，命众军北讨刘景素，平定后，太祖还朝。太祖威名日隆，后废帝猜忌愈重，差一点就要施加杀戮。后废帝生母陈太妃骂他道："萧道成有功于国，今若加害，以后谁还为你出力？"后废帝这才停止加

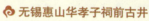

🔥 无锡惠山华孝子祠前古井

华孝子祠是历史价值很高的古祠堂，有"江南第一古祠"美誉。始建于南齐建元三年（481），齐高帝萧道成为表彰恪尽孝道的无锡人华宝，赐其"孝子"额，邑人即将华宝故居改作祠堂，以祀孝子。祠堂屡经兴废，保存至今。

害太祖。

太祖密谋废黜后废帝，另立新君。元徽五年（477）七月戊子，后废帝在仁寿殿被其亲随斩掉首级。亲随们把首级交给朱敬则，朱敬则又把首级献给太祖。于是当夜，太祖从承明门骑着平时所骑的赤色马进入皇宫，宫中人惊恐不已，知道后废帝死讯后，都山呼万岁。太祖登上帝位后，便封这匹赤色马为"龙骧将军"，世人称之为"龙骧赤"。

第二天，太祖走出大殿来到庭中槐树下，召集袁粲、褚渊和刘秉议事。

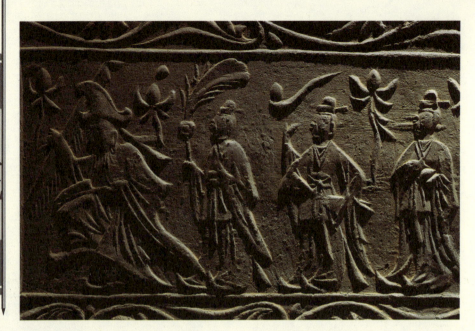

太祖对刘秉说："你是皇亲国戚，今日之事，当由你来决断。"刘秉辞不敢当。太祖又让袁粲决断，袁粲也推辞了。于是太祖决议，备好皇帝仪驾，到东城迎接顺帝刘准继承皇位。太祖以长刀遮挡袁粲等人，三人心惊胆战而离去。甲午日，太祖移驻东府，与袁粲、褚渊、刘秉等人各带卫士五十人入殿。丙申日，太祖升任侍中、司空、录尚书事、骠骑大将军，受封竟陵郡公，食邑五千户。其他职位如故。皇上赐油幢络车，班剑仪仗三十人。太祖固辞司空，就任骠骑大将军，开府仪同三司。

▶【大权独揽】

十二月，荆州刺史沈攸之举兵谋反。乙卯日，太祖进入朝堂居住，命令诸将讨伐沈攸之，任命平西将军黄回为都督，做平叛先锋。

🔥 **河南邓县出土的南朝列队出行画像砖（二）** 国家博物馆藏。砖长38厘米、宽19厘米、厚6.3厘米。描绘贵族妇女盛装出行的情景，与东晋著名画家顾恺之传世作品中的人物形象有很多相似之处。

司徒袁粲和尚书令刘秉见太祖权势日盛，心生畏惧，便欲行谋害。太祖得到他们要兵变的消息后，派兵斩杀了他们。黄回与他们暗中有过勾结，黄回领兵准备参与兵变时，太祖已平定了叛乱，黄回便假称是回来援助太祖。太祖心中明白，但不说破，待黄回更加优厚，派他西上，告别时太祖泪流满面。

升明二年（478）正月，沈攸之攻打郢城，兵败自杀。二月癸未日，太祖迁升为太尉，都督南徐、南兖、徐、兖、青、冀、司、豫、荆、雍、湘、郢、梁、益、广、越十六州诸军事，增加食邑三千户。辛卯日，太祖诛杀镇北将军黄回。

太祖上表皇帝，提出十七条节俭之策在全国通行。九月丙午日，太祖升任假黄钺、都督中外诸军事、太傅、领扬州牧，剑履上殿，入朝不趋，赞拜不名。太祖推辞不受，皇上和大臣们都竭力劝请，太祖才接受黄钺，推辞了那些特殊的礼遇。

升明三年（479）三月甲辰日，皇上下诏封太祖为相国，总理朝政，封赏十郡进爵位为齐公，赐加九锡之礼，地位在所有诸侯王之上。太祖多次辞让，皇上和朝臣们屡次请求，太祖才接受。四月癸酉日，皇上下诏加封太祖为齐王。丙戌日，皇上命太祖建天子仪仗。辛卯日，顺帝下诏禅让皇位于太祖。

【受禅称帝】

建元元年（479）四月甲午日，太祖登基称帝。下诏大赦天下，颁行奖赐。封宋顺帝为汝阴王，送往丹阳县安置。禁止各地进贡朝贺。下诏整顿商业，鼓励农业。丁未，下诏废止在民间强征兵丁制度。丙寅，太祖追封父亲为宣皇帝，母亲为孝皇后，妃子为昭皇后。乙亥，下诏各地埋葬无主枯骨。甲申，立萧赜为皇太子。七月，招安交趾（今越南）等南蛮之地。建元二年正月初一，大赦天下。建元三年（481）正月初一，命王公文武臣工直言进谏。建元四年正月，下诏广设学校。癸亥，下诏善加抚恤开国以来阵亡将士家属。

【驾崩犹留清简名】

建元四年三月庚申，下遗诏给司徒褚渊，左仆射王俭，令其尽心辅佐太子称帝，行善政。壬戌日，太祖驾崩于临光殿，享年五十六岁。丙午日，安葬于武进泰安陵。

太祖从小就深沉有气量，宽严相济，清正节俭，喜怒不形于色。博览经史，善文辞，工于草书和隶书，下棋达到第二品。即使是在治理国家消除灾祸的时候，也不曾放弃平日的喜好。从谏如流，明察阴谋，以威严庄重而赢得众人拥戴。登上帝位后，从不用精细奢侈之物。他常说："让我治理天下十年，当会令黄金和黄土同价。"想靠躬行节俭，移变当时奢侈的风俗。

论赞

赞曰：呜呼太祖，承受天命。以武力平乱，凭贤德除暴。开拓西部疆域，兴盛北面国土。偏师克定城池，孤军震断敌魂。挥舞义旗于东夏，忠于平乱的职责。扬威于京城，安坐中就平定江汉。躬自赋诗作文，美誉播撒四方。拔擢贤才，惠泽百姓。端正自己，雄武而温和，治理天下，始终庄重沉静。囊括四海，大造家国。

东昏侯本纪

东昏侯萧宝卷年龄体魄虽近似成人，其心智却暗昧稚弱，他横征暴敛，大肆屠戮皇亲贵胄，最后却被自己宠信的太监所杀，死前犹在听歌唱曲。他的悲剧有一半是他父皇造成的：一是不鼓励他读书，二是叮嘱他要心狠手辣。

▶【初登大宝】

东昏侯萧宝卷，字智藏，是齐高宗萧鸾的第二子，原名明贤，建武元年（494）被立为皇太子。

永泰元年（498）七月己酉，高宗驾崩，太子即位。

八月丁巳，下诏给雍州与敌作战阵亡将士家属免除徭役各有不等。又下诏选贤任能，赈济贫苦。庚申，加封镇北将军晋安王萧宝义为征北大将军、开府仪同三司。任命南中郎将建安王萧宝寅为郢州刺史。

十月己未，下诏删减法律条文。

十一月戊子，册立褚氏为皇后，赏赐王公以下金钱各有不等。

永元元年（499），正月戊寅，大赦天下，改年号。下诏策试秀才、孝廉，考核百官。又下诏三品以上清官应享受俸禄者，如有双亲或祖父母年龄达七十岁以上，朝廷以现钱供养。癸卯，任命冠军将军南康王萧宝融为荆州刺史。

四月己巳，立萧诵为皇太子，大赦天下，赏赐百姓中继承父业者爵位一级。

▶【屡行大赦】

五月癸亥，封抚军大将军始安王萧遥光为开府仪同三司。六月，己酉，任命右卫将军崔惠景为护军将军。

七月丁亥，京城发生水灾，死者众多，下诏赐予死者棺材，赈济灾民。

八月乙巳，免除京城水灾难民一年赋税。丙辰，始安王萧遥光占据东府谋反，下诏特赦京城内有罪者，内外实行戒严。尚书令徐孝嗣以下官员都要到宫墙驻守防卫。派领军将军萧坦之率军讨伐萧遥光，斩其首级示众。己未，任命征北大将军晋安王萧宝玄为南徐、兖二州刺史。己巳，封尚书令徐孝嗣为司空。九月，丁未，任命辅国将军裴叔业为兖州刺史，征虏长史张冲为豫州刺史。壬戌，因为频频诛杀大臣，大赦天下。十月，乙未，诛杀司空、尚书令徐孝嗣和右仆射、镇军将军沈文季。

十一月丙辰，太尉、江州刺史陈显达于浔阳起兵谋反。乙丑，加封护军将军崔惠景为平南将军，负责都督众军南征。

十二月甲申，陈显达叛军进至京城，皇城戒严，军队固守。乙酉，陈显达被斩，传其首级示众。

永元二年（500）正月，壬子，任命辅国将军张冲为南兖州刺史。庚午，下诏讨伐豫州刺史裴叔业。

二月，癸未，任命黄门郎萧寅为司州刺史。丙戌，任命卫尉萧懿为豫州刺史，征伐寿春。己丑，裴叔业病死，其兄长之子裴植献寿春降于北魏。

三月乙卯，派平西将军崔惠景率军征讨寿春（今安徽寿县）。崔惠景在广陵（今扬州）谋反，起兵袭击京城。壬子，右卫将军左兴盛统御京城水步各军。南徐州刺史江夏王萧宝玄把京城献给崔惠景。乙卯，派遣中领军王莹率军屯驻北篱门。壬戌，崔惠景攻来，王莹战败。甲子，崔惠景率军进入京城，皇宫内守军占据城墙固

守。豫州刺史萧懿起兵前来勤王救驾。

四月癸酉，崔惠景抛弃部下逃走，被朝廷军队追上斩首。

五月己酉，江夏王萧宝玄服罪被诛。壬子，大赦天下。

六月庚寅，驾幸乐游苑内欢会，如同过元旦般热闹，允许京城妇女前来自由观览。

八月甲申夜，宫中发生火灾。

十月乙卯，杀害尚书令萧懿。

【义军遍起】

十一月辛丑，任命宁朔将军张稷为南兖州刺史。甲寅，西中郎长史萧颖胄在荆州举兵起义。

十二月，雍州刺史梁王萧衍在襄阳举兵起义。

永元三年（501）正月初一，皇宫里人在阅武堂举行元旦朝会，皇后端正位次，宦官排列仪仗，皇上戎装驾临观看。甲辰，任命宁朔将军王珍

🐂 **牛车画像砖·南朝**
1957 年河南邓县出土。

国为北徐州刺史。辛亥，皇上驾临南郊祭祀，下诏命百官忠言直谏，大赦天下。

二月丙寅，乾和殿西厢发生火灾。壬午，下诏派羽林军征讨雍州。内外实行戒严。

三月丁未，南康王萧宝融在江陵（今荆州）登基称帝。癸丑，朝廷派平西将军陈伯之西征。

六月，萧颖胄弟弟萧颖孚在庐陵（今江西吉安）起兵谋反。

七月癸巳，特赦荆州、雍州。甲午，雍州刺史张欣泰、前南谯太守王灵秀率石头城文武官员拥戴建安王萧宝寅前往朝廷禁省，行至杜姥宅，见宫门紧闭，于是散走。己未，任命征房长史程茂为郢州刺史，骁骑将军薛元嗣为雍州刺史，同日，薛元嗣献郢城投靠义军。

八月丁卯，命太子左率李居士总督西讨诸军事，屯驻新亭城（今南京南面）。

九月甲辰，任命李居士为江州刺史，王珍国为雍州刺史，建安王萧宝寅为荆州刺史。当日，义军进发至南州（今安徽当涂县境），申冑部下中两万人在姑熟投奔义军。丙辰，李居士与义军在新亭交锋，战败。

十月甲戌，王珍国与义军在朱雀桁交锋，战败。戊寅，宁朔将军徐元瑜献东府城投降义军。青州、冀州刺史桓和进京救驾，屯驻东宫，己卯，率军投降义军。光禄大夫张瑰弃守石头城逃回宫中。李居士献新亭投降义

军。琅琊城守将张木也投降义军。义军修筑长围墙来围困皇城。

十二月丙寅，新任雍州刺史王珍国、侍中张稷带兵攻入宫中，废掉了皇帝萧宝卷，时年十九岁。

【荒唐透顶】

萧宝卷在做太子时就很喜欢玩耍，厌恶读书学习，高宗也不认为他有何不对，只是用家人的品行规劝他。高宗令他假装请求一天入朝两次，然后自己再下诏不许，只让他三日入朝一次。他曾通宵捕捉老鼠，以此为乐。高宗行将驾崩时，嘱咐他要引郁林王萧昭业被废的事为戒，并说："做事一定要先下手为强！"所以他倚重奸邪小人，肆意屠戮朝臣，都是按照他自己的意愿。

萧宝卷性格呆滞，寡言少语，从不和朝中大臣有私交，只亲近信任身边的太监、带刀侍卫和传旨的人，自从萧遥光等被诛杀后，他就开始习惯骑马。不分昼夜地在后堂玩马，和亲近的太监歌女鼓噪嚣闹。经常是五更时睡觉，到了下午才起床。王侯们逢节日和初一时来朝觐他，要等到下午才受接见，有时被放出宫时都天黑了。尚书省呈上的奏折文书等，过了一个多月他才批复，有时竟然不知把奏折丢到何处了。永元二年元旦朝见群臣，他吃过早饭才出来，朝贺仪式刚完毕，他就跑回西厢睡觉，从上午一直睡到将近傍晚才起来，而百官都还一直留在席位上等候着他，大臣们都已饿得

僵倒在地，他来见了群臣一面后，就匆忙草率地结束了此次朝贺。

陈显达谋反被平定后，萧宝卷又渐渐喜欢上外出巡游，他经过哪儿，就要把哪儿的百姓都驱逐走，从万春门经东宫往东直到郊外，几十上百里路旁，都被他驱逐至空无一人。他常常在夜里三四更时分，命人大肆擂鼓，带着仪仗横行城中，百姓们也要喧嚣着跟在他后面。他出行的时候，从不言明固定的去处，只是东南西北的到处驱逐行人百姓。在帷幔围着的高屏障内，设置浩荡的仪仗队伍，还有演奏胡人乐器的歌舞伎，鼓角声震，夜出而昼归，火光映天。封他爱姬潘氏为贵妃，让潘氏乘坐可以躺卧的大车，他骑马跟在后面。他训练了五六十个太监作为骑客，又挑选一群善于奔跑的无赖来追马，他身边常有五百人跟随，往来奔跑，没有一点空闲时间。京城周围的道路从此看不到打柴割草的人，生育妇女和新婚人家都把财产转移寄居在别家。有人把病人丢弃在青溪旁，衙役怕被监察官盘问，就把病人推进水沟中，用泥涂满病人的脸，病人一会便死掉，之后连骸骨都找不到了。

【穷奢极欲】

后宫遭受火灾后，萧宝卷又建起了更加奢华的仙华、神仙、玉寿诸殿。强抓来服役的工匠夜以继日地赶工，仍达不到他要求的速度，于是就拆取各佛寺殿堂的藻井、仙人骑兽来补充

🔶 白釉陶奏乐女俑·南朝
上海市博物馆藏。

用料。齐武帝萧赜时建造的兴光楼上涂刷着青色的漆，世人称之为"青楼"。萧宝卷说："武帝真是不懂得精巧啊，为什么不全用琉璃呢！"

潘贵妃的服饰仪驾，都是选用最好的珍宝，宫内库房存储的旧物已不再够用，就用高出市价数倍的价钱收取民间的金银珍宝。一双琥珀钗就价值一百七十万钱。京城的酒税，都命人折价换成黄金上缴，用来制成金涂。还不够用，就下旨取消扬州、南徐州修桥筑堤的民夫的劳役，让他们按工时换算成金钱上缴。又巧设名目征税，他所宠幸的小人趁机牟取私利，实际规定征收一分的税，他们就征收十分。

永元三年（501）夏，在阅武堂修建芳乐苑，假山的石头都涂成五彩颜色，亭榭楼阁都横跨在池水之上，墙壁上都画满春宫图。移栽来许多名贵的树木，可是由于天气炎热，不到一天就都枯萎了。于是就又到民间百姓家强征，见到好的树木就挖走，搬运时拆墙毁屋。早上栽种好，天黑就拔掉，路上为他移栽树木的人络绎不绝。

又在苑中设立集市，太监每天早晨送进酒肉菜肴，萧宝卷命宫里人扮作小贩叫卖酒肉，潘贵妃扮管理市场的官员，他自己就扮潘贵妃的副手，执掌刑罚之事，有发生争执的就送到潘贵妃那去裁决。

▶【宠信奸邪】

萧宝卷力气很大，可以扛起白虎大旗。他所宠爱的小人党羽一共有三十一人，太监十人。起初任命新蔡人徐世䜣为直阁骁骑将军，凡将有所杀戮，都听取他的意思。诛杀徐孝嗣后，他被封为临汝县子。陈显达谋反时，他被加封为辅国将军。萧宝卷虽然任命崔惠景为都督，但掌握兵权的实际上是徐世䜣，平定陈显达后，徐世䜣得意地对人说："我这统领五百人的将军，能平定统帅万人的大都督。"

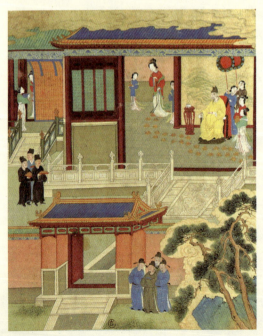

⚘ 东昏侯步步金莲

他也知道皇上昏庸放纵，曾秘密对他的党羽茹法珍、梅虫儿说："哪一朝天子手下没有显要的人，你们只不过是售卖皇帝的罪恶罢了。"之后，茹法珍二人把这话告诉了萧宝卷，他便派禁卫军杀了徐世䜣。从此茹法珍、梅虫儿两人开始当权，二人都任职为外监，替皇上传旨。崔惠景被杀后，茹法珍被封为余干县男，梅虫儿被封为竟陵县男。

▶【笑对大祸】

等到萧衍等举兵起义，镇守江州、郢州的军队已投靠义军时，萧宝卷依旧像往常一样骑马巡游，他对茹法珍等人说："等他们打到白门前，便决一死战。"义军攻打到京城近郊时，他才召集将领筹划固守之计，把王侯贵胄召集来分别安置在尚书都座和朝殿里。他还很迷信鬼神，崔惠景反叛时，他就曾封三国吴国将领蒋子文的神灵为假黄钺、使持节、相国、太宰、大将军、录尚书、扬州牧、钟山王，到了这时，他又追封蒋子文为皇帝，以祈求蒋子文显灵来拯救他。他宠信的太监辱骂了直阁将军席豪，席豪怒而出城攻打义军，战败而死。各路守军也随之瓦解，于是只能在皇城内固守。他任命王珍国为守城主将，张稷为副将，这时萧宝卷还有七万守军。

萧宝卷很喜欢看军队交战，起初他命宫女扮军士，后来就用太监扮，他自己亲临"战阵"，假装受伤，让人把他抬下战场。而这时候，他就在阅武堂设立军帐，每夜戒严，骑着马，穿着古怪而奢侈的衣服，在宫中乱转，和平时一样，他还是夜里出来，白天睡觉。当听到城外的鼓噪喊杀声时，他就披着大红袍登上景阳楼顶层瞭望，差点就被箭射中。他手下的人都心生懈怠怨恨，不肯为他尽力。新招募的士兵，出城打仗时，绕了几圈故意丢掉兵甲就回城了。他担心城外有伏兵，就烧掉了城墙边的所有官衙。他和手下的那些小人商议后认为，义军还会向陈显达和崔惠景的军队一样，过不了几天就会溃散的，所以他

只命人储备了够用一百天的粮食。不久，义军完全围困了皇城，但是几次攻城都没有冲杀进去。

萧宝卷特别吝啬，茹法珍叩头请他赏赐守城的将士，他却说："贼兵难道是来抓我一个人的吗，凭什么非向我要东西？"宫中后堂还储备着数百木板，向他请求先借来修筑城防工事，他说那是准备盖殿堂的，不准动。他又催促御府加工赶制三百人用的精巧器仗，胜利后，以做自己的仪仗用。这时，他对金银杂物等的索取，变得更加急迫。

【乐极而亡】

王珍国和张稷害怕城破后，祸及自身，便率兵冲入并包围了皇宫，萧宝卷的带刀侍卫丰勇之是他们的内应。这夜，萧宝卷在含德殿吹笙唱完《女儿子》后，躺下还没睡熟。听说有军队闯入，急忙从北门逃出，想奔回后宫，太监黄泰平上前用刀砍伤了他的膝盖，他一下就扑倒了，回头骂道："狗奴才造反啊！"太监张齐过来一刀就斩下了他的首级。之后，把首级给梁王萧衍送去。

宣德太后下旨历数萧宝卷的滔天大罪，追封他为东昏侯。

论赞

史 臣曰：东昏侯无道，暴如桀纣。破坏礼仪典章，毁弃天道人伦，把战争视作游戏一样，终于玩火自焚。

南齐书

●列传●

豫章文献王列传

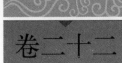
萧嶷温雅仁厚，是南齐建国后第一名相，谨慎而忠诚地辅佐兄长齐武帝治理国家，虽然权倾天下，却始终兢兢业业，恪尽职守，赢得了齐武帝的充分信任和倚重。他才略出众，理政得宜，深得百姓爱戴，可惜中年而卒。

▶【大器早成】

豫章王萧嶷，字宣俨，是齐太祖萧道成的二儿子，他性情宽仁弘雅，有成大器的胸襟，太祖特别钟爱他。

萧嶷出仕时任太学博士、长城令，之后任尚书左民郎、钱唐令。太祖击溃薛索儿的叛乱后，萧嶷到西阳郡（今湖北黄冈东）任职，被朝廷封为晋寿县侯。又擢升为通直散骑侍郎，因为母亲服丧而解职。桂阳王刘休范谋反时，太祖领兵屯驻新亭，萧嶷任宁朔将军，率领近卫军守护在太祖身边。刘休范率领叛军进攻新亭南面的壁垒时，萧嶷亲自举着白虎军旗督战，数次击退叛军。刘休范被平定后，萧嶷升任中书郎，不久升迁为安远护军、武陵内史。

当时沈攸之向南方蛮夷部落勒索钱财，并出兵讨伐荆州境内的蛮夷部落，影响直至五溪，禁断了他们的鱼盐买卖。各部蛮夷皆大怒，酉溪蛮族之王田头拟愤而杀掉了沈攸之的使者，沈攸之便向他们索要赎罪钱

一千万，田头拟送出了五百万钱，不久便气愤而亡。他的弟弟娄侯乘机篡位自立为王，他的儿子田都逃到了獠中。因而蛮夷大乱，纵兵劫掠百姓，直至武陵郡（今湖南常德）城下。萧嶷派遣队长张莫儿率军击溃了蛮夷兵。田都在獠地内请求朝廷册封他为王，娄侯恐惧，也向朝廷归降。萧嶷诛杀了娄侯，命田都继承他父亲的王位，蛮夷各部才安定下来。

萧嶷入朝任宋顺帝车骑咨议参军、府掾，后调任骠骑，升为从事中郎。他拜见司徒袁粲时，袁粲对人说："此人将来必成大器。"

▶【子随父贵】

太祖在领军府时，萧嶷住在青溪的家宅。宋后废帝夜里出游，打算偷袭萧嶷的家宅，萧嶷便令侍卫们在院子里挥动着刀戟跳武士舞，后废帝从墙缝中窥视到此景后，认为宅中早有防备，于是就离开了。太祖在治理南兖州，镇军府长史萧顺之坐镇将军府

时，十分忧虑自己的安危，希望到江北起兵。萧嶷谏止道："皇上狂暴，朝中人人自危，即使我们孤军作战，也容易成功。在外地起兵的人，很少有胜利的。情况不明，一定会比别人先遭受大祸。现在还是就在此处谋划大事吧，万万不可有何错失。"后废帝死后，太祖写信告诉萧嶷："大事已定，你明天可早早进宫。"宋顺帝即位，萧嶷转任侍中，总管宫内禁军。

沈攸之叛乱时，太祖入朝主政，萧嶷坐镇东府，任冠军将军。袁粲起兵为乱前夕，丹阳丞王逊把叛乱的消息告诉了萧嶷，萧嶷派部下戴元孙率领两千人随薛道渊等人一起到石头应变。焚门之役，戴元孙也是有功劳的。原先王蕴派六十人助萧嶷守城，其实是来为叛军做内应的，萧嶷知道王蕴怀有二心，就不给这些人兵器，并把他们安排在外面。祸乱平定后，萧嶷派人去抓捕这六十人，却都已逃走。之后，朝廷升任萧嶷为中领军、散骑常侍。

长江上游的叛乱平定后，世祖萧赜自浔阳返回朝廷，萧嶷出京任使持节、都督江州豫州之新蔡晋熙二郡军事、左将军、江州刺史，散骑常侍之职如故。朝廷赐予军乐队一支。封为永安县公，食邑一千五百户。

【安民富民】

后来萧嶷又改任都督荆、湘、雍、益、梁、宁、南、北秦八州诸军事，镇西将军，荆州刺史，使持节和

散骑常侍之职不变。此时，太祖执掌朝政，萧嶷为政力求节省简约，停用州府仪仗和送礼物。当初，沈攸之想聚集人马，就让百姓互相告发罪状，贵族和贫民因之被下狱和罚做苦役的有很多。萧嶷到任后，一天就释放了三千余人。凡是刑期在五年以下而又不和政治有牵连的人，都被遣放回家。因苛捐杂税众多，他就重新按实际情况制定税赋，以惠于民。他废止多项针对商贾的苛刻条令，并规定俸禄在两千石之上的官吏不得亲自经营商贾之事，各级官员要按照正常制度行政。于是百姓大悦。在宋将要禅让于齐的那段时间，世祖想尽快安定大局，萧嶷对此事不表示态度，始终保持沉默。建元元年（479），太祖即位，大赦天

🌀 **青瓷四系盘口壶·南朝**
广西柳州博物馆柳州历史文化陈列馆藏。

下的诏书还没到，萧嶷就先行下令免除治下昇明二年（478）以前百姓拖欠的赋税。皇上任命他为侍中，尚书令，都督扬、南徐二州诸军事，骠骑大将军，开府仪同三司，扬州刺史，使持节之职不变，封豫章郡王，食邑三千户。仆射王俭写信给萧嶷称赞他道："故楚国之地百业萧条，连年多灾，百姓流离失所，实在是需要治理。公刚刚上任，州郡风气便为之一变，江、汉地区的百姓得到休养生息，天下百姓都倾心向往。自从庾亮以来，荆楚就从来没有过像今天这么繁荣安定。古人为政，一个月才见成效，而公十余天便能使一方大治，真是美事啊！"

这时北魏方面又在边境蠢蠢欲动，皇上想彻底处理好这件事，下诏说安抚荆楚地区尤为重要，于是又任命萧嶷为都督荆、湘、雍、益、梁、宁、南北秦八州诸军事，南蛮校尉，荆、湘二州刺史，使持节、侍中、骠骑大将军、开府仪同三司等职如故。晋宋之交，刺史大多都不管理南方蛮夷事务，而是另外委派要人管理，到这时有了二府二州。在萧嶷的治理下，荆州一年上缴给朝廷钱三千万，布一万匹，米六万斛，此外又送米十万斛给镇府，湘州每年上缴朝廷钱七百万，布三千匹，米五万斛，南方蛮夷地区上缴钱三百万，布一万匹，棉花一千斤，绢三百匹，米一千斛。近代治理荆楚地区的人，没有一个可以比得上萧嶷。不久，皇上赐他油络侠望车一辆。

陵墓石刻·南朝

【威震八方】

建元二年（480）春，北魏进犯司、豫二州，萧嶷向朝廷举荐南蛮司马崔慧景领军北伐，又派中兵参军萧惠朗领兵增援司州（今河南信阳南），屯驻西关。北魏军渡过淮水进攻寿春（今安徽寿县），又从随、邓两地派出骑兵。大家对此忧心忡忡，萧嶷说："春夏之际，不是敌军用兵的好季节，只要命令司、豫二州的人马坚守要道，敌军看见我们防守坚实严密，自然就会溃散而去，必然不敢继续向南进犯。"当时正在内外戒严，荆州紧邻南方蛮夷之地，萧嶷怕他们乘机造反，就故意令部下卸掉戎装而改穿便服。最终北魏军队没敢继续南侵，在寿春败退了。不久，朝廷赐予萧嶷班剑仪仗二十人。

当年夏季，萧嶷在南蛮园东南开设学馆，招收四十名十五岁至二十五岁祖上做过郎一级官员的子弟入学，以米当学费，优等生赐米一百斛。

义阳（今河南信阳）的匪首张群逃亡多年后，公然成为流寇，义阳、武陵、天门、南平四个郡都遭受到他的祸害。沈攸之出兵讨伐多次都没能抓住他，便招安了他。沈攸之叛乱时，张群随他到郢州（今武汉武昌），先于沈攸之在路上反叛，并在三溪地区凭借险要地势建起营寨。萧嶷任中兵参军虞欣祖为义阳太守，命他设法先诱降张群，张群收到虞欣祖送来的厚礼后投降，被虞欣祖斩首于座中，他的数百同党都四散逃去，从此四郡安定下来。

之后，萧嶷入朝任都督扬南徐二州诸军事、中书监、司空、扬州刺史，使持节和侍中之职如故。朝廷准他增加亲兵，设置官佐，并把临川王萧映府上文武官员都配置到他的府上。萧嶷因为就要回京了，便修葺好州郡的官衙和道路，规定随他进京的部属不能携带任何州府的财物出城。离开的那天，数千百姓都哭着前来相送。萧嶷行到江陵（今荆州）时患了病，回到京城仍未康复，皇上深为忧心，便为他大赦天下。病愈后，皇上在东府举办音乐会，特许他可以乘车直达皇宫六门前。

【兄弟同心】

太祖驾崩，萧嶷痛哭哀号，连眼睛和耳朵都流出了血。世祖萧赜即位，封萧嶷为太尉，准许他设置亲兵和官佐，免去侍中之职，赐班剑仪仗三十人。建元年间，世祖因做事有违背太祖之处，太祖颇有些以萧嶷代世祖为太子之意，然而萧嶷却愈加对世祖敬爱尽礼，从来没有给世祖脸色看或是违背世祖的旨意，所以世祖对萧嶷也很情深义重。永明元年（483），皇上任萧嶷为太子太傅，免中书监之职，其他职权不变。萧嶷写手书上呈皇上说，自己受到的恩宠太过隆盛，请求解除太子太傅这个帝师的职位。皇上不准。

萧嶷不参与朝中政务，但是他的谏言和机密谋划，却多被皇上采纳。为太祖服丧期满后，兼任侍中。第二年，皇上把萧嶷的食邑增加到四千户。

在宋元嘉年间，众位王爷见皇上的时候可以穿便服，只有出了太极殿

🔥 **凤凰画像砖·南朝**
河南邓县出土，现藏于国家博物馆。

的时候才穿朝服相见，现在不是这样了。皇上和萧嶷是同母所生，互相友爱和睦，宫内的私宴，皇上准许兄弟们按照元嘉年间的规矩相见。萧嶷坚决不敢奉命，只有皇上驾幸他府上时，他才穿便服陪同宴饮。

萧嶷奏请皇上允许自己削减自己仪仗的人数，皇上命他和王俭商议此事，并说只要不违背礼仪就好。萧嶷又上表陈述自己近来并无僭越礼制和蓄意敛财，并请皇上不要轻信流言而疏薄兄弟之情。皇上回复奏表安慰了萧嶷。

永明三年（485），萧嶷为太子讲解完《孝经》后，请求辞去太子太傅之职，皇上不准。皇孙完成婚事后，他又一次请辞，皇上下诏说："公德行嘉美，不要再说什么了。既像鲁国周公又像卫国康叔，谁能相比。正应垂范当世，留名青史。岂能屡屡谦让，

而违背了我的期许和倚重呢！"萧嶷常常担忧自己权势太大，又趁在宫里宴饮的时候，请求把扬州刺史之职转授给竟陵王萧子良。皇上还是不准，并说："终你一身，就不要再多说了。"

【荣宠隆厚】

世祖即位后，屡次下诏要拜祭祖陵，始终没成行。于是就派萧嶷代为拜祭，拜完回来时，萧嶷又顺路进入了延陵季子庙拜祭，观看庙里的沸井涌泉，这时有头水牛冲进了仪仗队，侍卫们捉住了水牛就要去追究牛主人，萧嶷不许，他把一匹绢系在牛角上，把牛放回它主人家了。萧嶷素以宽厚为政，所以得到举朝上下的欢心。

永明四年（486），唐寓之叛乱。

萧嶷上奏皇上，请求皇上以宽简临示天下，教化万民，消除民怨。皇上说地方官军已经武力镇压了叛乱，并说对于奸邪不能心慈手软。

次年，皇上封萧嶷为大司马。永明八年（490），皇上赐萧嶷皂轮车。不久，又升他为中书监，萧嶷坚决推辞。

萧嶷身高七尺八寸，善于保持风度，车服仪仗居于百官之首，每次出入宫廷和官署，人们望着他的仪仗都肃然起敬。萧嶷自知权倾天下，早有急流勇退之心，他家宅北面有田园美景，他便尽意加以修治，以作归老之乐。永明七年时，萧嶷请求回到私宅，皇上便命他的世子萧子廉代为坐镇东府。皇上多次驾幸萧嶷家。永明末年，皇上经常出游，陪同的只有萧嶷，有天夜里皇上和萧嶷同车从新林苑回来，车驾到了宫门后，萧嶷下了车子告辞回家，皇上嘱咐道："夜里走路，不要被巡城的军士呵责了啊。"萧嶷说："京畿之地，都是归臣管辖的，请陛下不必忧虑。"皇上听后大笑起来。皇上谋划征伐北魏，就把北魏曾进献的毡车赐予萧嶷。每次皇上驾幸萧嶷府时，只是净道，并不驱赶人，皇上告诉外监："我去大司马府上，就如同回自己家一样。"

【虽死犹留仁风】

永明十年（492），皇上分封萧嶷的几个儿子，按照旧例是食邑一千户，萧嶷想让五个儿子都受封，就奏请减为每人五百户。当年萧嶷病重，上表请求解职，皇上不准，并赐钱百万做佛事祈福。不久，萧嶷逝世，终年四十九岁。病发当天，皇上前来探望他两次，直到他去世，皇上才回宫。

萧嶷临终前，把儿子萧子廉和萧子恪叫到身边，嘱咐他们要照顾好兄弟姐妹，要互相友爱，要勤学养德，不要辱没家声，要尽力为几位没出嫁的妹妹置办些得体的嫁妆，他死后要薄葬薄祭。两个儿子都哭着说一定遵从。

皇上非常哀痛，直到冬天才举行宴会。萧嶷死后，家里库房没有现钱，皇上指示卖掉杂物服饰，得钱百万，建造了集善寺，每月供给他家百万钱，一直到皇上驾崩才取消。

萧嶷本性博爱，不喜欢听到他人的过失，他身边的人有互相告发的，他就把告发文书藏进靴子里，从来不看，然后用火烧掉。库房失火，烧掉了荆州的贡品，价值有三千余万钱，他只罚失职的人打数十棍杖而已。

褚渊列传

褚渊出身显赫，父子都是驸马，他在刘宋朝时是顾命大臣，到了南齐时又是一人之下的录尚书事，而又能善始善终，在那个屠戮权臣和功臣成风的时代，不得不说是一个奇迹。

【君子自强】

褚渊字彦回，河南阳翟（今河南禹州）人。祖父褚秀之，刘宋朝任太常。父亲褚湛之，曾任骠骑将军，娶宋武帝女儿始安哀公主为妻。

褚渊少年时就很受世人称誉，后来又娶宋文帝女儿南郡献公主为妻，姑姑和侄女两代都嫁到这一家。褚渊

⚫ 青瓷羊形插座·南北朝

官拜驸马都尉，被任命为著作佐郎、太子舍人、太宰参军、太子洗马、秘书丞等职。父亲去世后，褚渊把家财都让给弟弟，只要了数千卷藏书。承袭父亲爵位为都乡侯。历任中书郎、司徒右长史、吏部郎。宋明帝即位，封他为太子屯骑校尉，他没有接受。之后迁升为侍中，知东宫事。又转任吏部尚书，不久又升他为太子右卫率，他执意推辞掉了。司徒建安王刘休仁南征义嘉的叛军，屯驻在鹊尾，朝廷派褚渊到军中，选任将帅以下的武官都由他决断。叛乱平定后，褚渊被升为骁骑将军。

【天子宠臣】

薛安都占据徐州叛乱，叛军频繁进犯淮水、泗水地区，皇上派褚渊慰问犒劳北征的军队。褚渊回京后禀告皇上："盱眙以西的防线，兵力单薄，也应该给士兵配发寒衣。汝阴、荆亭都已被围困，安丰又已失陷，寿春的兵力，只够自保而已，假使有骑兵侵

扰寿春的话,那么将来的形势就危急了,历阳、瓜步、钟离、义阳等地都要派重兵驻守,选派有能力的将领去镇守。"皇上在做藩王时,就因褚渊风标素雅而与他私交甚笃,即位后,就对他更加倚重,事事听从他。皇上改封褚渊为雩都县伯,食邑五百户。任命他为侍中、右卫将军,不久,又迁升为散骑常侍,丹阳尹。他离京就任吴兴太守,常侍之职如故,增加俸禄一千石,他辞谢了增加的俸禄。

明帝病重,派使者快马召回褚渊,向他托付后事。皇上谋划诛杀建安王刘休仁,褚渊极力谏阻,皇上不听。皇上又任命他为吏部尚书,他不接受,皇上便任他为右仆射,卫尉之职如故。他又以母亲年事已高,他须回家早晚奉养为由,执意辞掉卫尉职衔,皇帝不答应。

【托孤权贵】

明帝驾崩,遗诏任褚渊为中书令、护军将军、散骑常侍,与尚书令袁粲共辅幼主。褚渊和袁粲同心协力共理朝政,他认为奢侈之后,当弘扬节俭之风,所有百姓都很信赖他。他接待宾客,从未有过骄矜厌倦。王道隆、阮佃夫二人掌权后,奸邪贿赂风气充斥朝廷,他不能禁止。

逢生母郭氏去世,褚渊本性至孝,数天中,就悲伤憔悴到让人认不出原来面目了。服丧时,他一年都没梳洗,只有眼泪流过的地方才能看见他皮肤的本来颜色。皇上下诏劝他节哀,并

禁止客人去吊唁。服丧期满后,他回朝升任为中军将军,原来职位如故。

元徽二年(474),桂阳王刘休范谋反,褚渊与袁粲入宫护卫,镇定朝野人心。褚渊当初任丹阳尹时,有天和堂弟褚炤同车出行,路上遇见了萧道成,褚渊举手指着萧道成的车对褚炤说:"此人非同等闲啊。"褚渊当吴兴太守时,萧道成来赠礼惜别后,他又对人说:"此人仪表脱俗,将来功业不可限量啊。"等到褚渊领受顾命之任的时候,就请萧道成入朝来共同辅佐朝政。

【慧眼识英主】

萧道成平定桂阳王的叛乱后,升任中领军,领南兖州刺史,增加了食邑。太祖坚决辞让,并写信给褚渊和卫军袁粲,坚决推辞这些封赏,褚渊和袁粲又回信劝勉,萧道成才接受了。

这一年,朝廷加封褚渊为尚书令、侍中,赐班剑仪仗二十人,他执意辞掉了尚书令一职。元徽三年(475),褚渊爵位晋封为侯,增加食邑一千户。服丧期满后,改任中书监,侍中、护军之职如故,朝廷赐给军乐队一支。元徽四年(476),褚渊后嫡母吴郡公主去世,他哀毁骨立,如亲生母亲去世时一样。

后废帝的残暴渐渐加剧,萧道成和褚渊、袁粲商议时势,袁粲说:"皇上还年幼,有些小错是容易改正的,伊尹和霍光所做之事,不是我们这个时代所能实行的,即使事成,最后也

难善终。"褚渊默然不语，他的心是向着萧道成的。等到后废帝被废黜，群臣聚议，袁粲和刘秉不接受对他们的委任，褚渊说："此事，非萧公不能担当。"便亲手取书给萧道成，萧道成说："诸公都不肯干，我岂能推辞！"事情平定后，宋顺帝即位，褚渊升任卫将军、开府仪同三司，可以率领五十人卫队进入朝堂。

沈攸之谋反时，袁粲怀有二心，萧道成和褚渊谋划，褚渊说："西夏发难，必不会成事；公当先防范朝内的不轨之行。"萧道成秘密做了防范的准备。内忧除去后，褚渊升任中书监、司空。

【开国功臣】

萧道成被宋顺帝封为齐王并建立齐国之初，褚渊请求辞掉宋国的官职，转任齐国的官职，萧道成谦让没有应允。建元元年（479），齐太祖萧道成称帝，封褚渊为司徒、南康郡公，食邑三千户，侍中、中书监等职位如故。褚渊执意辞掉了司徒一职。

褚渊仪貌俊美，举止文雅，进退有则。每次上朝时，百官和外国使臣莫不伸头目送他。宋明帝曾叹道："褚渊步履从容，仅凭这一点就堪称宰相之才啊。"不久，太祖加封他为尚书令，其他职权如故。建元二年（480），太祖又要封他为司徒，他又辞谢了。

这年北魏蠢蠢欲动，有南下侵扰的迹象，皇上打算让王公以下没有实际职权的人加入军队，褚渊谏阻太祖

说这样做起不到实际作用，徒使人心惶惶而已，太祖听后放弃了这个想法。朝廷的机要事务，太祖多半都找褚渊商议，每有谏言，都被太祖采纳，对他的礼遇十分隆厚。有次太祖大宴群臣，酒后对群臣说："众卿都曾是宋室公卿，也该不说我应得天子之位。"王俭等人未及作答，褚渊持笏板上前道："陛下不能说臣没有早识龙颜。"太祖笑道："我有愧于文叔啊，了解你像朱祜已很久了。"

褚渊涉猎文辞辩论，善弹琵琶。齐武帝萧赜在东宫时，赐给褚渊一把金镂柄银柱琵琶。褚渊性情温和儒雅有器量，不妄作举动，他家曾失火，火势很大，家里人都慌作一团，只有他神色泰然，叫来肩舆后从容地离开火场。

轻薄之徒经常以名节为辞来嘲讽褚渊，因为他眼睛里眼白多，他们就称之为"白虹贯日"，意思是说他的眼珠是刘宋朝亡国的征兆。

【功成身退】

太祖驾崩，遗诏命褚渊为录尚书事。之后朝廷又加赐他班剑仪仗三十人，准他五日朝见皇上一次。

不久褚渊病倒。皇上观星象，认为将连续发生变故，褚渊很担忧，便上表皇上请求退下宰辅之位，又请王俭和侍中王晏替自己陈请退位的意愿，齐武帝不准许。褚渊又上了份奏折："臣自顾命薄，福去而灾生，未能以正当的情理自处而安，远远比不

上彦辅。既是内心不安，就时刻感到难以推脱罪咎。任职不久，第一年就卧病不起，近来病情日重，数次濒临于死亡，因此就更加忧虑难安。承蒙陛下眷爱慰勉，有人说朝臣议论纷纷，这都是陛下太过恩宠，想让我享尽荣耀。臣已四十有八，忝居要职，因病请辞，怎会扰乱圣断。总录尚书一职，自东晋以来就极少授予臣子，任此职上临台府，往来皇宫。如今接受禄位没有推辞，希望能退下顾命之位，而对于臣的名爵仪仗却不会减少，天下臣民，都会是有目共睹的，诚愿仰仗圣上思虑，对臣稍降体谅怜爱。臣若内饰廉洁的美名，外修谦恭的美德，这样就使法典起到揭露恶行、整肃纲纪的作用。臣若不对陛下尽忠赤诚，神明也不会宽宥。区区寸心，句句实禀。自惜光阴，实愿我朝之盛万倍于尧舜之时。从前王弘执意请辞，当时朝廷就免他司徒，降为卫将军，刘宋朝时这样做了，当时人们并无异议。以臣比于王弘，实不足道。臣伏愿恢弘大法，赐开亭造，那么臣就虽死犹生了。"于是齐武帝改任他为司空，骠骑将军，侍中、录尚书等职如故。

皇上派遣侍中王晏和黄门郎王秀之探望慰问褚渊。

【善始善终】

褚渊去世，家无余财，还负债数十万钱。皇上下诏说："司徒骤然离世，

🔶 **青瓷双鸡首壶·南北朝**

令人悲痛，朕虽然近日体虚病缠，也要亲自出去哭吊。着少府置办寿材，朝服一具，衣一袭，钱二十万，布二百匹，蜡二百斤。"

当时司空的佐吏因褚渊之故而没有真正上任，不知是否按照属下之礼来吊唁褚渊。

王俭说："按照《礼记》上的记载，女子在出嫁的路上，听到夫家有丧事，是要改穿丧服进门的。现在佐吏虽然没有真正入阁做事，但官员的符节已奏报了朝廷，应当按照下属礼。"

司徒府吏又考虑到褚渊已经解

职，但继任的司徒又还没上任，那么司徒府人员是否应该制服致哀呢？

王俭又说："中朝士孙德明从乐陵迁往陈留，还没入境就死了，乐陵郡的属吏是把他作为现君的资格来穿丧服的，而陈留的迎吏则依以娶女有吉日之礼行齐丧之吊的，所以司徒府吏应当依照褚渊还在任的礼仪要求制作丧服。"

皇上又下诏说："褒奖美德以教化百姓，慎终以使风俗归于朴厚。前代贤君的盛典，都是这样的。原侍中、司徒、录尚书事、新除司空、领骠骑将军、南康公褚渊，有德行又睿智，见识高阔。少有令名，清扬洒脱。入仕处理政务，深孚民望。孝悌友爱之名传遍家国，忠贞之行彰显于高风亮节。辅佐先朝，致力于经营王道教化，无论是聚散离合、艰危安泰，都始终殷勤为公。总理朝政，四门肃穆，确

吹箫引凤画像砖·南朝
河南邓县出土，现藏于国家博物馆。

实是率领百官万民同守古代礼仪，成为现在和将来的楷模。谦逊的美德更是影响深远，屡次请求自降官位品级，朝廷权且听从了他的这个意思，因为有亏法典。正要再委重任，以永扬他的尽善尽美的声教，却天不见怜，骤然弃世，朕深感震惊和悲恸。追赠公为太宰，侍中、录尚书、南康郡公职爵如故。赐节杖，羽葆和羽葆鼓吹仪仗，增加班剑仪仗为六十人。葬送一应礼仪，全按照刘宋太保王弘的旧例。谥号文简。"

原先，出身是庶出的三公，其三公辇车没有固定的等级。王俭论说褚渊官品第一，就给他的车加上了幢络，给庶出的三公辇车加幢络，就是从褚渊开始的。

皇上下诏追封褚渊的妻子为南康郡公夫人。

【子嗣兄弟】

褚渊的长子叫褚贲，字蔚先。出仕任秘书郎之职。昇明（宋顺帝年号）年间，在齐太祖手下历任太尉从事中郎，司徒右长史，太傅户曹属，黄门郎，领羽林监，齐世子中庶子，领翊军校尉等职。建元初年，仍任宫中官职，历任侍中。褚渊病逝，除丧服后，见齐武帝时，褚贲涕泪交流不止，武帝很称赞他的孝心，任他为侍中，领步兵校尉，左民尚书、散骑常侍、秘书监，他没有接受。永明六年（488），褚贲上表皇上称自己有病，请求朝廷把封赠赐给弟弟褚蓁，世人认为是因为褚贲怨恨父亲褚渊失忠节于刘宋，所以才不再做官。永明七年（489），褚贲去世，皇上下诏赐给钱三万，布五十匹。

褚蓁字茂绪。永明年间，入仕任员外郎一职，又任义兴太守。永明八年（490），改封为巴东郡侯。次年，褚蓁上表皇上请求把爵位还给兄长褚贲的儿子褚霁，皇上下诏准许。建武（齐明帝年号）末年，任太子詹事，度支尚书，领军将军等职。永元元年（499）去世，朝廷追封他为太常，谥号穆。

褚渊之弟褚澄，字彦道。当初，褚湛之娶始安公主，公主死后，又纳郭氏为妾，郭氏生褚渊。褚湛之后来又娶吴郡公主，公主生褚澄。褚渊侍奉公主很孝顺谨慎，公主很疼爱他，褚湛之去世后，公主上表朝廷请求立褚渊为嫡嗣。褚澄娶宋文帝女儿庐江公主为妻，被封为驸马都尉。之后他历任官职都很清正显赫。他擅长医术，建元年间，任吴郡太守，豫章王患病，齐太祖召他来诊治，立刻便治好了。不久，升任左民尚书。褚渊去世后，他花了一万一千钱从招提寺赎回齐太祖赐给褚渊的白貂坐褥，他拆了做成裘和缨，又赎回了褚渊的头巾犀导和给褚渊平时拉车的老黄牛。永明元年（483），被御史中丞袁彖弹劾，免官下狱。被赦后，升任侍中、右军将军，以为官殷勤谨慎为朝廷所信任。当年去世。褚澄的女儿是东昏侯的皇后。永元元年，褚澄被追赠为金紫光禄大夫。

论赞

史 臣曰：褚渊和袁粲，都受到宋明帝的顾命重托，袁粲已为刘宋江山守节而死，但是褚渊交了隆运，世上非议责难褚渊的人很多。褚渊在泰始年间刚入仕途，远大的前程便已显露端倪，数年之间，便不再担心没有显赫的权位，因民望而被选用，也因民望而离去。爵禄被轻视，朝廷常选用，恩遇不能由一个帝王独占，却要求别人必须以死效忠，这就是过去的帝王的共同谬误，是世情不同的原因。

王敬则列传

王 敬则是位政治"暴发户"，出身不好，识字也不多，但凭着一股天生的狡黠劲，终于在乱世中成就封侯拜相的功业。但是他太过眷恋功名，终于在皇帝的猜忌下起兵谋反，落得个叛臣受诛的下场。

▶【出身微贱】

王敬则，晋陵南沙（今江苏常熟北）人。他母亲是女巫，生他时胞衣是紫色的，他母亲对人说："这孩子有当将军的福相。"长大后，他的两腋下各长出了数寸长的乳头。他还梦见过自己骑着五彩的狮子。二十多岁时，擅长玩杂技。后来就当上了皇帝身边的刀戟侍卫。宋前废帝让他玩刀，他把刀抛得跟白虎幢那么高，抛

❀青釉刻花缠枝纹水注·南朝

乱世期间的瓷器精品，水注表面刻花清晰、流畅、华美。现藏于上海市博物馆。

了五六次，每次都稳稳地把刀接住。前废帝因而任命他为侠毂队队长，穿着细软的铠甲做侍卫。后来，他和寿寂之一起杀掉前废帝。

▶【迷信成真】

宋明帝即位后，封王敬则为直阁将军。因有次他带刀进殿奏事，在尚方被罚关了十几天的禁闭，才又出来到阁中当职。之后，他被封为奋武将军，重安县子，食邑三百五十户。他少年时曾在草中射猎，有很多黑豆一样的虫子爬满他身上，他扑掉那些虫子后，虫子咬过的地方就出血了。他觉得不是啥好事，就跑到道士那儿为此事占卜，道士说："无须担忧，这是封侯的吉兆啊。"他听了后欢喜万分，所以才离乡出来闯天下，到了这个时候，果然应验

了道士的占卜。

泰始（宋明帝年号）初年，王敬则被任命为龙骧将军、军主，随从宁朔将军刘怀珍征讨寿春（今安徽寿县）。殷琰派大将刘从筑起四道壁垒，刘怀珍派王敬则率领一千人绕到壁垒后面，从横塘直接冲杀出来，敌军惊退。回朝后被任命为奉朝请，后来出京担任暨阳令。

王敬则出了京城，来到陆主山下，当时宗族十几条船同时出发，唯有他的船走不了，他就让弟弟下水去推船，却看见了漆黑一口棺材。他对着棺材说："你不是个凡人。如果吉利的话，你就使船快点行进。我富贵了，就好好改葬你。"说完不一会儿，船就开动了。他到了任所后，就守诺把棺材埋葬了。

【狡诈多才】

战乱之后，县里有一支逃进紫山中的匪徒成了百姓的祸患，王敬则派人进山去问候贼头，劝他们出来自首，并说他会代为向朝廷求情宽恕他们的罪行。县里的庙神很厉害，百姓都很信奉，王敬则便以庙神名义来发誓，说自己决不食言。贼头相信他走下山来，他邀贼头在庙中相见，在座位上就把贼头绑了，并说："我之前已向神明祷告，若背弃誓言，就用十头牛来酬神。如今我不会违背誓言。"当即宰杀十头牛供奉庙神，并斩首了一干匪徒，百姓大悦。不久，他就迁升为员外郎。

元徽二年（474），跟随齐太祖萧道成在新亭抵御桂阳王的叛军，他和羽林监陈显达、宁朔将军高道庆乘船在江中迎战敌军，大败敌人水军，烧掉了他们的战船。战事平息后，他兼任南泰山太守，右侠毅主。又转任越骑校尉，安成王车骑参军。

【投效明主】

宋后废帝暴虐无道，人人自危。王敬则见太祖威望甚高，便诚心依附。他每次当值回来，都会到太祖的领军府中。并且每天夜里穿着夜行衣，趴在路边，替太祖侦探后废帝的行踪。太祖命他在宫里等待时机，也没有期限。后来杨玉夫等人在危急关头杀掉了后废帝，王敬则当时正在自己家里，杨玉夫等人将后废帝的首级送来他家，他立刻拿着后废帝的首级跑去见太祖。太祖担心是后废帝设下的陷阱，便不敢开门。王敬则在门外大喊："我是敬则！"门还是不开。他就从墙上把后废帝的首级丢进了府里，太祖取水洗净首级一看果然是后废帝，看完后就换着戎装出来了。

王敬则跟着太祖进宫，到了承明门，守门官怀疑不是后废帝回宫，他怕门里面的人偷看到，就用刀环挡住门眼，并急催着开门。卫尉丞颜灵宝从里面偷窥到太祖骑着马在门外，就悄声对亲信说："现在若不开门请进领军将军（萧道成），天下便要大乱了。"打开门后，王敬则跟着太祖进入大殿。天明时，太祖和褚渊、袁粲、刘秉商议如何安排后事，王敬则拔出大刀在床边跳脚嚷道："确立新君之事，谁敢提出异议！"昇明元年（477）王敬则升任员外散骑常侍、辅国将军、骁骑将军、临淮太守，增加食邑至一千三百户，执掌部分禁卫军。

沈攸之作乱时，王敬则升任冠军将军。太祖进入朝堂守卫，袁粲将要起兵攻杀太祖的前夜，领军刘韫、直阁将军卜伯兴等人在宫里做他的内应，戒严令将要发出时，王敬则率军打开宫门冲杀进来，把他们全部都杀掉了。太祖能躲过这场祸事，是全靠了王敬则。之后王敬则升任右卫将军，常侍之职如故。增加食邑至二千五百户，不久，又增加五百户。又封王敬则之子王元迁为东乡侯，食邑三百七十户。太祖做齐王时，王敬则任中领军。

【皇恩浩荡】

太祖即将因宋顺帝禅让而称帝，材官进言要换掉太极殿的柱子，顺帝想避开，不肯出宫来进行退位仪式。第二天，顺帝走到轩阁时，又逃回了后宫。王敬则便带着肩舆去迎请顺帝，迫他出宫。顺帝苦笑着拍着王敬则的手说："不必太担心，会赏给你十万钱酬劳你辅国的功勋的。"

建元元年（479），王敬则出京担任使持节，散骑常侍，都督南兖、兖、徐、青、冀五州军事，平北将军，南兖州刺史，被封为浔阳郡公，食邑三千户。他的妻子怀氏也受封为浔阳国夫人。次年，他又升任安北将军。北魏军队进犯淮水、泗水地区，王敬则心生恐惧，放弃守地逃回京城，他治下的百姓们也都惊散奔逃，皇上念在他以往功勋卓著，没有问罪于他，让他担任都官尚书、抚军。

【为政猛厉】

不久，王敬则迁升为使持节、散骑常侍、安东将军、吴兴太守。吴兴郡（今浙江湖州）原来盗贼很多，有个十几岁的孩子在路上拿起了人家丢失的东西，王敬则抓住孩子就杀了示众，从此郡里路不拾遗，劫匪绝迹。又曾抓住一个小偷，他便把小偷的亲属叫来，然后当面鞭打小偷，命小偷去长期打扫街道，过了一段时间后就让他找出同伙来以代他受罚，他的同伙们怕被他认出来，都逃出了吴兴郡，郡里从此太平无事。

之后，王敬则升任护军将军，常侍之职如故，把自己的家作为官署。建元三年（481），王敬则因改葬母亲而辞职，皇上下诏追封他母亲为浔阳公国太夫人。回朝后任侍中、抚军将军。太祖遗诏任命他为丹阳尹，其他职位如故。世祖萧赜即位，擢升王敬则为使持节，散骑常侍，都督会稽、东阳、新安、临海、永嘉五郡军事，镇东将军，会稽太守。永明二年（484），皇上赐他军乐队一支。

会稽郡濒临湖泊和大海，律法规定贵族和庶民都要服塘役，王敬则认为保塘之力有限，不如取消劳役，把劳役折换成现钱收缴国库，以作应变应急之用，皇上准许了。竟陵王萧子良上书反对王敬则的做法，他认为三吴地区民生疾苦，应该为民减赋，不应向百姓收取保塘赋，皇上没有采纳他的谏言。

【位列三公】

永明三年（485），王敬则升任征东将军。刘宋时的广州刺史王翼之的儿子有小妾叫路氏，性情刚戾暴躁，数次杀死身边的婢女，王翼之的儿子王法明向王敬则状告小妾，王敬则把路氏交给山阴县令处死了。路氏的家人又接着为路氏鸣冤，相关官员把这件事上报了朝廷，朝廷判山阴县令刘岱斩首弃市，王敬则回朝，皇上问他："人命关天，谁下令杀路氏的，怎不上奏朝廷？"王敬则答道："是臣的意思。臣岂知什么情况该定什么罪，只看到路氏犯罪情节严重，便说应该杀了她。"刘岱也把罪过往自己身上揽，皇上就赦免了他。皇上把王敬则免职，只让他以浔阳郡公的爵位任会稽太守。

第二年，王敬则升任侍中、中军将军。不久他和王俭一起被皇上封为开府仪同三司，王俭执意请辞，王敬则也没有马上接受。永明七年（489），王敬则出京担任使持节、散骑常侍、都督豫州郢州之西阳司州之汝南二郡军事、征西大将军、豫州刺史。开府仪同三司职位如故。又被加封为骠骑将军。永明十一年（493），王敬则升任司空，常侍职位如故。世祖驾崩，遗诏加封王敬则为侍中。高宗萧鸾辅佐朝政，暗蓄废黜新君之意，隆昌元年（493）派王敬则离京出任使持节，都督会稽、东阳、临海、永嘉、新安五郡军事，会稽太守，其他职务如故。海陵王萧昭文即位，封王敬则为太尉。

⬥ 青瓷刻莲瓣纹盘口壶·南北朝

画像砖·南朝

【自鸣得意】

王敬则虽然声位显赫，但是从不以富贵自矜，恭敬谨慎，忙得连坐一小会儿的时间都没有，无论是和士人还是平民说话，他都说吴地话，待人殷勤周到。王敬则当初以散骑常侍之职出使北魏，在北魏的客馆中曾种下一株杨柳，后来员外郎虞长耀出使北魏回来，王敬则问他："我当年种下的杨柳，如今长多大了啊？"虞长耀说："那边人还以为那是甘棠树呢！"王敬则笑了，没说什么。

世祖曾在御座上赋诗，王敬则在旁边拿着纸说："我差点就被这东西困住。"世祖问："什么意思？"他笑道："臣如懂得读书识字，不过做个尚书都令史罢了，哪里会有今天的荣耀呢？"王敬则虽认字不多，但心性聪慧狡黠，处理州郡政务的时候，让属下读文书，他自己口述决断，都做得很好。

【贪婪无度】

明帝萧鸾即位，封王敬则为大司马，增加食邑一千户。授职那天，大雨滂沱，王敬则和满朝文武都惊惧失色，这时一个人在王敬则身边说："公从来如此，曾经受封丹阳尹和吴兴太守那天，也是下着大雨。"王敬则听后大喜，说："我命中该得雨。"于是摆列羽仪，穿好朝服，由人引导着到朝堂受封，心里还想着这么高的封赏简直是天降之福，得意心喜地吐了很长时间舌头，直到封赏仪式完毕。

皇上登基后，杀了很多大臣，王敬则想自己是两朝重臣，位高权重，不免心生恐惧。皇上虽然表面上对他礼遇有加，但内心却时刻猜忌防备，多次询问他的饮食和身体状况，听说他变得更衰老了，又因他生活在内地，这才稍加放心。建武三年（496），皇上派萧坦之带着斋礼和仪仗队五百人到武进陵去。王敬则的几个儿子都在京城，都为父亲担忧，却束手无策。皇上知道后，就派王敬则的长子王仲雄去安慰王敬则。王仲雄善抚琴，在当时是一绝。皇上的库房里有一张出自东汉蔡邕的焦尾琴，皇上命王仲雄每五天进宫弹奏一次。于是王仲雄便边抚琴边唱起《懊侬曲歌》："常常叹息负情之事，郎君如今也果然这样啊！"皇上听了后，愈加羞愧而猜忌王敬则。

【起兵造反】

永泰元年（498），皇上病重垂危。皇上任张瑰为平东将军、吴郡太守，设置将佐，暗中防范王敬则。宫廷内外都在传言朝中将有大变动。王敬则听说后，自言道："如今东部还有谁呢？只不过想除掉我罢了！"因此决意起兵谋反。

皇上下诏宣布王敬则的罪状。之后在京城诛杀了王敬则的三个儿子，王敬则的长子正率领一千军队在徐州同北魏作战，皇上命徐州刺史徐玄庆杀了他。

王敬则召集人马，分发行装，两三天就起兵，他本想劫持前中书令何胤回来当尚书令，被长史王弄璋、司马张思祖阻止了。于是率领一万军队过了浙江，他对张思祖说："应该写篇檄文。"张思祖说："主公现在是回朝，何用作檄文啊。"他就打消了这个想法。

【兵败受诛】

朝廷派辅国将军前军司马左兴盛、后军将军直阁将军崔恭祖、辅国将军刘山阳、龙骧将军直阁将军马军主胡松率领三千多军队在曲阿和长冈建筑壁垒防御，任命右仆射沈文季为持节都督，率军驻守湖头，守备京口（今镇江）之路。

王敬则靠着旧部起兵，百姓举着竹篱扛着农具跟在他后面，共有十几万人。到晋陵（今江苏常州）时，南沙人范脩化杀了县令公上延孙来响应他。王敬则到了武进陵（齐太祖和齐世祖陵寝之地）口，痛哭着坐着轿子继续进军向前。王敬则率军来到左兴盛和刘山阳的营垒前，全力攻打这两处营寨。左兴盛派军士对王敬则喊道："您的儿子都已经死光了，您现在这样做还有什么意义呢？"朝廷军队不敌叛军，想要撤退，但是却被叛军包围得铁桶一般，因此双方均陷入死战。这时胡松率领骑兵自背后突袭叛军，由于跟随王敬则的那些农民都无兵器械械，所以被胡松的骑兵冲得惊慌逃散，叛军因而大败。王敬则慌忙牵过战马，两次都没能跨上马背，遂被左兴盛部下袁文旷斩杀，既而传首京师。

王敬则起兵造反时，声势甚为盛大，然而没多久便失败了，王敬则死时已七十多岁。

论赞

史 臣曰：王敬则自民间青云直上，那是建元和永明年间的福运，成为公侯将相则是建武和永元年间的事。功勋不如过去，禄位却和原来一样，礼遇和封赐虽然依然优厚，但是和皇帝已没有实际感情。战事一起，就陷入了叛逆作乱的罪名里，身在同一条船上都能互相变成敌国，何况是比这还要疏远的呢？

王僧虔列传

王僧虔出身望族，但毫无世家子弟矫揉造作、奢侈淫逸之行，才德冠世。侍奉任何一个皇帝他都能宠辱不惊，善于保全自己的名望，不贪恋权位，不遭受皇帝猜忌。性情耿介，为政清简，书法精妙，富贵长寿而终，足为古代人臣的典范。

【少年英才】

王僧虔，琅琊临沂（今山东临沂市）人。祖父王珣，晋朝时官至司徒。伯父王弘，是刘宋朝的宰辅。父亲王昙首，是右光禄大夫。王昙首兄弟把子孙们都聚到一起，王弘的儿子王僧达下地跳着玩耍，王僧虔才几岁大，独自坐在榻上收集蜡油捏成凤凰，王弘看到后说："这孩子将来一定显达于世。"

王僧虔二十岁左右时，就表现出了豁达朴厚的品性，善于写隶书。宋文帝看到他在白扇子上的题词后，感叹道："不仅书法字迹超过了王献之，连气格典雅也高过了他。"封他为秘书郎，太子舍人。王僧虔私下里很少和同僚们交往欢会，只和袁淑、谢庄友情深厚。后来他改任义阳王文学，太子洗马，又升任司徒左西属。

【最重亲情】

王僧虔的兄长王僧绰被元凶刘劭杀害，亲友们都劝王僧虔赶紧逃走，他流着泪说："我兄长忠心为国，以慈爱抚养我长大，我现在就怕不被株连啊，如果能和兄长同归九泉，就像是一同羽化登仙了。"宋孝武帝初年，王僧虔担任武陵太守。他兄长的儿子王俭在随同他上任的途中患病了，他担心得吃不下饭睡不着觉，同行的客人都来劝慰他，他说："从前马援对儿子和侄子一视同仁，情无二致，邓攸对他弟弟的儿子更超过对自己的子女，我的这份心思，确实都和他们两位一样。亡兄的血脉，不能被轻忽。这孩子如果救治不了，我就回京辞掉官职，再也不会有涉足仕途的意兴。"后来，他升任中书郎，又改任黄门郎、太子中庶子。

【多传佳话】

孝武帝想独霸当时书坛的盛名，王僧虔不敢显露出自己书法的真正造诣。大明年间，他常常把字写得拙劣，因此而被孝武帝容纳。之后他任豫章王刘子尚的抚军长史，迁升为散骑常侍，又任新安王刘子鸾的北中郎长史，南东海太守，管理南徐州的政务。这两个藩王，都是孝武帝的爱子。不久，升任豫章内史。又入朝任侍中，迁升为御史中丞、骁骑将军。世家大族向来都不做御史台官职，王氏以分支居住在乌衣巷，官位稍减，王僧虔做了这个官职后说："这是乌衣巷中诸位公子的坐处，我现在也来试试。"复任侍中，兼任屯骑校尉。泰始（宋明帝年号）年间，王僧虔任辅国将军，吴兴太守，禄位两千石。王献之精于书法，曾任吴兴太守，待到王僧虔精于书法，也是做吴兴太守，人们把这传为佳话。

【宠辱不惊】

王僧虔转任为会稽太守，俸禄还是两千石，辅国将军之职如故。中书舍人阮佃夫家在会稽郡，有次他请假回家。王僧虔身边的人说阮佃夫是皇上的宠臣，都劝他厚礼接待。王僧虔说："我立身有本，岂能曲意阿附此辈。他若嫌弃，尽管随他拂袖而去就是了。"阮佃夫回京后就向宋明帝进谗言，并暗中唆使御史中丞孙夐捏造罪名弹劾王僧虔，王僧虔因此被皇上降罪免官。

不久皇上又让王僧虔以平民身份兼任侍中，出朝监吴郡太守，之后升任使持节、都督湘州诸军事、建武将军、行湘州事，转为辅国将军、湘州刺史。他所至之

处都留下了宽厚仁义的美名。巴峡（今重庆以东的石洞峡、铜锣峡、明月峡统称巴峡）一带的流民大多都在湘州的辖地，王僧虔上表皇上，请求把益阳、罗、湘西三县沿江百姓生活的地

《太子舍人帖》·南朝齐·王僧虔

《齐书》本传称："僧虔善隶楷书，宋文帝见其书素扇，叹曰：'非惟迹逾子敬，方当器雅过之。'"唐代张怀瓘《书断》称："祖述小王，尤尚古直，若溪涧含冰，冈峦被雪，虽极清肃，而寡于风味。"窦《述书赋》称其书："致丰富，得能失刚。鼓怒骏爽，阻负任强。然而神高气全，耿介锋芒。发卷伸纸，满目辉光。"

无量寿佛造像碑·南朝齐
1921年四川省茂县东较场坝中村寨出土，现藏于四川博物院（原四川省博物馆）万佛寺石刻馆。

区设立为湘阴县，皇上准奏。

元徽（宋后废帝年号）年间，王僧虔升任吏部尚书。高平人檀珪被朝廷罢免沅南令之职后，王僧虔任命他为征北板行参军。他因求官禄没得到自己所期望的，就给王僧虔写信，诉说自己家门昔日的荣耀和对国家的贡献，以及自己报国建功的愿望。王僧虔回信勉励他不要怨天尤人，慢慢就会一步步提拔他。他又回信给王僧虔陈情，于是王僧虔便任他为安城郡丞。檀珪是刘宋朝安南将军檀韶的孙子。

不久王僧虔升任散骑常侍，转任

右仆射。昇明二年（478），升迁为尚书令。王僧虔喜爱文学历史，懂得音律，当时朝廷礼乐多违背古礼，民间竞相创作新声杂曲，太祖萧道成正担任宰辅，王僧虔上表朝廷请求朝廷鼓励修复雅乐，朝廷采纳了这个奏言。

【仁爱好礼】

建元元年（479），太祖称帝，王僧虔转任侍中、抚军将军、丹阳尹。第二年，皇上封他为左卫将军，他谦让不肯接受，便改封为左光禄大夫、侍中、丹阳尹职务如故。郡县牢狱里相继有用送汤药的方式杀死囚犯的事发生，王僧虔上疏皇上说："汤药本来是救人的，如今事实上却被用来施行冤杀，或是发泄私怨。假如一定要判处重刑，自有王法可依。如果除恶需要从速，那也应该先行奏报朝廷。岂有人命关天的大事由地方上暗中擅行的道理呢。臣认为要给囚犯治疗疾病，要先通禀到郡衙里，然后由上级和医生共同检验病人情况后，才能再决定下一步怎么做。偏远县城的囚犯，要先让他的家人去探视，确认病人的情况，而后再行处理。这样便可使死去的人不愤恨，活着的人也不怨恨了。"皇上采纳了他的这个建议。

王僧虔一直留意雅乐的情况，昇明年间（477～479），他上奏朝廷要保护和修复雅乐后，虽然雅乐的恢复有一点进展，但还是有很多雅乐都遗失了。他又给侄子王俭写信，让王俭跟皇上说保护雅乐的事。但最后，这件事朝廷还是没能做好。

【天下第一书】

太祖擅长书法，等到做了皇帝，仍然是笃好不已。有次太祖和王僧虔比试书法，各自写完后，太祖问王僧虔："谁是第一啊？"王僧虔答道："臣书法第一，陛下也是第一。"太祖笑道："卿可真是善于替自己谋划啊。"太祖拿出十一帙古人书迹给王僧虔看，就便又向他探求善于书法人的名姓。王僧虔把从民间探求到的，而帙中没有的，吴大皇帝、景帝、归命侯书，桓玄书，及晋丞相王导、领军王洽、中书令王珉、张芝、索靖、卫伯儒、张翼等十二卷，都上献给了太祖。同时还献上了羊欣所撰《能书人名》一卷。

【才德盖世】

这年冬天，王僧虔升迁为持节、都督湘州诸军事、征南将军、湘州刺史，侍中职位如故。王僧虔当官，性情清简，没有什么贪欲，不治私产，百姓安居乐业。世祖萧赜即位，王僧虔这时因犯风疾病，正想向朝廷请辞，皇上又封他为侍中、左光禄大夫、开府仪同三司。王僧虔年轻的时候和同族人聚会，有个客人为他看相说："僧虔将来最为富贵长寿，当位至三公，其他人都比不上。"等到世祖为他授予职位时，他对侄子王俭说："在朝中你的权位已经很高了，将来还会有八命的礼遇，我如果再接受这些职位，那么我们家就会同时有两位宰相，实

在是令人畏惧。"于是王僧虔就坚决推辞了这些职位，皇上嘉许并顺从了他的意思，便改任他为侍中、特进、左光禄大夫。有人问他为什么推辞了这些别人梦寐以求的职位，他说："君子所应忧患的该是自己的德行，而不是能否受到恩宠。如今我丰衣足食，禄位也超过了我能胜任的高度。我为自己才疏学浅不能尽力报国而惭愧，岂能再忝居荣耀的爵位，贻笑大方呢！"他的侄子王俭做了宰相后，建造了一所长梁斋，规模有一点点僭越了礼制，他看到后很不高兴，就不进门，王俭赶紧就把长梁斋给拆了。

【大贤谢世】

永明三年（485），王僧虔逝世，终年六十岁。朝廷追封他为司空，侍中之职如故。谥号"简穆"。王僧虔评论前人的书法特点和水平，中肯有理。著有《书赋》流传于世。

王僧虔在刘宋王朝时期，曾作诫子书劝勉儿子要笃志于学，修身养性，勤奋自强。

论赞

史 臣曰：王僧虔具有本可发出宏大声音，却只发出微小声音的气量，更兼专精于书法。自戒盈满，甘于自足，委屈自己以能见容于世，乐于和众人并驾齐驱，而不风骚独领，实在是太平天下的好宰相啊。

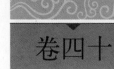

卷四十

竟陵文宣王子良列传

萧 子良风流俊雅，喜欢和文人雅士交游，礼贤下士，待人谦让周到，延客编修古籍，颇有些"战国四公子"的风范。在政治上，他主张应减免赋税和减少不必要的战争，让百姓休养生息，对贫苦百姓有深厚的同情之心，这也从侧面体现出了他作为佛教信徒的慈悲心肠。他可以和他的叔父萧嶷并称为南齐的"萧氏二贤"，可惜英年早逝。

南齐书 ●列传●

▶【谦谦君子】

竟陵王萧子良，字云英，是齐世祖萧赜的二儿子。当初沈攸之叛乱时，他跟随世祖在盆城，任宁朔将军。又任宋国邵陵王左军行参军，主簿，安南记室参军，邵陵王友。之后，迁升为安南长史。

升明三年（479），萧子良任使持节、都督会稽、东阳、临海、永嘉、新安五郡诸军事，辅国将军，会稽太守。自元嘉（宋文帝年号）年间以来，朝廷征派自民间的苛捐杂税日益繁重，民不聊生。太祖登基后，萧子良上书朝廷，请求减免和缓征郡县百姓积欠的税赋。

皇上封萧子良为闻喜县公，食邑一千五百户。

萧子良为人重义而好古。郡里有个叫朱百年的人，德行高尚，但是死得早，萧子良就赐给他的妻子一百斛米，并专门指派一人为她定时供给柴草。郡衙里有张三国名士虞翻用过的

旧床，离任的时候，他就把这张床带上了。后来他在西邸建起了一所古斋，里面摆设了很多古人用过的东西。夏禹庙里的祭祀很丰盛，萧子良说："禹王哀怜罪者，表彰仁义，饮食简节。只要摆上些服用所需的常物和果品粽子，就足以表达后人对他的虔诚敬意了。"于是下令让人每年只是以纸扇和竹器盛的饭食供奉禹庙而已。

建元二年（480），萧子良生母穆妃逝世，萧子良辞官守孝。仍挂职任征虏将军、丹阳尹。他打开自己家的粮仓赈济县里的贫民百姓。次年，萧子良上表皇上说，京畿地区荒废耕田共有八千五百五十四顷，可征用民夫十一万八千余人，只需一个春天就可以沃野千里。皇上采纳了这个建议，但是碰上改换官职，这件事就搁浅了。

这一年，皇上下旨东宫官员之下的官吏都要敬事萧子良。

世祖即位，封萧子良为竟陵郡王，食邑二千户。任使持节、都督南徐兖

二州诸军事、镇北将军、南徐州刺史。永明元年（483），改任侍中、都督南兖、兖、徐、青、冀五州军事、征北将军、南兖州刺史，使持节之职不变，皇上赐予油络车。永明二年（484），升任护军将军，兼任司徒，可以带领亲兵设置官佐，侍中一职如故，镇守西州（今南京西），永明三年（485），皇上赐予军乐队一支。永明四年（486），受封为车骑将军。

萧子良少年时就有清洁高尚的志趣，礼贤下士，不立危墙之下，竭诚待客，是以天下才志之士争相来投。他善于做成快意而有声誉的美事，夏天客人来后，他就摆好瓜果饮品招待，在士林中传为美谈。士人和朝廷官宦写的文章诗赋，都由他来辑录刊发。

【心系苍生】

皇上刚刚即位时，常常有水旱灾害，萧子良密奏皇上，请求朝廷免除百姓积欠的税赋；宽刑以消民怨；减少皇家土木建设；暂停征剿不肯臣服的南方蛮夷，以使百姓休养生息。

皇上下诏将上贡的布匹折价，朝廷征收市价的十分之二为税，萧子良又上书请求朝廷免除三吴地区的税赋，制止地方官员向百姓强派和逼征税赋，扶助百姓恢复农业生产，严选地方财政官吏，国法面前贫民和豪族应一律平等对待，精简冗官。

永明五年（487），皇上封萧子良为司徒，赐班剑仪仗二十人，侍中之职不变。萧子良迁居到鸡笼山的宅邸，

召集学士抄写《五经》和诸子百家，依照《皇览》体例编纂成《四部要略》一千卷。招揽名僧，讲论佛法，推动佛教新声名，盛况空前，自东晋以来，从所未有。

世祖喜欢射猎野鸡，萧子良劝谏皇上不要因贪享逸乐而使饥苦的百姓心生怨恨，应该奖赏出使北魏归来的使臣，整顿市场经济秩序。

六年前，左卫、殿中将军邯郸超劝谏皇上不要再射猎野鸡，皇上便纳谏了，过了些时候，邯郸超竟被皇上给杀掉了。永明末年，皇上又要去射

陶武士俑·南朝

🏮 印花墓砖·南朝
广西融安县出土。现藏于广西柳州博物馆柳州历史文化陈列馆。

猎野鸡。萧子良再次劝谏皇上要减少杀害生灵，以求多福多寿。

皇上虽然没有全都采纳萧子良的谏言，但是却对他更加宠爱。

萧子良又和文慧太子共同喜好佛学，所以两人关系很好。萧子良尤其笃信佛教，他经常在私宅里举办斋戒活动，召集来许多朝臣和僧人参加，分派食物、用水净身等事，他都亲自做，世人觉得他有些失掉作为丞相的体统。他积极劝人行善，从无厌倦，终于以此享得盛名。不久，皇上让他代替王俭任国子祭酒，他给推辞掉了。永明八年（490）皇上赐他三望车。永明九年（491），京城附近发生水灾，吴兴灾情尤其严重，萧子良打开自家粮仓赈济灾民，并在宅邸北面建立屋舍收养贫苦和生病的百姓，供给他们衣食和药品。

永明十年（492），升任尚书令。不久，又被皇上任命为使持节、都督扬州诸军事、扬州刺史，其他职务如故。不久又解除尚书令，转任中书监。文慧太子逝世，皇上去东宫检视，看见太子的服饰车驾仪仗等，多有僭越礼制，非常生气，因太子和萧子良交好，而他却没把文慧太子的这些僭越礼制的行为上报，所以皇上对他有些心生嫌忌责备。

【英年早逝】

皇上患病，诏令萧子良带领戎装侍卫进延昌殿侍奉医药。萧子良奏请让僧人进大殿前诵经，世祖当晚有感应，梦见无花果开花。萧子良下令御府按照佛经所说制作铜花，把花插在皇上御床的四个角上。他日夜守候在皇上身边，皇太孙闲暇时才入殿参拜皇上。世祖的病情突然加剧后，宫廷内外皆惶恐不已，文武百官都已改变服饰，众人都议论怀疑皇上要改立萧子良为帝。过了会儿，皇上苏醒过来，问皇太孙在哪里，于是传召皇太孙带器物甲仗入殿。皇上遗诏命萧子良辅政，高宗萧鸾任录尚书事。萧子良素来仁厚，不喜欢做俗尘事务，便推荐高宗辅政。后来皇上遗诏中说的"无论大小事务，都要和萧鸾共同商议参谋"，就是萧子良的意见。

皇太孙小时候由萧子良的妃子袁氏抚养，袁氏对他非常慈爱。皇太孙之前担心萧子良代替自己继承皇位，从此就对他非常忌惮。为世祖发丧出太极殿，萧子良在中书省，皇太孙派虎贲中郎将潘敞率领两百甲士守卫在太极殿西面，以防备萧子良。大殓成服后，诸位王爷都出来了，萧子良请求留下守山陵，皇太孙不准。

皇太孙即位后，封萧子良为太傅，赐予班剑仪仗三十人，其他职位不变。不久解除侍中之职。隆昌元年（493），受特殊礼遇，他可以剑履上殿，入朝不趋，赞拜不名。加封都督南徐州军事。当年，萧子良病重，他对身边的人说："门外应该有异常之事发生。"便派人出去查看，就看见淮水中有数万条鱼都浮上水面向城门游去。过了不久，萧子良就去世了，终年三十五岁。

皇太孙常常担心萧子良有谋反之心，等他去世后，就感到非常高兴。下旨厚礼安葬。又下诏追思萧子良的仁德和功业，追赠他为假黄钺、侍中、都督中外诸军事、太宰、领大将军、扬州牧，绿綟绶，备九服锡命之礼。使持节、中书监、竟陵郡王等职爵不变。并赐予九旒鸾辂，黄屋左纛，辒辌车，前后部羽葆鼓吹，挽歌二部，虎贲甲士和班剑仪仗一百人，葬礼规格以西晋安平王司马孚为例。

当初豫章王萧嶷去世后安葬于金牛山，文慧太子逝世后葬于夹石，萧子良为文慧太子送葬的时候，眺望着祖硎山，非常悲伤地感叹道："向北可以望见我的叔父，向前又可以看到我的兄长，如果人死后是可以有知觉的话，请一定把我安葬在这块地方。"萧子良去世后，就被安葬在了祖硎山。

萧子良曾作各韵散文数十卷，虽然没有多少文采，但都是些劝人向善的佳句。建武（齐明帝萧鸾年号）年间，他过去的下属范云上表皇上请求为萧子良立碑，可惜事情没有办成。他的儿子萧昭胄承袭了他的爵位。

王晏列传

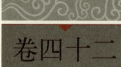

王晏是一个政治投机分子，以其乖巧逢迎的本事得到齐武帝萧赜的赏识，从此青云直上，虽无半寸军功，却能封侯拜相。位极人臣后，他依然贪婪无度，肆意妄为，丝毫不知收敛避忌，终于招来杀身大祸，功名富贵尽成飞灰。

▶【压中大宝】

王晏字士彦，琅琊临沂（今山东临沂市）人。祖父王弘之，官至通直常侍。父亲王普曜，官至秘书监。

王晏在刘宋朝大明（宋孝武帝年号）末年出仕，在临贺王手下任国常侍、员外郎，巴陵王做征北将军时他任参军之职，安成王做抚军将军时他任刑狱之职，后随着安成王升迁转府任车骑。

晋熙王刘燮镇守郢州时，王晏任安西主簿，世祖萧赜任长史，两人意气相投。晋熙王刘燮转任镇西将军后，王晏任记室咨议。

沈攸之叛乱时，镇西将军府的群僚都跟随世祖镇守在盆城，虽然当时世祖权势很大，但群僚还是对他有疑虑，只有王晏一心一意侍奉世祖，世祖把关于军机事宜的文书函件等都交给他来处理。由于王晏性情乖巧，善于逢迎，渐渐就得到了世祖的亲近和信任。于是世祖就留他在身边做了征虏抚军府板咨议，记室。跟随世祖回

到京城后，王晏升任领军司马，中军从事中郎。之后他经常到世祖府上，参与谋划一些机密大事。建元（齐太祖萧道成年号）初年，王晏迁升为太子中庶子。世祖在东宫做太子时，经常独断朝政，许多事都不向太祖奏明，王晏怕世祖被太祖降罪而连累到自己，就佯托有病慢慢疏远了世祖。不久，王晏被朝廷任命为射声校尉，他没有接受此职。世祖即皇帝位后，命王晏兼任侍中，对他还是像过去一样信任。

▶【恃宠生娇】

永明元年（483），王晏升任步兵校尉，之后又迁升为侍中祭酒，步兵校尉职位不变。王晏遭逢母亲去世，回家丁忧，服丧期满后，皇上任命他为辅国将军、司徒左长史。王晏的父亲借着儿子的权势，屡次居于显赫的官位。不久，王晏被皇上封为左卫将军、给事中。还没等他拜领职位，父亲王普曜就死了，王晏为父亲守丧期

间博得了很好的名声。服丧期满后，朝廷起用他为冠军将军、司徒左长史、济阳太守，还没拜领就又被迁升为卫尉，冠军将军之职不变。永明四年（486），王晏转任太子詹事，兼散骑常侍之职。永明六年，转任丹阳尹，常侍之职不变。王晏位高权重，早晚都进宫见皇上，谈论朝中大小事务，上至豫章王萧嶷、尚书令王俭，下至文武百官，都要曲意逢迎他。然而王晏每每都会因做事疏忽错漏而受到皇上的斥责，他便称病接连很长时间都不上朝。皇上以为王晏是想增加俸禄，便在第二年任命他为江州刺史，让他出京去做封疆大吏。王晏执意辞掉了这个任命，他说自己不想离开京城，皇上就准许了他留在京城的请求，任命他为吏部尚书、太子右卫率，终于凭借从前和皇上的旧情而受到恩宠。当时尚书令王俭虽然官位高，但是和皇上的关系比较疏远，王晏既然获得了遴选核查百官的大权，行于台阁，对王俭颇有些不服气。王俭去世后，礼官讨论该加给他什么样的谥号，皇上打算依照晋朝王导的先例，也赐王俭的谥号为文献。王晏上奏折反对道："只有王导的功勋才佩得起这样的谥号，但是自从刘宋王朝后，寒族出身的人就从不被颁赐这个谥号。"他下朝以后对他亲近的人私语道："那个和我平起平坐的人终于消失了啊。"永明八年（490），皇上改任王晏为右卫将军，他上表称病，自己辞了这个职务。

【贪权种祸】

皇上想用高宗萧鸾代替王晏主管选任考核百官的事务，皇上写手书征询王晏的意见。王晏启奏道："萧鸾精明干练有余，然而不熟悉选任百官的事务，恐怕不能担任此职。"于是皇上就打消了这个主意。永明九年（491），皇上升王晏为侍中、太子詹事、本州中正，他又以有病为由辞谢了这些职位。永明十年（492），皇上改任王晏为散骑常侍、金紫光禄大夫，赐给亲信侍从二十名，中正之职如故。次年又迁升为右仆射、太孙右卫率。

世祖驾崩，遗诏命王晏和徐孝嗣行使录尚书职权，令他们永远都要安坐在这个职位上。郁林王萧昭业即位，王晏转任左仆射，中正之职不变。隆昌元年（493），郁林王加封王晏为侍

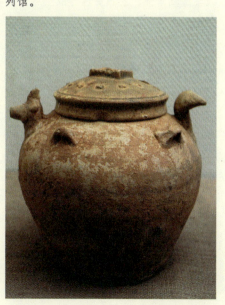

🔸 青瓷鸡首四系带盖壶·南朝
现藏于广西柳州博物馆柳州历史文化陈列馆。

🔸 **白釉陶弹琵琶女俑 · 南朝**

女俑双手持琵琶，站立弹奏。琵琶音箱在上、颈朝下。右手在弦上弹拨。俑身着窄袖襦衫，束长裙，发式上平而较宽，脸部流露出陶醉于乐曲境界中的表情。人物造型单纯，衣饰简练，配上通体透明釉，显得格外协调。

中。高宗萧鸾阴谋废掉郁林王，王晏积极响应并推荐可用之人。延兴元年（494），王晏转任尚书令、后将军，侍中和中正之职如故。被朝廷封为曲江县侯，食邑一千户，并赐予军乐队一支，可带领戎装仪仗队五十人进入朝殿。高宗曾在东府宴请王晏，谈及时政的时候，王晏抵掌："公常说我怯懦，现在到底觉得如何？"建武元年（494）高宗萧鸾即位，封王晏为骠骑大将军，赐班剑仪仗二十人，侍中、尚书令和中正之职如故。又给他

增加一百名亲兵，让他兼任太子少傅，晋升爵位为公，增加食邑为两千户。因为北魏军队在边境有异动，皇上赐给了王晏军队一千人。

▶【狂悖自毙】

　　王晏为人重视亲情和故旧之情，为世祖所称道。到了这时候王晏自认为辅佐新君登基有功，平时言语中常常菲薄世祖过去做的一些事情，大家都开始感到奇怪。高宗刚刚即位，虽然很多事务都要仰仗王晏辅助处理，但内心里却疑忌和排斥他，有天皇上在整理世祖遗留的诏书文牍时，看到了世祖亲笔写给王晏的三百余件手谕，都是谈论国家大事的，因此皇上就更加猜忌鄙薄他。皇上登基之初，始安王萧遥光就劝皇上杀掉王晏，皇上说："王晏对我有拥立之功，况且也并无过咎。"萧遥光又说："王晏对武帝（世祖）都不能尽忠，又怎能忠于陛下呢。"皇上沉默了，脸色也阴沉下来。当时皇帝经常派遣心腹陈世范等人在街边巷尾探听民间对国家朝政的各种议论、意见，从此就特别注意打听关于王晏的事。王晏轻浮浅薄，丝毫不为自身多加防范和考虑，他想为自己建造官署，屡次叫相士来为自己看相，相士都说他会更加显贵。他和宾客聚会谈论的时候，喜欢在没有人的清净之地，皇上听说后，就怀疑他要阴谋篡逆，于是心里就有了诛杀王晏的打算。北人鲜于文粲和王晏的儿子王德元有交往，秘密刺探到朝廷

疑忌王晏的旨意，于是就告发王晏将要谋反。陈世范等人也启奏皇上说："王晏暗中策划要在建武四年陛下到南郊祭祀的时候，和世祖时的旧将在路上弑君篡逆。"这时正赶上有老虎出现在南郊的祭坛附近，皇上就更觉得害怕了。在祭祀仪式的前一天，皇上就下旨停办祭祀仪式了。元旦朝会结束后，皇上把王晏召到华林省，诛杀了他。皇上下诏历数王晏自从发迹以来的众多罪行，说他阴谋与北中郎司马萧毅、台队主刘明达等人择期谋反，他们觉得河东王萧铉年轻识浅，可以做他们的傀儡皇帝，一旦得志他们就窃据皇权。刘明达对此已经供认不讳。当年汉帝仅仅因为言语不恭便行讨伐，魏臣只是由于虮须要被杀戮，何况王晏无君之心已经昭彰，欺凌主上之迹也已经很显著，如果容忍了他，国家的刑法还有什么用？应该把王晏一伙抓起来交给司法部门正法，以肃明国典。

王晏还没有被诛杀的前几天，在北山庙宴饮答谢迎神赛会，夜里回府时，他已喝得酩酊大醉，他手下亲兵和侍从也都喝醉了，因此仪仗错乱，绵延十几里，不能相互行令约束，看到此情景的人说："看这气势应该长不了了"。

王晏的儿子王德元，颇有志向。官至车骑长史。他本来的姓名是王湛，世祖对王晏说："刘湛和江湛都没能善终，这不是个好名字。"于是王晏才为他改作了现在的名字。王晏被问

罪，他也和弟弟王德和一同被朝廷诛杀。

王晏之弟王诩，永明年间任少府卿之职。永明六年（488），皇上有诏命规定，职位在黄门郎之下的官员，不得蓄养女妓。王诩和射声校尉阴玄智因为违反诏命私养女妓，被免职，并被禁止十年不得为官。后来皇上又特赦了王诩。之后，王诩出京任辅国将军、始兴内史之职。广州刺史刘缋被奴仆杀害后，王诩率领部下讨伐。延兴元年（494），王诩被朝廷任命为广州刺史。王诩也是一个很顾念旧情的人。王晏被诛杀后，皇上派南中郎司马萧季敞杀掉了王诩。

论赞

史　臣曰：士为知己者死，大概是活着的人共有的情感，虽然有的人愚陋，有的人明智，然而逢迎的人，命运却是一样的。那些期待着被人赏识的才能的人，接受知己的知遇之恩，不必对外界感到羞惭，这本来就是很自然的道理，但是他仍把恩义藏在心中，想着报答知己。何况早年还同朝供职，道同志合，却一下子超越了自己和前辈，就像丢掉东西一样遗弃孩子，毫不眷念昔日的旧恩情，就像是把对方当做猎狗一样奴役驱使，这是别人对此的讽刺。羞惭的怀着愧疚之心，在我身上却没有这样的事情。呜呼！这大概就是陆机作《豪士赋》的原因吧。

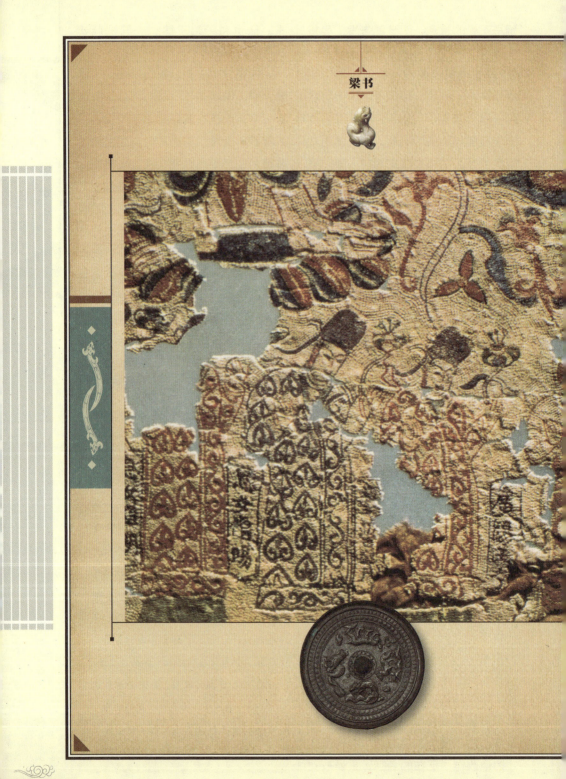

梁书

原中华书局编审
刘德麟

　　《梁书》记载自梁武帝萧衍建国至梁敬帝萧方智亡国共五十六年间的历史，是姚察及其子姚思廉两代人辛勤撰写完成的。姚察，南朝历史学家。历经梁、陈、隋三朝，于陈朝任秘书监、领大著作、吏部尚书等职，于隋朝任秘书丞。入隋后，于文帝开皇九年又受命编撰梁、陈两代历史，未竟而卒。临终时遗命，嘱其子姚思廉继续完成撰史工作。姚思廉，字简之，姚思廉在撰史工作中，充分利用了其父已完成的史著旧稿。自贞观三年至贞观十年，历时七年，最终完成了《梁书》与《陈书》的撰写工作。

　　《梁书》，六本纪，五十列传，合五十六篇。它叙梁朝史事在内容上比较全面。记述了梁武帝统治的四十多年的历史，详细记载了侯景之乱的经过，并且收入了反映范缜无神论思想的《神灭论》，还记述了"海南诸国"的情况。它的史论除一般评论人物的功过、长短之外，往往还顾及到对于社会风气和时代特点的概括。

　　姚察及姚思廉父子虽为史学家，但都有较深厚的文学素养，于史文撰著方面，文字简洁朴素，力戒追求辞藻的华丽与浮泛，继承了司马迁及班固的文风与笔法，在南朝诸史中是难能可贵的。

武帝本纪

梁书 ●本纪●

在南朝诸帝中，要论在位时间最长，学识才艺最渊博，就要数梁武帝萧衍（464～549）了。他出身贵族名门，自幼勤奋好学，与当时名士多有交往；早年在军中效命，以果敢谋略著称内外；中年起兵反抗残暴的东昏侯，以少胜多，展现了杰出的军事才能；受禅代齐后，注意体察民情，提倡节俭，在纷乱的南北朝时期开创了一个较长时期相对稳定的局势。可惜晚年醉心于佛学，任用小人，忠奸不分，最终在"侯景之乱"中病饿而死。

【贵族才俊】

梁高祖武皇帝名萧衍，字叔达，小名"练儿"，南兰陵郡中都里（今江苏常州市武进区西北）人，是汉朝相国萧何的后裔。其父萧顺之，是齐高帝萧道成的族弟，曾参与机务辅佐皇帝，封临湘县侯爵。历任侍中、卫尉、太子詹事、领事将军、丹阳（今江苏丹阳市）尹等官，死后赠镇北将军封号。

宋孝武帝大明八年（464）萧衍生于秣陵县（今江苏南京）同夏里三桥的家中。出生时就与众不同，两腿骨相连，头顶隆起，右手有"武"字掌纹。长大后，博学多才，喜好谋略，文武兼备，当时的名流前辈都对他推崇赞许。他的居室周围好像有云气笼罩，路过的人都肃然起敬。

入仕后，萧衍初任巴陵王南中郎法曹行参军，迁任卫将军王俭东阁祭酒。王俭一见到萧衍便很器重他，对

庐江何宪说："萧郎三十岁以内就会当做侍中，从那以后的显贵就不可明言了！"竟陵王萧子良开设西邸，招纳文士，萧衍与沈约、谢朓、王融、萧琛、范云、任昉、陆倕等都在此处游学，号称"八友"。王融英俊爽朗，见识过人，尤其敬重萧衍。常对亲近的人说："统治天下的，一定就是这个人。"后来，萧衍又升任随王镇西咨议参军，不久因父亲去世而离任。隆昌初年，萧鸾辅政，起用萧衍为宁朔将军，镇守寿春（今安徽寿县）。服丧期满后，被任命为太子庶子、给事黄门侍郎，入直殿省。因参与萧谌等人谋立萧鸾为天子的功勋，被封为建阳县男爵，食邑三百户。

【军中扬名】

齐明帝建武二年（495），北魏派大将刘昶、王肃率兵侵袭司州（今河南信阳县南40里），朝廷任命萧衍为

冠军将军、军主，隶属江州刺史王广作为后援。部队距离义阳（今河南信阳市）百余里地，众人认为北魏军气势正盛，犹豫不决，都不敢前进。萧衍请求担任先锋，王广将手下精兵分调给萧衍。他那天夜里便向前进军，离魏军驻地只有几里地，径直登上贤首山。魏军搞不清来兵究竟有多少兵力，不敢逼近。黎明时，城内官兵看见援军已到，便出兵攻击北魏军营垒，萧衍率领部下从外部向内进攻。北魏军内外受到攻击，便突破重围败逃。撤军后，任命萧衍为右军晋安王的司马、淮陵郡太守。回京后又任太子中庶子，领羽林监。不久，出京镇守石头城（今江苏南京清凉山）。

四年（497），北魏孝文帝亲自率大军进攻雍州（今湖北襄樊一带），齐明帝命令萧衍前去增援。十月，到襄阳（今湖北省襄樊市），下诏又派遣左民尚书崔慧景总领各路军队，萧衍及雍州刺史曹虎等都受他调度管辖。次年（498）三月，崔慧景和萧衍进军至邓城（今襄樊市西北），魏文帝率十万余骑兵突然追至邓城。崔慧景大惊失色，打算引兵退却，萧衍坚决地阻止他，他不听从，并狼狈脱逃。魏国骑兵乘机发动进攻，于是齐军大败。萧衍独自领军抗战，杀死北魏军数百人，魏国骑兵稍向后退，因而才得以结成阵势断后，到晚上才下船撤退。崔慧景所率军队死伤惨重，几乎全军覆没，只有萧衍保全军队胜利而归。不久萧衍兼管雍州府事务。

【观时待变】

明帝永泰元年（499）七月，萧衍授持节，都督雍、梁、南北秦四州及郢州的竟陵、司州的随郡等地的军事、辅国将军，任雍州刺史。当月，齐明帝驾崩，东昏侯萧宝卷即帝位，扬州刺史始安王遥光、尚书令徐孝嗣、尚书右仆射江缅、右将军萧坦之、侍中江祀、卫尉刘暄轮番执政，各自批阅颁发诏令。萧衍听说后，便对其从舅张弘策说："政出多门，这是大乱的根源啊！《诗经》上说'一国有三

🌀 梁武帝萧衍像

萧衍（464～549），梁武帝，南朝梁的建立者。字叔达，小名练儿。南兰陵郡人，出生在秣陵（南京）。曾任雍州刺史，举兵攻克建康，平定齐内乱，被封为梁王。齐中兴二年（502），齐和帝禅位于萧衍。即帝位，国号梁，是为梁武帝。在位四十八年，国家在政治、经济、军事、文化各方面都有发展。同时，萧衍才华横溢，是书法家、书法理论家。

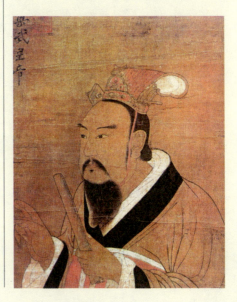

 南京灵谷寺山门

原名开善寺，南朝梁天监十三年（514）梁武帝萧衍为葬其师宝志和尚所建。

主，我跟从哪个好呢？'何况现在有六个，这怎么能行呢！要是形成猜疑发生间隙，便相互诛杀消灭异己，现在躲避祸乱只有您这个地方。时常以仁义行事，便可轻易成为'西伯侯'。但几个弟弟都在京城，恐怕遭受世乱之祸，必须和益州王图谋这件事。"

当时萧衍的大哥萧懿辞去益州的任职回来，仍然任郢州（今湖北武汉市武昌）刺史，萧衍便让张弘策前往郢州，劝萧懿为起兵早作准备。萧懿听了后脸色大变，心里不以为然。张弘策回来后，高祖便接弟弟萧伟和萧憺到襄阳。于是私下里制造武器工具，砍伐了竹木，沉入檀溪，以备秘密建造船只。

齐东昏侯永元二年（500）冬，萧懿被赐毒酒杀害。消息传到，萧衍便秘密地召集长史王茂、中兵吕僧珍、别驾柳庆远、功曹史吉士瞻等策划谋反。收集将士一万多人，马千余匹，船三千艘，捞出原来沉放在檀溪的竹木造船。

起初，东昏侯任刘山阳为巴西郡（今四川绵阳市）太守，配备精兵三千，让他路过荆州（今湖北荆州市）随萧颖胄袭击襄阳。萧衍知道这一阴谋后，用计迫使萧颖胄诱杀了刘山阳，将他的人头送给萧衍，并以南康王的名义联络起事。

【诛灭暴君】

三年（501）二月，南康王萧宝融自任相国，任命萧衍为征东将军。十三日，萧衍自襄阳出发，并向京城发布檄文，宣告起义。檄文主要内容是痛斥东昏侯萧宝卷的荒淫无道，任用小人，残害忠良，使百姓深受其苦，国家处在崩溃的边缘，并拥戴南康王萧宝融继承帝业。此外，对各路将领的任命、水陆大军的进军路线也有部署。

随后，萧衍到竟陵（今湖北钟祥市），命令长史王茂和太守曹景宗为前军，中兵参军张法安驻竟陵城。王茂等到汉口，轻兵渡过长江，逼近郢城。随即与赶来围剿的官兵展开激战。

三月十一日，南康王在江陵（今湖北江陵县）即帝位，将永元三年改称为中兴元年，遥废东昏侯为涪陵王。任萧衍为尚书左仆射，加封征东大将军、都督征讨诸军事，手握黄钺。

四月，萧衍出师沔阳（即汉水），命令王茂、萧颖达等进兵逼近郢城（今湖北武汉市武昌）。六七月间，在加湖之战大败官军，兵围郢城，鲁山（今湖北武汉市汉水南岸）城主孙乐祖、郢城主程茂、薛元嗣先后归降，义军一路席卷长江流域沿途的城池，西阳、武昌闻风披靡。到九月，义军先头部队到达芜湖，南豫州刺史申胄丢弃姑孰（今安徽当涂县）逃走，义军进据，派遣曹景宗、萧颖达率领骑兵、步兵进驻江宁。东昏侯派遣的部队不是被义军击溃就是缴械投降。到十月，经一番激战，义军将石头、白下等地的守军击败，兵临建康城下。二十一日，萧衍镇守石头城，命令各路大军包围建康（今江苏南京）六个城门，东昏侯负隅顽抗，手下将领则纷纷出降。十二月初六，兼卫尉张稷、北徐州刺史王珍国杀死了东昏侯，将他的人头送给义军。萧衍命令吕僧珍统率大军封锁府库及图书秘籍，收东昏侯的妃子潘妃及凶党王咺之等四十一位属官，加以斩杀。宣德皇后下令废涪陵王为东昏侯，依照汉朝海昏侯旧例。授萧衍中书监、都督扬州、南徐州两州的军事、大司马、录尚书、骠骑大将军、扬州刺史等职，封为建安郡公，食邑万户，给班剑四十人，黄钺、侍中、征讨军事等职权一并保留。

十九日，萧衍入屯阅武堂。下令大赦天下。唯有王咺之等四十一人不在赦免之列。废除东昏帝在位期间的很多苛捐杂税和繁重徭役，并要求对诉讼不合情理及审判官拖延时间不受理的案件，仔细加以调问辩论，按实际情况上奏。又下令掩埋牺牲的战士，抚恤死者遗孀子弟。

【受禅代齐】

齐中兴二年（502）正月初九，朝廷拜萧衍为大司马，都督中外诸军事，随后又晋升为相国，总揽国家大事，兼任扬州刺史，并将梁郡、东阳等十个郡封给梁公作食邑。到二十七日，和帝又下诏晋封梁公萧衍王爵，又把永嘉等十郡增封给梁国，加上以前的辖区共二十个郡。原有的相国、扬州牧、骠骑大将军仍旧如故。

三月二十八日，齐和帝下诏，将皇位禅让给梁王萧衍。四月初八，萧衍在南郊即皇帝位。筑起土台，在台上燃烧薪柴，祭告天神。登基后下诏大赦天下，将齐朝中兴二年改为天监

99

元年（502）。封齐和帝为巴陵王，将整个巴陵郡作为食邑，沿用皇帝专用的旗帜、车马。仍可用齐代的历法，祭祀礼仪、乐器制度仍沿用齐朝的典章，齐宣德皇后改称齐文帝妃，齐后王氏改称巴陵王妃。四月初十，巴陵王在姑孰（今安徽省当涂县）暴死，追加谥号为齐和帝，丧葬后事按旧时惯例办理。

【舍身事佛】

梁武帝在位的四十多年间，常派人到各地采集民间歌谣，巡视各地，以便从中了解民风民俗，察看诸侯所守地方的施政得失。带头提倡节俭，试图移风易俗。还不断下诏大赦天下，减轻赋税徭役，减免严刑酷法，允许罪犯出钱赎罪，因此政治上相对来说还比较清明。

这期间，梁与北朝连年交战，互有胜负，特别是利用东魏政权内部的权力争斗，数度北伐，甚至几次派兵护送南逃的魏宗室北返即位，可惜都功亏一篑。

梁武帝中晚期开始笃信佛教。普通八年（527）三月初八，萧衍来到同泰寺，第一次宣布放弃皇位，舍身事佛。三天后还宫，大赦天下，改元"大通"。大通三年（529）秋九月十五日，武帝再到同泰寺，设四部无遮大会，再次舍身事佛，公卿以下百官以一亿万钱前往赎身。直到冬十月初一武帝才回宫，大赦，改元"中大通"。此后，武帝又数度来到同泰寺，亲自升法座，

为四部众说《大般若涅槃经》等经义。太清元年（547）三月初三，武帝又来到同泰寺，设无遮大会，又要舍身事佛，这次公卿等又以一亿万钱才将其赎回。

【侯景之乱】

太清元年（547）夏四月十三日，东魏司徒侯景请求以豫州（今河南汝南县）、广州（今河南鲁山县）、颍州（今河南长葛县）、洛州（今河南洛阳）、阳州（今河南宜阳市）、西扬州（今河南沈丘县）、东荆州（今河南泌阳县）、北荆（今河南嵩县）、襄州（今河南方城县）、东豫州（今河南息县）、南兖（今安徽亳州市）、西兖（今山东曹县西北）、济州（今山东茌平县西南）等十三州内属。十六日，任侯景为大将军，封河南王，承旨从权为大行台，一如邓禹旧例。八月二十四日，又令其总领行台尚书事。

太清二年正月二十三日，任命北征失败的大将军侯景为南豫州（今安徽寿县）刺史。当时，梁与东魏休战讲和，侯景恐惧，伪造了一封东魏"密信"，假称要以俘虏的梁将萧渊明交换侯景，高祖君臣商讨，竟然同意，侯景反心遂定。

秋八月初十，侯景举兵反叛，接连攻打马头、木栅、荆山等戍。十六日，以安前将军、开府仪同三司、邵陵王萧纶统率众军讨伐侯景。

冬十月，侯景袭击谯州（今安徽滁州市），俘获刺史萧泰。二十日，

进兵攻历阳（今安徽和县），太守庄铁降。二十二日，侯景自横江渡至采石（今安徽马鞍山市西南）。二十四日，叛军至京师，临贺王萧正德率众附从贼军。

十一月初四，侯景军攻陷东府城，杀南浦侯萧推、中军司马杨暾。二十三日，邵陵王萧纶率武州刺史萧弄璋、前谯州刺史赵伯超等入援京师，屯驻于钟山爱敬寺。二十八日，萧纶进军湖头，与叛军作战，失败。二十九日，安北将军、鄱阳王萧范遣嫡长子萧嗣、雄信将军裴之高等率众入援，驻扎于张公洲。

十二月三十日，司州刺史柳仲礼、前衡州刺史韦粲、高州刺史李迁仕、前司州刺史羊鸦仁等均率军入援，推举柳仲礼为大都督。

太清三年（549）春正月初一，柳仲礼率众分营据守南岸。同日，叛军于青塘渡兵，袭破韦粲军营，韦粲拒战身死。初四，邵陵王萧纶、东扬州刺史、临成公萧大连等率兵会集于南岸。十二日，高州刺史李迁仕、天门太守樊文皎进军青溪东，为叛军所败，文皎战死。

三月初三，前司州刺史羊鸦仁等进军东府北，与叛军作战，大败。十二日，叛军攻陷宫城，纵兵大肆抢掠。十四日，侯景矫诏遣石城公萧大款撤去城外援军。十五日，侯景自命为都督中外诸军事、大丞相、录尚书。十六日，援军各自退却散去。

🌀 刺绣佛像供养人

刺绣残长49.4厘米、宽29.5厘米，发现于敦煌莫高窟第125窟和126窟间缝处。保留下来的主要是佛像下的供养人像，由右向左排列，共有四女一男，身着绣有图案的长衣，身前有人名榜题。为目前发现年代最早的满地绣佛像。

🔴 梁武帝修陵前仅存的天禄

　　夏四月二十四日，武帝因所求食物得不到供应，忧愤成疾。五月初三，病逝于净居殿，终年八十六岁。

【博学天子】

　　萧衍生来就非常孝顺，父母去世时都悲痛欲绝。后来身居帝位，便于各处建寺殿祭拜，悲哀之状令左右十分感动。加以才德圣明，所擅之事能精研穷究，少时便潜心学问，精通儒、道二学。即使是日理万机、事务繁多之时，仍是手不释卷，燃烛点灯，每每熬至五更。作《制旨孝经义》《周易讲疏》及六十四卦、二《系》《文

言》《序卦》等疏义，《乐社义》《毛诗答问》《春秋答问》《尚书大义》《中庸讲疏》《孔子正言》《老子讲疏》，总计二百余卷。且指正先儒迷惑不解之处，阐发先圣文句之大义。王侯朝臣均上表请求答疑，他一一加以解释。整修装饰国学，增加生员，建立五馆，设置《五经》博士。天监初年，令何佟之、贺蠩、严植之、明山宾等为制旨作详解，并撰吉凶军宾嘉五礼共一千余卷，高祖下诏为之决疑。于是人人端庄恭敬，温顺和善，家家都知道礼节。大同年间，于台西设立士林馆，领军朱异、太府卿贺琛、舍人孔子祛等先后入馆讲述。皇太子、宣城王也在东宫宣猷堂及扬州廨开讲席，

于是四方郡国，好学之人，云集于京师。加以忠实地信仰释迦正法，尤其长于佛典，作《涅槃》《大品》《净名》《三慧》诸经义记，又数百卷。听政之闲，便于重云殿及同泰寺讲说，名僧、博学之辈，比丘、比丘尼、优婆塞、化婆夷四部听众，每每万余人。又作《通史》，亲自作赞与序，共六百卷。天性睿智聪明，下笔成文，即使是千篇赋百首诗，文不加点，一书而就，都是文质彬彬，超越今古。从诏铭赞诔到箴颂笺奏，从在郡之日到登帝位之时，各种文集，又有一百二十卷。礼乐书数射御六艺均十分娴熟，棋艺到了炉火纯青的地步，于阴阳、谶纬、预测之学，占卜之术，无一不精。又撰《金策》三十卷。草书、隶书、文章、骑马、射箭无不精通。勤于政事，孜孜不倦。每至冬日，四更过后，便敕令下人点烛继续视事，执笔时遭遇寒气，手被冻裂。惩治奸人，揭露险恶，洞察物理人情，经常哀怜流涕，然后同意其奏请。每日只食一餐，膳食中没有鱼肉，只有豆羹粗食而已。政务繁多，如果到了中午，便喝口水继续理政。身上穿着布衣，以木棉布作成黑色粗质帷帐，一顶帽子用三年，一床被子用两年。平常所行节俭之事，如上者举不胜举。五十开外便断绝房事。后宫职司自贵妃以下，六宫除祭服、礼服、祭服三翟之外，都是衣不曳地，衣袖也不用锦绮。不饮酒，不听音乐，只要不是宗庙祭祀，大宴宾客及各种法事，不曾奏乐。生性方正，

虽居小殿暗室，也总是衣冠整齐，闲坐时也把腰挺得笔直，盛夏酷暑，从不曾袒胸敞怀。仪表不整洁时从不与人相见；与内侍小臣相见，也像对待贵宾一样。纵观历代君主，温良恭俭，庄严肃穆，博学多艺者，少有像梁高祖这样的。

论赞

史臣曰：齐末天命已绝，君主昏庸暴虐，天怒人怨，众叛亲离。高祖萧衍英武睿智，于樊城、邓城起兵，高举义旗，建立国号，诛灭暴君，清除小人，万民敬仰，于是登上帝业，招贤纳士，振兴文学，修举郊祀，重治五礼，定制六律，接受四方信息，日理万机，功成名就，远近安宁。加上天地祥瑞，频繁出现。征收赋税的地方，文件车轨随到之处，向南超过万里，向西开拓五千里。其中各国各族的珍奇异宝，无不充满王府，贡献朝廷。在位三四十年，文教昌盛，自魏晋以来，空前绝后。但晚年时将政务托付宠臣，他们擅作威福，树立朋党，政以贿成，导致朝政混乱，赏罚不明。真如贾谊所言："值得痛哭感叹啊！"最后，这一切致使犯有滔天之罪的异族贼寇侯景有可乘之机，攻入京城，扰乱宫室，皇帝受辱，生灵涂炭。天道为何如此残酷？即使是国运已尽，恐怕也是人事使然吧！

白话精编二十四史 第四卷

简文帝本纪

梁 太宗简文帝萧纲（503～551）是南北朝时最有才情的君主之一和"宫体诗"的创始人，他继昭明太子萧统之后，被立为梁国皇储，本应有机会成为一代明君，可惜即位时身处"侯景之乱"的阴影下，在位两年，实为任人摆布的傀儡，最终不但被迫禅位，还丢了性命。难怪史官连呼"可悲可叹"啊！

【继任皇储】

梁太宗简文皇帝名叫萧纲，字世缵，小名"六通"，是高祖萧衍的第三个儿子、昭明太子萧统的同母弟。武帝天监二年（503）十月二十八日，萧纲出生在显阳殿。天监五年（506），受封晋安王，食邑八千户。天监八年（509）任云麾将军，领石头戍军事，适当设置了辅佐官吏。天监九年（510），升任使持节，都督南、北兖州（今安徽省亳州市和山东曹县西北）、青（今江苏扬州）、徐（今江苏镇江）、冀五州诸军事、宣毅将军、南兖州刺史。天监十二年（513），入任惠将军、丹阳尹。天监十三年（514），出任使持节，都督荆（今湖北荆州）、雍（今湖北襄樊）、梁（今四川剑阁普安）、南北秦（今甘肃天水秦州区）、益（今四川）、宁（今云南）七州诸军事、南蛮校尉、荆州刺史，将军仍旧。天监十四年（515），调任都督江州诸军事、云麾将军、江州（今江西九江）刺史，持节仍旧。天监十七年（518），征召为西中郎将，领石头戍军事，不久又任宣惠将军、丹阳尹，加侍中。普通元年（520），出任使持节、都督益、宁、雍、梁、南北秦、沙（今甘肃敦煌）七州诸军、益州刺史，还没有上任，即改授云麾将军、南徐州刺史。普通四年（523），调任使持节、都督雍、梁、南、北秦四州以及郢州竟陵、司州随郡诸军事、平西将军、宁蛮校尉、雍州刺史。普通五年（524），晋号安北将军。普通七年（526），代理都督荆、益、南梁三州诸军事。这年，为死去的生母穆贵嫔服丧，上表请求解职，武帝令其仍任本职。中大通元年（529），下诏依照先例赐予其鼓吹乐一部。中大通二年（530），征召他为都督南扬、徐二州诸军事、骠骑将军、扬州刺史。中大通三年（531）四月六日，昭明太子萧统去世。五月二十八日，武帝下诏："不能大公无私就无法主宰天下，不能博爱众生就不能君临四海。因此，尧、舜禅让，都依据德行选择；文王舍弃伯邑考而立武王为嗣，流传古今，光照四方。如今太子去世，国运艰难，淳朴之风虽依然浓郁，百姓却无人治理，如果不是既贤明又有才学，文武兼备之人，怎能够担当得起国家的重任啊！晋安王萧纲，文章道德天生知晓，孝顺恭敬出于自然，威望、恩惠宣扬于外，德行、机敏蕴含于内，宗室百官归心赞美，天下百姓齐心拥戴。可以立为皇太子。"七月七日，到平台正式册立，因修缮东宫，暂时居住在东府。中大通四年（532）九月，移回东宫。

【傀儡皇帝】

太清三年（549）五月二日，梁高祖武帝萧衍驾崩。二十八日，萧纲即皇帝位。下诏说："朕因命运不济，遭遇凶丧。大行皇帝突然丢下国家，使我痛苦万分，不能自持。我德行浅薄，却越居万民之上，孤单内疚，不知所托，正仰赖忠臣辅佐，使国家得以安定。谨遵照先帝遗旨，顾念他留下的恩惠，施行于百姓，可大赦天下。"二十九日，下诏："培育万物应宽松，治理人民只有施加恩惠，道德显著则王业可兴，而绝非奴役人民。有的开疆扩土以奉献朝廷，以致被捕当

了俘虏；有的在边疆生活，无辜被抄劫。两国争斗，黎民百姓何罪之有！朕孤陋寡闻，继承大业，既然临朝治国，教化天下，怎能单让他们变成匪徒呢！各州内居住的北方人有做奴婢的，包括他们的妻、儿，全部释放。"三十日，给王妃追加谥号为"简皇后"。

六月二日，任南康嗣王萧会理为司空。三日，立宣城王萧大器为皇太子。八日，封当阳公萧大心为浔阳郡王，石城公萧大款为江夏郡王，宁国公萧大临为南海郡王，临城公萧大连为南郡王，西丰公萧大春为安陆郡王，新淦公萧大成为山阳郡王，临湘公萧大封为宜都郡王。

秋七月一日，广州刺史元景仲谋划响应侯景，西江督护陈霸先率兵攻

青瓷虎子 · 南北朝
该虎子嘴角大咧，躯身弧线优美流畅，粗尾上扬弯曲成提梁。四足蜷伏，纹饰极简，造形颇为夸张，极具创意。

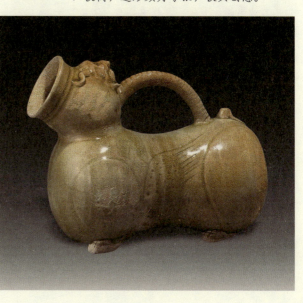

打他，元景仲兵败自杀，陈霸先迎接定州（今广西南宁市）刺史萧勃为刺史。十五日，以吴郡设置吴州（今江苏苏州市），任安陆王萧大春为刺史。十七日，任司空南康嗣王萧会理兼尚书令，南海王萧大临为扬州刺史，新兴王萧大庄为南徐州刺史。这月，九江发生大饥荒，人吃人的有十分之四五。

简文帝大宝元年（550）春正月初一日，因国哀没有举行朝会。下诏追念先祖的功德，并大赦天下，改太清四年（550）为大宝元年（550）。西魏进犯安陆（今湖北安陆市），拘捕司州刺史柳仲礼，全部攻陷汉东之地。二十三日，前江都（今江苏扬

🌀 半圆方枚神兽镜 · 南北朝

圆形，圆钮，圆钮座，外围连珠纹，主纹分为三段，但界限并不明显。上段三神人跪坐，旁边饰有羽人，中段二位神人隔钮相对，下段一神两兽。主纹外饰以十二枚半圆、方枚。方枚中各有一字："吾作明镜，□□□□"。外缘饰云纹。纹饰精美，黑漆古，有裂。

州市）令祖皓起义，袭击广陵，杀贼南兖州刺史董绍先。侯景亲自率领水步军攻打祖皓。二月三日，侯景攻陷广陵（今扬州市），祖皓等均被杀害。六日，任安陆王萧大春为东扬州刺史。察看吴州，像先前一样仍改为郡。下诏："近来国境东面侵扰纷乱，江阳荡动不安，宰相运筹谋划，勇士精神奋发，肃清吴（今江苏苏州市）、会（今浙江绍兴市）、安定济（今山东济宁市）、兖（今山东兖州市），京城内外，无兵戈之扰。朝廷达官，斋内左右，均可解除戒严令。"二十五日，任尚书仆射王克为左仆射。这月，邵陵王萧纶从浔阳（今江西九江）到达夏口（今湖北武汉市武昌），郢州刺史南平王萧恪将郢州转让给邵陵王萧纶。二十六日，侯景逼迫太宗巡幸西州（今江苏南京市西）。

秋七月二十日，叛军行台任约进犯江州（今江西九江市），刺史浔阳王萧大心向任约投降。八月十七日，湘东王萧绎派遣领军将军王僧辩率兵迫近郢州（今湖北鄂州）。乙亥，侯景自封相国，并封二十郡为汉王。邵陵王萧纶放弃郢州逃跑。冬十月十九日，侯景又逼迫简文帝巡幸西州（今江苏南京市西），并私自宴请，自封宇宙大将军、都督六合诸军事。立皇子萧大钧为西阳郡王，萧大威为武宁郡王，萧大球为建安郡王，萧大昕为义安郡王，萧大挚为绥建郡王，萧大圆为乐梁郡王。二十六日，侯景杀害南康嗣王萧会理。十一月，任约进据

西阳（今湖北黄冈市东），分兵进犯齐昌（今广东兴宁县），拘捕衡阳王萧献，押送到京城，杀害了他。湘东王萧绎派遣宁州刺史徐文盛统率大军抵抗任约。南郡王前中兵张彪在会稽若邪山起义，攻破浙东各县。

大宝二年（551）三月，侯景亲自率兵向西进犯。三日，从京城出发，从石头到新林，船头和船尾相互连接。

四月，到达西阳。乙亥，侯景分别派遣伪将宋子仙、任约袭击郢州。二十一日，侯景进犯巴陵（今湖南岳阳县），湘东王萧绎派遣的领军将军王僧辩连续作战，未能取胜。五月十一日，湘东王萧绎派遣游击将军胡僧祐、信州刺史陆法和增援巴陵，侯景派遣任约率军抵抗增援军队。六月二日，胡僧祐等攻破任约的防线，擒获任约。三日，侯景突出重围，深夜逃跑，王僧辩率兵围追侯景。十八日，攻克鲁山城，俘获魏司徒张化仁、仪同门洪庆。十九日，进围并攻克郢州（今湖北武汉市武昌），俘获贼帅宋子仙等。鄱阳王旧将侯瑱起兵，在豫章（今江西南昌一带）袭击伪仪同于庆，于庆兵败逃跑。

秋七月十六日，侯景返抵京城。三十日，王僧辩驻军溢城（今江西瑞昌市内），行江州（今江西九江市）事范希荣弃城而逃。

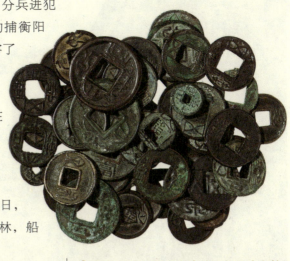

🪙 **两汉至南北朝时期古钱一组四十七枚**

包括："五铢"二十五枚，"货泉"五枚，"常平五铢"、"大泉当千"各三枚，"大泉五百"、"小泉直一"各二枚，"直百五铢"、"大泉五十"、"太货六铢"、"永安五铢"、"布泉"、"凿边五铢"、"太平百钱"各一枚。

【禅位惨死】

八月五日，晋熙人王僧振、郑宠起兵袭击郡城，伪晋州（今山西运城新绛县西南十里）刺史夏侯威生、仪同任延逃跑。十七日，侯景派遣卫尉卿彭俊、厢公王僧贵率兵进入宫殿，废黜简文帝萧纲为晋安王，囚禁在永福省。杀害皇太子萧大器、浔阳王萧大心、西阳王萧大钧、武宁王萧大威、建平王萧大球、义安王萧大昕以及浔阳王诸儿二十人。假传简文帝诏令，禅位给豫章嗣王萧栋，对全国实行大赦，改换年号。随后，侯景派人在吴郡（今江苏苏州）杀害南海王萧大临，在姑孰（今安徽当涂县）杀害南郡王

白话精编二十四史

第四卷

萧大连,在会稽(今浙江绍兴市)杀害安陆王萧大春,在京口(今江苏镇江市)杀害新兴王萧大庄。

冬十月二日,简文帝萧纲对亲信殷不害说:"我昨天晚上梦见自己在咽土,卿试着替我解释解释。"殷不害说:"过去重耳接受赠送的土块,最终回到晋国。陛下您所梦见的,正是这种吉祥的符瑞呀。"王伟等人给萧纲敬酒说:"丞相因陛下忧愤已久,使臣奉酒祝寿奉。"萧纲笑道:"寿酒,是否我寿尽于此!"于是一齐送上美酒佳肴、曲项琵琶,与萧纲饮酒。萧纲自知难免一死,于是喝得大醉,说:"想不到醉酒的乐趣竟能到达这种境地啊!"酒醉后睡觉,王伟、彭俊把装满土的口袋压在他身上,王脩纂坐在口袋上面,这样,简文帝就在永福省驾崩,时年四十九岁。贼伪追谥他为"明皇帝",庙号"高宗"。大宝三年(552)三月二十一日,王僧辩率领前百官奉梓宫升朝堂,世祖追崇为"简文皇帝",庙号"太宗"。四月二十九日,安葬在庄陵。

简文帝被囚禁之初,曾在墙壁上题写文章以自述生平,他写道："梁朝的正直之士兰陵（今江苏武进县）萧世缵，以身作则，行使道义，始终如一。外面风雨飘摇，动荡不安，纷争不断，鸡犬不宁。不敢欺侮幽居暗室之人，更何况在日、月、星辰的照耀之下呢！气数既然到了这种地步，命运又将如何！"又写下了题为《连珠》的诗二首，文辞极为悲伤凄凉。

【文学天子】

简文帝萧纲自幼机敏睿智，见识和领悟力都超过常人，六岁时便能作文，高祖萧衍惊叹他的早熟，不能相信这是他的作品，于是把他召到面前亲自测试，萧纲的诗文果真文辞、风采极其优美。高祖感叹道："这孩子就是我家的东阿啊！"长大成人后，萧纲胸怀宽广、气度宏大，从不轻易表露自己的喜怒哀乐。面颊方正，下巴饱满，胡子鬓角和头发都如画的一般，侧目看人就让人觉得目光如燃烧的蜡烛般耀眼。读书一目十行。三教九流诸子百家的文章思想，都能过目不忘；撰写文章辞赋，提起笔来，一挥而就。博览儒家群书，长于谈论玄理。自十一岁起，便能亲自处理国家的各种政务，多次尝试着处理对外事务，均受到称赞。为生母穆贵嫔服丧期间，因悲哀过度而日渐消瘦，整夜痛哭流涕之声不绝，所坐过的席子，因泪水浸湿而全部朽烂。在襄阳上奏北伐，派遣长史柳津、司马董当

门、壮武将军杜怀宝、振远将军曹义宗等几支军队前往讨伐，平定南阳（今河南南阳市）、新野（今河南南阳市新野县）等郡，魏南荆州刺史李志盘踞安昌城（今浙江绍兴市安昌镇）投降，扩张领土一千多里。等到继任太子、监国抚军时，多有宽容宏大的举动，处理的文案簿书，丝毫不被欺骗。吸引、招纳文学之士，赏识、接待没有厌倦，经常讨论名篇名著，并写出大量文章。梁高祖所撰的《五经讲疏》，他曾在玄圃奉命讲解，听众遍及朝野。他有写诗的雅好，曾在序文中写道："我七岁开始有了写诗的嗜好，长大后也从未懈怠。"然而他的诗歌创作因过于轻浮而有所缺憾，当时号称"宫体"。萧纲著有《昭明太子传》五卷、《诸王传》三十卷、《礼大义》二十卷、《老子义》二十卷、《庄子义》二十卷、《长春义记》一百卷、《法宝连璧》三百卷，全都流传于世。

论赞

史臣曰：太宗自幼聪明睿智，声名远播，才华横溢，超越古今。文章则时常过于轻浮华丽，不为君子所推崇。入主东宫后，中外知名，继承帝位后，确实有人君风范。本应仿效"文景之治"，却命运不济，受制于贼臣，无法施展，最终遭遇晋怀帝、愍帝那样的悲惨结局，真是可悲可叹啊！

韦叡列传

韦叡（442～520）是南朝名将，才智过人，用兵如神。南齐末年，他投入萧衍麾下，为其创建帝业立下汗马功劳。梁朝建立后，韦叡数度北伐，在合肥之战、邵阳之战中以少胜多，大败魏军。功成名就后，小心谨慎，遇事忍让，得以安度晚年，寿终正寝。

▶【初露锋芒】

韦叡字怀文，京兆杜陵（今陕西西安东南）人。自汉代韦贤为相以来，家族世代在三辅地区（今陕西中部）都是名声显赫。祖父韦玄，为避免为官而隐居于长安南山（终南山）。宋武帝入关后，征召他做太尉椽，未就任。伯父韦祖征，宋末任光禄勋。父亲韦祖归，曾做宁远长史。韦叡因孝敬继母而以孝闻名于世。韦叡的兄长韦纂、韦阐，很早就出名。韦纂、韦叡都勤奋好学，韦阐有节操。韦祖征数次担任郡守之职，每次都携带韦叡去就任，视他为己出。那时韦叡的内兄王憕、姨弟杜恽，都同时在乡里享有盛名。韦祖征对韦叡说："你认为自己和王憕、杜恽相比如何？"韦叡谦恭不敢答。韦祖征说："你做文章可能稍稍逊色，学识应当是超过他们；然而说到治国齐家，建功立业，他们都比你差远了。"表兄杜幼文去做梁州（治在今四川剑阁普安）刺史，邀韦叡一同前往。梁州地方富庶，到这

儿做官的人多因受贿而身败名裂，韦叡虽年轻，却独因清廉而闻名。

宋永光初年，袁顗做雍州（今湖北襄阳）刺史，见到他后惊于他的才智，推引他任主簿。袁顗抵达雍州后，与邓琬举兵反叛，韦叡请求去义成郡（今湖北均县南）任职，因而避免了这场灾祸。后为晋平王左常侍，调任司空桂阳王行参军，随齐朝司空柳世隆守卫郢城（今湖北武汉），对抗荆州（今湖北江陵）刺史沈攸之。平定沈攸之后，升迁为前军中兵参军。一段时间之后，任广德令。数次升迁，依次做过齐兴（今湖北钟祥北）太守、本州别驾、长水校尉、右军将军。

▶【投奔梁武】

齐朝末年，多发战事，韦叡不愿远离故乡，请求担任上庸（今湖北竹山西南）太守之职，加任建威将军。不久以后太尉陈显达、护军将军崔慧景频频进犯京都建邺（今江苏南京），民心惊惶不安。西土之人同韦叡商量

此事。韦叡说："虽然陈显达曾经是将军，但并不是高明的人才；崔慧景经历较丰富，但性格怯懦做事不果断。能一统天下的真正强者，大概会出现在我州。"于是就派遣他的两个儿子，去和后来的梁武帝萧衍结交。

等义军起事的檄文到达之后，韦叡率领本郡的人砍竹做成筏子，日夜兼程前往奔赴，有二千民众、二百匹马。武帝见到韦叡后心中大悦，敲着桌子说："以前只见到你的人，现在见到你的真心，我的事业离成功不远了。"军队攻克郢、鲁，平定加湖（今湖北武汉周边）。韦叡多次提建议出计策，都被采用。大军从郢城出发，商议留守将领的问题，武帝难以抉择用谁留守，过了许久，回头看着韦叡说："放着千里马而不用，还慌慌张张找其他的！"当天就任他为冠军将军、江夏太守，处理郢州府政事。当初，郢城固守城池抗拒大军进入，男女将近十余万人，关闭城门一年多，十之七八的人因瘟疫死去，都把尸体堆积在床下，而活着的还睡在他们上面，每间屋子都堆得满满的。韦叡清查人口并对死者家属加以抚恤，都给予照顾，因此死者得以安葬，生者重返旧业，百姓因此而有了依靠。

梁政权建立后，韦叡被征召为大理。高祖即位，升迁为廷尉，封都梁子，食邑三百户。天监二年（503），又被封到永昌（今云南省保山），食邑依旧。立太子后，为太子右卫率，出任辅国将军、豫州刺史，兼任历阳（今安徽和县）太守。三年（504），北魏派大军进犯，韦叡率州士兵将他们击退。

【合肥之战】

天监四年（505），梁北伐攻魏，武帝诏令韦叡总领众军。韦叡派长史王超宗、梁郡太守冯道根攻打魏国的小岘城（今安徽含山县北），未能成功。韦叡在围栅四周巡行，魏军城中忽然

⬤ 青釉盘口壶·南北朝
盘口、束颈、鼓腹，器表施青釉。胎釉结合不甚紧密，开片密布，胎色灰白，结构坚密，火候高，硬度大，叩之有金石声。

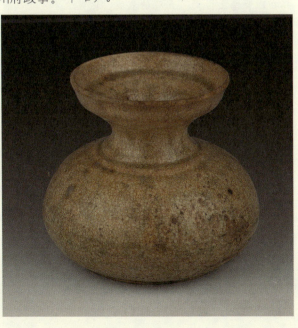

⚫ 观音菩萨立像·南北朝

观音菩萨以其大悲大慈救苦难而受到中国人的普遍供祀，佛教中所说的美妙境界在观音像上得到了直观的表现。这尊观音菩萨的身材面部丰润，带着超然的微笑，这种造型充分地把佛像审美化。

冲出数百人列阵在城外，韦叡准备进攻他们。诸将都说："这次我们是轻装而来，还是退回去穿上战甲后，再来和他们战斗。"韦叡说："不是这样。魏军城中有二千余人，闭门固守，完全可以自保，现在无缘无故派人跑到外面来，必定是他们中的骁勇善战者，若能击败他们，其城就不攻自破。"各位将领还是犹豫不决。韦叡指着自己的符节说："朝廷授予此物，并不是装饰用的，我下的命令，不可违逆。"于是出兵攻打。将士都殊死作战，魏军被打败，乘机加紧攻城，到半夜就攻陷城池。于是进军攻打合肥。

起先，右军司马胡景略到达合肥（今安徽合肥），久未攻下，韦叡巡视当地的山脉河流，说："我听说'汾水可以灌入平阳，绛水可能灌入安邑'，就是指这种情况吧。"于是在肥水（今安徽寿县东南）拦河筑坝，亲自表率，不久，河坝筑成形成水道，战船相继而来。当初魏军在东西两边各筑一小城，把合肥夹在中间，韦叡先进攻这两个小城。不久以后，魏援将杨灵胤就忽然率领五万大军到达此地，众将士害怕敌不过他，请求上表朝廷增加兵力，韦叡说："贼兵已到达城下，这才请求增加兵力。临难才铸兵器，还不如用马腹。况且我们请求援助，敌军也一样可以，'军队能够打胜仗在于团结不在于人多'，是前人总结的道理。"于是双方开战，大破敌军，将士们稍为安稳。

当时，肥水堰筑成，命军主王怀静在岸边筑城以守卫它，魏军攻陷怀静城，千余人战死。魏军乘胜抵达韦叡修的河堤下，来势凶猛，军监潘临祐劝其暂时退还巢湖，诸将领又请求退保三叉。韦叡大怒说："岂有此理！将军只有死战，向前进攻，不能后退逃跑。"因此命人取来伞扇军旗，立在堤下，以示其毫无退缩之意。韦叡身体羸弱，每次打仗都不骑马，而是乘坐板舆，督导鼓励众军作战。魏兵前来破坏河堤，韦叡亲自参加战斗，魏军稍一退却，便趁机在堤上筑垒以加固防守。韦叡所用战船和合肥城一样高，从四面围困合肥城。魏人无计可施，抱头痛哭。韦叡各项工作已就绪准备进攻，堰水也蓄满了，魏的救兵已起不到作用。魏军守将杜元伦在城墙上指挥战斗，中箭身亡，于是合肥城被攻破。获俘虏万余人，牛马数以万计，绢堆满十间屋，全都充公赏军。

韦叡经常在白天接待客人，晚上筹划军务，三更就起床点灯一直到天明，安抚他的部众，常害怕不够周到、及时，故投募之士都抢着归顺他。所到之处居住的住所，房舍的篱笆、墙壁，都是按照标准建成的。

合肥既已平定，皇帝诏令众军进入东陵（在今河南固始、商城间），此地距魏甓城二十里，将要作战，有诏令命班师回朝。离敌军太近，害怕被他们跟踪。韦叡就把全部辎重物品放在队伍前面走，自己则乘坐小舆在队伍最后面，魏人畏服于韦叡的威名，只能远远望着不敢逼近，全军安全返回。至此豫州刺史的治所迁到合肥。

【邵阳之战】

天监五年（506），魏中山王元英进攻北徐州（今江苏境内），在钟离（今安徽凤阳）把刺史昌义之围困住，所率士兵达百万，连接四十余座城池。

武帝派征北将军曹景宗，领兵二十万反击他们。军队到达邵阳洲（今安徽凤阳县东北），筑垒防守，高祖派韦叡率豫州兵众去和他会合。韦叡率军从合肥抄小道经阴陵（今安徽合肥市东北）大泽前行，经过涧谷，就架桥通过。将士因魏军强盛而畏惧，大都劝韦叡缓行。韦叡说："钟离城内的人现在凿洞而居，依户取水，即使车驰人奔，还担心来不及，更何况缓行！"十天就到达邵阳。当时，高祖下敕对景宗说："韦叡是你乡声望较高的人，你应该善待尊敬他。"景宗见到韦叡后，对他十分恭谨。高祖闻说后，说："二将团结，军队必定成功。"

韦叡在景宗营前二十里，连夜挖长壕，树立鹿角，拦洲建城，在拂晓时营区建成。元英大吃一惊，以杖击地说："是何方神圣！"第二天早晨，元英亲率大军来战，韦叡乘坐素木舆，手执白角如意指挥作战，一日之内作战数回合，元英非常恐惧他们的强大。魏军再次夜里来攻城，飞箭如雨一般密集，韦叡之子韦黯请他下城躲避飞箭，韦叡不许。士兵惊恐，韦叡在城上厉声呵斥才得以安定。

魏人先前在邵阳洲两岸建成两座桥，数百步立一栅栏，作为跨占淮水通道。韦叡装备大船，命梁郡（今安徽砀山一带）太守冯道根、庐江太守裴邃、秦郡太守李文钊等为水军。正好淮水暴涨，韦叡即派他们出发，战舰竞相出发，都逼近敌垒。用小船载干草，浇上油，放去烧毁敌桥。风大

113

火烈，烟雾蔽日，敢死之士拔除栅栏砍断桥，水流漂得又快，忽然之间，桥栅尽毁。道根等人都亲身参与战斗，军人奋勇作战，喊声惊动天地，都能以一当百，魏军溃败。元英见桥被毁，脱身逃走。魏军落水溺死的人有十多万，被斩杀的也有十多万。其他弃甲投降乞做俘虏的，也有数十万。所缴获的军用物资，不计其数。韦叡遣人向昌义之报告，义之悲喜交加，顾不上答话，只大叫道："重生！重生！"高祖派中书郎周舍去淮河上犒劳众军，韦叡将所缴获的物品全都堆积在军门，周舍看到后，对睿说："你这次获得的东西可与熊耳山相等。"因功加封七百户，晋爵为侯，为通直散骑常侍、右卫将军。

七年（508），调任为左卫将军，不久又为安西长史、南郡太守，秩中二千石。恰逢司州刺史马仙琕北伐还军，被魏人跟踪，三关（今河南、湖北交界处）扰动不安，皇帝下诏让韦叡率众军前去支援。韦叡抵达安陆（今湖北安陆）后，把城墙增高了二丈多，又挖掘大沟堑，建起高楼。大家颇嘲

笑他是在示弱。韦叡说："事实并非如此。作为将领当有怯时，不可逞匹夫之勇。"这时，元英再次前来追赶马仙琕，准备洗刷邵阳之耻，听到韦叡到达，于是退兵，皇帝也下诏撤军。第二年，迁信武将军、江州刺史。九年（510），征员外散骑常侍、右卫将军，累迁左卫将军、太子詹事，不久加任通直散骑常侍。十三年（514），迁智武将军、丹阳尹，因公事被免职。不久，被起用为中护军。

【功成名就】

天监十四年（515），韦叡被任命为平北将军、宁蛮校尉、雍州刺史。起初，韦叡在乡中举兵起事，宾客阴僬光流泪劝阻他，韦叡回来作州刺史，僬光在路边等候他，韦叡笑着对他说："如果当初听从你的话，我现在要在路上乞讨了。"赏给他十头耕牛。韦叡对于以前的友人，一点也不吝啬，七十岁以上的士大夫，多被授予名义县令，乡亲们非常怀念他。十五年（516），韦叡上表请求辞职回家，皇帝下诏不许。后征召为散骑常侍、护军将军，赠给鼓吹一部，入值于殿省。身居朝廷，韦叡一直是恭敬谨慎，不曾触犯任何人，武帝对他礼敬有加。韦叡性情仁慈和善，抚养兄长的孤子甚于自己的

儿子。为官所得的俸禄赏赐，都分送给自己的亲朋故旧，家里没有多余的财产。后担任护军，在家待着无事可做，敬慕万石、陆贾的为人，因此把他们画在墙壁上自娱自乐。那时虽已年老，有空闲的时候还督促诸子孙的学业。第三个儿子韦棱精通经史，世人都称赞他见多识广。韦叡经常坐下和韦棱一起解说经书，有时他所解释的，韦棱都比不上。那时高祖专心于佛教，天下人都跟风信佛。韦叡素来不信佛教，身为大臣，不想随世俗之流，还是像以前一样做事。

普通元年（520）夏，调任侍中、车骑将军，因病没有接受。八月，死在家中，享年七十九岁。遗嘱令子孙薄葬，穿平时的衣服入殓。当天高祖哭得十分伤心，赐钱十万、布二百匹、东园秘器、朝服一具、衣一袭，丧葬费由官府支付，派中书舍人监护。追赠他为车骑将军、开府仪同三司。谥号曰严。

当初，邵阳一战，昌义之非常感恩于韦叡，请曹景宗与韦叡会面，并拿出二十万钱在府中玩赌博游戏。景宗掷得雉，韦叡掷得卢，快速取一子反之，说"真奇怪"，遂变为塞。当时景宗和众将领争先恐后地报捷，韦叡一人在后面，他不争强好胜的事大多如此，因此世人尤其敬重他。

【韦家子弟】

韦叡次子韦正，字敬直，最开始担任南康王行参军，不久改任中书侍郎，又出调为襄阳太守。当初，韦正与东海王僧辩是好朋友，当王僧辩担任尚书吏部郎，有了参与掌管官员选拔的大权，宾客朋友们无不倾意奉迎他，只有韦正淡然处之。等到王僧辩被贬斥罢官后，韦正反而与他更为亲近，甚至超过了从前，这种品质被时人所称颂。韦正最后官至给事黄门侍郎。

韦叡第三子韦棱，字威直，性格恬淡朴素，以书史为毕生事业。他博闻强记，当时的士人都向他请教疑难问题。韦棱最初担任安成王府行参军，不久改任治书侍御史、太子仆、光禄卿等职，著有《汉书续训》三卷。

韦叡第四子韦黯，字务直，性格刚强正直，自幼研习经史，颇有文采。最初担任太子舍人，不久改任太仆卿、南豫州刺史、太府卿等职。侯景渡江时，韦黯屯驻在六门，不久改任为都督城西面诸军事。当时侯景在城外筑起东西两座土山，城内也建起土山来对抗，太子萧纲亲自背负土石，以下官员都亲手拿着簸箕铲子参与筑土山。韦黯负责守卫西土山，日夜苦战，因功被授予轻车将军，加持节。最后他战死城中，朝廷追赠他散骑常侍、左卫将军。

论赞

陈 吏部尚书姚察曰：韦叡以上庸归附高祖义军，后在合肥、邵阳之战中，功勋卓著，却没有居功自傲，是真正的君子啊！

范云列传

在南朝宋、齐、梁之际，有一位功名、道德、才华均可为人称道的人物，那就是范云（451～503）。他自幼聪明机敏，才智过人；入仕为官后，政绩显著，守令地方则勤政爱民，以德服人；供事中央则直言劝谏，清正严明。特别是在齐、梁之际，他辅佐旧友萧衍（梁武帝）成就帝业，被后世视为卿相楷模。

【天生相才】

范云字彦龙，南乡舞阴（今河南泌阳县西）人，是东晋平北将军范汪的六世孙。范云八岁那年，在路上偶遇豫州（今河南）刺史殷琰，殷琰感觉范云与众不同，便邀请他坐下来聊天。范云风度翩翩，从容应对，旁若无人。殷琰让他作诗，他提笔就写，瞬间完成，在座的人都赞叹不已。范云曾在亲戚袁照家学习，从早到晚，从不懈怠。袁照很高兴，抚摸着他的背说："你天性聪明，又勤奋好学，将来是做卿相的材料啊！"

范云自幼聪明机敏，遇事有主见，善于写文章，熟悉各种文体，落笔千言，从不打草稿，以致当时有人怀疑他事先便构思好了。范云的父亲范抗曾担任郢府（今湖北武昌附近）参军一职，范云便跟随父亲住在府里。当时，吴兴（今浙江湖州市）人沈约、新野（今河南南阳新野县）人庾杲之与范抗同在府中就职，他们都与范云一见如故。

范云一开始任郢州西曹书佐一职，后来转任法曹行参军。不久，沈攸之起兵反叛，围攻郢城。当时范抗正担任郢府长流，便独自进城协助防务，将家眷都留在城外。范云在城外被叛军捉到，沈攸之召其谈话，声色俱厉，可范云面不改色，从容应答。沈攸之听后笑道："你真是个可爱的孩子啊，暂时回家去吧。"第二天一大早，沈攸之又招来范云，命令他进城送信。城内官军抓住范云，有人主张将其杀掉，范云说："我年迈的母亲和年幼的弟弟性命都掌握在沈攸之手里，假如我违抗他的命令不来送信，就会牵连我的亲人受害，今天我为亲人丧命，心甘情愿。"幸亏郢州长史柳世隆平素与范云交好，出面说情，才使范云免于一死。

【才德服众】

齐武帝建元初年，竟陵王萧子良

做会稽（今浙江绍兴一带）太守，当时，范云刚追随他，竟陵王还不了解范云的才能。一次，竟陵王率众登秦望山，让众人识别山石上镌刻的古文，结果无一人看得懂，唯独范云能轻易诵读，竟陵王很高兴，从此范云便成为竟陵王府最受宠信的宾客。

在萧子良身边几经迁转，范云出调为零陵郡（今湖南永州）内史，在任期间，他洁身自好，减免烦苛的政令，去除不必要的花销，使百姓得以安居乐业。后来，他又调任始兴（今广东韶关）内史。始兴郡内有很多豪强大族，如果郡守与他们关系不好，他们就谋杀郡守，或者想方设法将其赶走。郡界与蛮俚部落接壤，多有盗贼出没，前几任内史都身佩刀剑自卫。范云到始兴后，以恩德抚恤人民，撤除边境哨所，允许商贩自由过夜，郡中百姓都称赞范云神明。之后，范云虽晋升假节、建武将军、平越中郎将、广州刺史等职，但被卷入下属与当地豪族的纠纷中，受牵连被召回下狱，幸亏赶上大赦才免于刑罚。到齐东昏侯永元二年（500），范云被朝廷重新起用为国子博士。

【辅佐帝业】

起初，范云与梁武帝萧衍在齐竟陵王萧子良的官邸初次相遇，之后又曾做过邻居，萧衍很器重他。后来，当萧衍的军队打到京城时，范云正在城内。东昏侯被杀后，侍中张稷派范云带着密信出城见萧衍，萧衍便留下范云，让他参与机要政务，并授予他黄门侍郎之职，范云便和沈约一起同心协力辅佐萧衍。不久，他晋升为大司马咨议参军、兼录事。

梁朝建立后，范云升任侍中。这时梁武帝萧衍收纳了东昏侯的余妃，此事妨碍了国家政务，范云曾经进言劝诫，但未被采纳。后来范云和王茂一同来到梁武帝的寝宫，范云又劝谏道："昔日汉高祖刘邦在山东的时候，贪恋财物，喜好美女，等进入函谷关

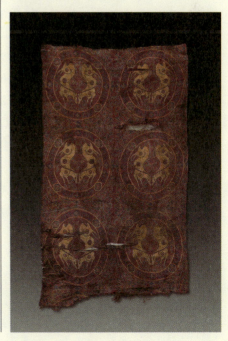

🔸 **团花双鹿纹织锦·南北朝**
织锦呈横长方形，边缘有开线。以暗红色为地，上有深蓝色缠枝纹。缠枝纹间有六个圆形双层圈。鹿的造型别致，线条流畅而夸张。肌肉矫健，道劲有力，作奔跑状。整个织锦花纹的风格与漆器图案类似，动物造型在写实与写意之间，线条规矩而不失流畅。色彩浓丽而简洁，画面丰富繁缛而有条不紊。

平定秦都咸阳后，既不聚敛钱财，又不收纳女子，范增认为这是刘邦有远大志向的缘故。如今您刚刚平定天下，海内之人都仰慕您的威名，怎能再因袭前朝昏乱的行为，让女色拖累贻误大事！"王茂也借机起身下拜道："范云说的很对，主公一定要以天下为重，不要留下隐患。"萧衍沉默不语。范云便上疏请求将余氏赐给王茂。萧衍认为这是忠贤之言，批准了范云的请求。第二天，赏赐给范云、王茂每人一百万钱。

天监元年（502），萧衍接受齐和帝禅让，是为梁武帝，随即在南郊燃火举行祭天仪式，范云以侍中身份参与其事。仪式过后，梁武帝坐上御辇，对范云说："我今天的心情，正是古人形容的如同用朽烂的缰绳驾驭六匹马一样忐忑不安啊。"范云说："我倒希望陛下一天比一天更加谨慎。"武帝对此言大为赞同，当天就晋升范云做了散骑常侍、吏部尚书，此外，范云又因辅佐武帝即位的功劳而受封霄城县侯，食邑千户。

范云因旧日与武帝的关系而得到超常提拔，升任为辅政大臣，他竭尽忠诚辅助武帝，尽其所能。武帝也推心置腹地信任他，对范云的奏请大都批准。范云曾陪侍御宴，武帝对临川王萧宏、鄱阳王萧恢说："我和范云年轻时就是好友，彼此有兄弟般的情意；如今我成了天子，这种朋友的礼节就无法再继续了，因此你们应当代替我称范云为兄。"二王即刻离席施礼，和范云一同乘车回到尚书下省，时人都为范云的恩遇感到荣耀。这一年，立东宫太子，范云以原官身份兼任太子中庶子，后升做尚书右仆射，仍兼任吏部尚书。不久，范云因违背诏令用人，被免除吏部尚书，仍保留仆射之职。

【卿相楷模】

范云性格真诚随和，侍奉寡嫂极尽礼数，家中大事小情必先咨询过嫂子才办。他崇尚气节和不同寻常的作为，特别喜欢在危难关头帮助人。年轻时与领军长史王亥交好，后来

玉辟邪·南北朝

列传

梁书

王亥死在官署中，穷无居宅，范云便把王亥尸骨运回自己家中，亲自为其办理丧事。此外，他侍奉竟陵王萧子良时，虽然受到隆重的恩惠和礼遇，但范云每次都直言陈说其功过得失，从不曲意奉承。萧子良曾经建议齐武帝派范云出任郡守。齐武帝说："范云是个平庸的人，听说他经常卖弄才学，我现在不彻底深究，只是宽贷而疏远他。"萧子良说："并非如此啊。范云经常对我规劝教诲，所写谏书我都保存下来，我这就给您取来呈上。"拿来一看，有一百多张纸，全都言辞恳切而直言不讳。齐武帝感叹不已，便对萧子良说："想不到范云是如此能人。正应让他辅助你，怎可让他外调做郡守呢？"

齐文惠太子曾经出宫到东田观看收割庄稼，回头对众宾客说："看来这收割也是很值得一看的啊。"众人都表示赞同，只有范云说："一年三季的农务，实在是很长时间的辛勤劳动。希望殿下了解到耕耘的艰难，不要只顾及一朝一夕的安乐啊。"出东田后，先前与范云并不相识的侍中萧缅，在临上车时紧握范云的手说："想不到在今天又听到了忠直之言啊！"

当范云官居吏部的时候，职责显赫而重要，书信公文堆满桌案，宾客满门，范云应对如流，从无拖延阻滞，官署文件，批答神速，时人都佩服他的聪明博学。范云性格直率，但缺少威严庄重的气势，凡是认为对或不对的，都直言表露出来，有的士大夫就

因此认为他幼稚。起初，范云做郡守时人们都称颂他的廉洁，等到做了高官，日常应酬，礼尚往来，但家里并无积蓄，得到钱财就随时分送亲友。

梁武帝天监二年（503），范云去世，时年五十三岁。梁武帝为此痛哭流涕，当天就乘车亲临范府吊唁，并颁诏书追忆他的功绩，说他气度风范忠贞正直，为国家大事深谋远虑，早年便立下大志，平常行事负有盛名。任官以来，政绩显著，经国理政，实在是公辅之臣，他正当任重道远驰骋才力，长久辅政理事的时候，忽然丧命殒逝，使人满怀悲痛。应当加官赐爵，用来作为美好的典范。可以追赠做侍中、卫将军，仆射、侯爵不变，并且赏赐鼓吹乐一部。礼部官员请加谥号为"宣"，皇帝下令改称最高级别的谥号——"文"。

范云有文集三十卷。他的儿子范孝才继承爵位，官至太子中舍人。

论赞

陈 吏部尚书姚察曰：昔日齐朝气数将尽，东昏侯暴虐无道，黎民百姓惶惶不可终日，生命危在旦夕。梁武帝高举义旗，拯救天下于崩溃边缘，志在平定海内。而希望都寄托在张良、陈平那样运筹帷幄的谋臣身上。于是，范云、沈约适时而出，参与机要，出谋划策，辅佐梁高祖（武帝）完成帝业。此外，范云机敏睿智，可以从容处理时政机务，他与沈约都堪称一代英杰。

卷二十二

临川王宏列传

萧 宏（473～526）是梁武帝萧衍的同父异母弟，原为南齐大臣，入梁后受封临川王，曾率军北伐，屡有战功，为人恭敬孝顺，有长者之风。

【高祖六弟】

临川靖惠王萧宏，字宣达，是梁太祖萧顺之的第六个儿子。身长八尺，胡子、眉毛挺拔俊美，容貌举止尤其可观。南齐武帝永明十年（492），担任庐陵王法曹行参军，转任太子舍人。当时长沙王萧懿镇守梁州（治南安县，

🔴 四龙镜·南北朝

圆形，大圆钮，圆钮座，钮座外两条凸起的三弦纹穿过镜钮十字相交，分出四区，每区饰一盘龙，口含三弦纹，成逆时针环绕。飞龙神态生动，身上的龙鳞刻画清晰，四区内各有一方枚，上有一字铭文，连读为："□氏作镜"。镜缘饰云雷纹和变形龙纹，其间嵌十字铭文："癸酉卯日□□□丰正□"。风裂，此种纹饰较为少见。

今四川剑阁普安），被北魏军围困，第二年，朝廷派萧宏率精兵千人前去救援，还未抵达，魏军就退兵了。调任骠骑晋安王主簿，不久又担任北中郎桂阳王功曹史。衡阳王萧畅素有美名，为始安王萧遥光所礼遇。后来萧遥光反叛作乱，逼迫萧畅入居东府，萧畅畏惧祸难，就先进入宫中。梁武帝萧衍当时在雍州，经常担心几个弟弟被害，对南平王萧伟说："六弟萧宏明白事理，必定先回朝廷。"等收到来信，果然如萧衍所预料的。

武帝萧衍率义军东下时，萧宏到新林（今江苏南京江宁区西南）迎接，被任命为辅国将军。建康平定后，调任西中郎将、中护军，兼管石头戍军事。梁武帝天监元年（502），萧宏受封为临川郡王，食邑二千户。不久，任使持节、散骑常侍、都督扬州、南徐州诸军事、后将军、扬州刺史等职，又赐予鼓吹一部。天监三年（504），加官侍中、进号中军将军。

【领军北伐】

天监四年（505），武帝萧衍下诏

北伐，任命萧宏为都督南兖、北兖、北徐、青、冀、豫、司、霍八州北讨诸军事。萧宏因为是萧衍的亲弟弟，所装备的都是精湛崭新的器械，军容盛大，北方人认为是一百几十年来都没见过的。大军抵达洛口（今江西赣州宁都县洛口镇），萧宏前锋攻克梁城（今河南南阳市杨楼乡东南），斩杀魏军将领竃清。因为出征时间过久，接到诏令班师回朝。天监六年（507）夏季，升任骠骑将军、开府仪同三司，侍中如故。这一年，升任司徒，兼太子太傅。天监八年（509）夏季，任使持节、都督扬州、南徐州诸军事、司空、扬州刺史，仍担任侍中。未就职，调任使持节、都督扬、徐二州诸军事、扬州刺史，仍担任侍中、将军。天监十二年（513），调任司空，使持节、侍中、都督、刺史将军等职不变。

【躬行孝道】

天监十五年（516）春，生母陈太妃病重，萧宏与同母弟南平王萧伟侍奉在病榻前，都衣不解带，每次皇帝、太子派人来探问，就对着来使痛哭流涕。等到陈太妃病逝，萧宏连续五天水米不进，武帝每次来看望都劝慰勉励他。萧宏自幼孝顺恭谨，南齐末年，避难潜逃，与母亲陈太妃分隔两地，常常派使者问候日常起居。有人对萧宏说："逃难必须保密行踪，不应该这样书信往来。"萧宏哭着回答道："就算我因此被害，此事也不能废弃。"不久，他出任中书监、骠骑大将军、使持节、都督如故，坚持推辞，但没被允许。

天监十七年（518）夏季，萧宏因公事被贬为侍中、中军将军、行司徒。那一年冬季，调任侍中、中书监、司徒。梁武帝普通元年（520），调任使持节、都督扬、南徐州诸军事、太尉、扬州刺史，侍中依旧。普通二年（521），改建南、北郊祭坛，以本官兼任起部尚书，事情办完后罢职。普通七年（526）三月，萧宏因为患病而屡次上表请求辞职，朝廷下诏允许他解除扬州刺史的职务，其余官职依旧。四月，萧宏病逝，时年五十四岁。自从患病到逝世，皇帝七次亲临探视。出葬时，武帝萧衍下诏赞誉萧宏的功德，赠官侍中、大将军、扬州牧、假黄钺，王爵依旧。并赐羽葆鼓吹一部，增加六十名佩剑卫士。赐给上好棺材，以衮服入殓。谥号靖惠。萧宏性格宽和忠厚，时人称他有长者之风。

白话精编二十四史

第四卷

论 赞

史 臣曰：自从昔日君王创立帝业，广泛培植亲戚，分割郡国，分封子弟。因此大小旌旗，在鲁国、卫国尊崇一时，磐石凝脂，在梁国、楚国树立。梁高祖远遵前代轨迹，以亲藩维护朝廷，至于安成王、南平王、鄱阳王、始兴王等，都以名声事迹昭著于世，就像汉代的河间王、东平王一般。

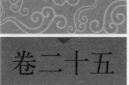

卷二十五

徐勉列传

> 徐勉（466～535）是南朝著名贤臣，自幼才华出众，见识不凡。为官期间勤于政事，夜以继日，留下"群犬惊吠"的典故。身居高位后，弘扬礼制，廉洁自律，不置私产，唯以清白遗留子孙，被奉为道德楷模。

▶【识见不凡】

徐勉字修仁，是东海郯县（今山东郯城）人。祖父徐长宗，为宋高祖霸府行参军，父徐融，曾任南昌（今江西南昌市内）相。

徐勉早年丧父，家庭贫寒，从小就磨炼出高尚的气节。六岁时，遇连绵大雨，家人祈求晴天，徐勉就写出一篇祷文，受到有修为老人的称赞。长大以后，醉心于学习。初入仕为国子生。当时太尉文宪公王俭是国子监祭酒，时常夸徐勉有做宰辅的容量。考试得优等，补为酉阳王国侍郎，不久迁为太学博士、镇军参军、尚书殿中郎，后因公事被免。又任中兵郎、领军长史。琅邪（今山东胶南市琅邪镇）王元长有很高的才气和声望，曾想和徐勉结识，常托人请他。徐勉对人说："王元长名望高升，难以收敛锋芒。"不久王元长遇祸事，当时人都佩服徐勉敏锐的洞察力。

▶【群犬惊吠】

当初，徐勉与长沙宣武王一起出游，梁高祖萧衍很器重欣赏他。等义军到京都时，徐勉在新林（今江苏南京市西南）谒见，萧衍给他很高的礼遇，命他管书记事务。萧衍即位，徐勉作中书侍郎，迁任建威将军、后军咨议参军、本邑中正、尚书左丞。自他掌权以来，做了许多纠举之事，时人都说他很称职。

天监二年（503），授他为给事黄门侍郎、尚书吏部郎，参与官员的选拔。后调任侍中。那时朝廷的军队北伐，驿站不停送来战报。徐勉参与军事文件的管理，日夜操劳，经常数月才能回一次家。每次回家，一大群狗对着他狂叫。徐勉感叹地说："我忧国忘家，才造成这种情况。等我死后，也可将此事写入传记。"六年（507），为给事中、五兵尚书，迁任吏部尚书。徐勉身居选官要职，做事井井有条，既会做文章，又善言辞，即使文件堆积如山，宾客满屋，他仍应对如流，手还不停地写。他知晓百姓，都为他们避开忌讳。常和学生夜间聚会，有位叫虞皓的宾客想任詹事五官，徐勉严肃地说："今晚只谈论风和月，不宜谈公事。"因此当时人都佩服他的无私。

后来，徐勉为官侍奉太子。昭明太子萧统还年幼，下令让徐勉管宫内事务。太子很尊重他，每遇事都向他请教。他曾在殿内讲读《孝经》，临川靖惠王、尚书令沈约并为太傅、少傅，徐勉和国子祭酒张充任执经，王莹、张稷、柳憕、王谏为侍讲。当时选的这些都是极贤能之人，受人称赞，徐勉多次推让。

【弘扬礼制】

当时百姓办丧事，多不遵礼制，早晨离世傍晚就殡葬，只求快速。徐勉上奏说："《礼记·问丧》说'人死三天以后才入殓，是想等他复活；三天不活过来，也就不会复活'。自从近日以来，无人遵守这制度了。送终的礼节，当天就下葬，富豪之家，有的半天就下葬，衣被、棺椁等都是快速备好，亲戚、仆人都想着回去休息。因此属纩仪式一结束，灰和钉就已备好了，忘记了狐鼠死了同类还会顾念，燕雀还会徘徊飞翔。没有比这更伤天害理的了。况且身为人子，死去亲人时，心中愤懑绝望，丧事都由他人帮忙，爱与憎的深浅，难以说得清。假如察看时有失误，本来活着却被认为死了，即使有万分之一的可能，怨恨已经很多了，不如缓一天再入殓，满足期望亲人复活的希望。请求从今后所有士人庶族，都应依照古制，三天

后入殓。如有不遵守，严加惩治。"皇帝下诏认可了他的奏请。

不久徐勉被任为宣惠将军，并设置佐史，仍任的侍中、仆射之职不变。又授尚书仆射、中卫将军。徐勉因往日恩情，攀升到高位，竭尽全力侍奉皇帝。凡事知道了就去做。从低级官职，到现在的职位，参掌人才的选拔，甚得士人之心。官署中的事情，从不向外泄露。每有上表奏书，就把草稿烧掉。他博通经史，见多识广。朝仪国典，婚冠吉凶等礼，徐勉都参与谋划。普通六年（525），上表奏请修五礼说：

"臣听说'立天之道，有阴和阳；立人之道，有仁和义'，因此说'以德来引导，以礼来规范'。礼能够安君治民、弘扬正气、训导民俗、管理国家、利于后代。虽然经礼有三百，曲礼有三千，经文有三百，威仪有三千，大体可归为五类，即宗伯所掌管的典礼：依次为吉、凶、宾、军、嘉五礼。因此祭祀不依礼制，就不整齐不庄严；丧葬不依礼制，违背死者遗愿忘却生者职责的人就多；对待宾客不以礼制，朝拜就没有礼节；军队不依礼制，军队纪律就变乱；加冠结婚不依礼制，男女就会错过他们的时序。治国修身，与礼关系重大。

"自周朝崩溃，王道衰弱，官府守则，混乱失序，礼乐征伐，出自诸侯，《小雅》全被废除，旧的篇章缺失。因此韩宣去鲁国，了解周公的德行；叔侯在晋国，辨识郊祀的礼节。战国

时期崇尚纵横之术，政教更衰落。秦焚书坑儒，礼制几乎被清除干净。刘氏建汉，日理万机，还命叔孙通在野外演示，才知道帝王的尊贵。汉末义论纷纷，礼制有所废弃，有的把武功作为志向，有的喜好黄老之学，礼仪的范式，于是中止。到东汉时，曹褒在南宫撰文，把散失文字集在一起，有百余篇，虽已写在竹简上，但未上奏。此后战乱不断，文章遗失。礼仪制度、文书在战乱中遭破坏。到晋朝，修定新礼，先由荀𫖮制定，后经挚虞修改。后来中原战乱，留下的很少。东晋草创，因循而已，对礼制的厘革

☙ "吾作" 半圆方枚神兽镜·南北朝

圆形，扁圆钮。钮外四组对置的神兽纹，主纹饰外方枚和半圆相间，方枚内铭纹："吾作明镜，幽谏三商……" 斜高立缘，此镜的斜高立缘在同时期的神兽镜中罕见，铅白光，品相佳。

无暇顾及。

"陛下睿智，建梁朝，以武力拨乱，以文治理国。功成后就制乐，业定后就要制礼。

"自齐永明三年（485）开始制定五礼，太子步兵校尉伏曼容上表请求制定本代的礼乐制度，那时有十个新旧学士参与商议，专门修五礼，向卫将军丹阳尹王俭咨询禀报，学士也分住在郡中，历时数年，还未完成。文宪去世，遗留的礼文散失，后又把此事交给国子监祭酒何胤，过了九年，仍未完成。建武四年（497），何胤回东山，齐明帝下令交给尚书令徐孝嗣。永元年间，徐孝嗣遭祸，又散失不少。当时收集剩余文稿，暂且交给尚书左丞蔡仲熊、骁骑将军何佟之，一起负责此事。那时修礼的人住在国子学中门外，东昏朝时，频有战火，文稿又散失大半。天监元年（502），何佟之上奏讲明审定、损减与设置等事，皇帝下令让大臣详细商议。当时尚书认为，天地刚变革，百废待兴，应等安定后，再慢慢商议，想暂时除去修礼局。皇帝下旨说：'礼崩乐坏，各国各家不同，应该及时修定，作为长久的标准。但近来的修撰者，按交情用人，不按学识选拔；只凭贵人的意愿不稽查古人，因此多年不能完成，有

名无实。既然这是治国的前提，外府可以讨论人选，人定下后，就立即编写。'于是尚书仆射沈约等人一起商议，请求五礼各设一名旧学士，每人各举荐两名学士，帮助抄录撰写。对存疑的内容，按照前汉石渠阁、后汉白虎通，追根求源，请皇帝决断。于是用旧学士右军记室参军明山宾主管吉礼，中军骑兵参军严植之主管凶礼，中军田曹行参军兼太常丞贺王易主管宾礼，征虏记室参军陆琏主管军礼，右军参军司马褧主管嘉礼，尚书左丞何佟之总管此事。佟之死后，以镇北咨议参军伏暅替代他。后来又以伏暅代替严植之主管凶礼。不久伏暅调职，以五经博士缪昭主管凶礼。又因为礼仪精微广博，记载缺失，需要广泛探讨，共同完善，另派镇北将军丹阳尹沈约、太常卿张充和我三人一同参与此事。后我又接到诏令，总管此事。最后又命中书侍郎周舍、庾於陵二人参与。若是有疑问的地方，各礼的主管学士应先提出建议，咨询五礼旧学士和参知者，各自发表看法，写成奏章，由圣旨决定。存疑的内容多，日积月累，圣旨决断的数量很多，都是引经据典，条理明晰，义理人微，为以前儒者所没解释，后来的学者从未听说过。所有的奏章、裁决都写在篇首。

"五礼之职，有繁有简，不能同期完成。《嘉礼仪注》于天监六年（507）五月七日交给尚书，共有十二秩，一百一十六卷，五百三十六条；《宾礼仪注》于天监六年（507）五月二十日交给尚书，共十七秩，一百三十三卷，五百四十五条；《军礼仪注》于天监九年（510）十月二十九日交给尚书，共十八秩，一百八十九卷，二百四十条；《吉礼仪注》于天监十一年（512）十一月十日交给尚书，共二十六秩，二百二十四卷，一千零五条；《凶礼仪注》于天监十一年十一月七日交给尚书，共四十七秩，五百一十四卷，五千六百九十三条：总共一百二十秩，一千一百七十六卷，八千零一十九条。又将副本放在秘阁和《五经》各一套，誊写校定，到普通五年（524）二月才最终完成。

"我认为撰写礼制，历朝历代很少能完成，国运昌隆，得以完成。周礼三千条，举其整数；现今有八千条，随具体事例而附加。质文相变，所以它的字数就多一倍，就像八卦中的爻，交错搭配构成六十四卦。以前文王、武王，能够治理周朝，君临天下，是因为周公旦修礼，招来太平龙凤的祥瑞。从那之后，到今天才补全。孔子说：'如能继承周朝，即使过百年也能传名。'这不就是所谓的齐功比美吗？臣才疏学浅，负责这项工作，延推多年，应承担责任。刚修成之时，未启奏上报，实在是因为才轻事多，考虑不周全，常常觉得惭愧不安，日夜不忘。自今年春皇上亲自去视察六军，找来军礼，阅读其内容，发现记载非常详尽。所谓文采丰富，光彩洋溢，相信可与日月同辉，可施行于天下。

臣心里高兴，很想陈述有关情况，再加上前后同时任职的官员都已去世，我虽然侥幸活着，但年事已高，想到皇世大典，竟无人上奏，不能表达我的心愿，于是写明修礼始末，及任职官员、所成卷秩、条目数目，上报给皇上。"

皇帝下诏说："礼制完备，政典记载完善，今命相关官吏，依此执行。"又下诏说："徐勉奏书很好。因革清楚，宪章完备，功成业定，就在于此。可以普照八方，行于百代，让万世以后的人知道文明在我朝。负责人依此执行，不得疏漏。"不久命徐勉为中书令，给亲信二十人。徐勉因病自己要求辞去内朝职位，下诏不同意，于是令他留在下省，三天上一次朝，有事可差主书商议决定。后来徐勉脚病恶化，好久没有上朝，坚持要求辞官，皇帝下诏让他休假，病情好转再回来。

【遗子清白】

徐勉虽身居要职，但不经营家业，家里没有积产，俸禄用来救济亲族中的贫穷者。他的门生旧交有的对他说过此事。徐勉回答说："别人把钱财留给子孙，我把清白留给他们。子孙有能力，自己就能得到大车小车；如果没有能力，财富最终会落到别人手中。"

中大通三年（531），又因病提出请求，改任为特进、右光禄大夫、侍中、中尉将军，并设吏辅助，其他的官职和从前一样，增加亲信四十人。宫廷派人探望，车辆相连，膳食药物，都由皇室提供。皇帝每下诏要去看望他，徐勉以跪拜不便，多次请求皇帝不要来，皇帝答应了他。大同元年（535）去世，享年七十岁。高祖听说后痛哭流涕，当日驾车前去凭吊，下诏赠为特进、右光禄大夫、开府仪同三司，其他官职照旧。赐棺材一副，朝服一套，衣服一套。赠钱二十万，布一百匹。皇太子也到场哀悼。谥号简肃公。

徐勉善做文章，勤奋写作，虽然政务繁忙，仍不停书写。曾认为起居注太繁杂，便加以删节撰成《流别起居注》六百卷；《左丞弹事》五卷；在选官部门任期时，撰写《选品》五卷；齐朝时，撰《太庙祝文》二卷；认为儒、佛两教虽内容不同，但目的一样，撰《会林》五十卷。他的著述有前后二集共四十五卷，又写成《妇人集》十卷，都在世间流传。大同三年（537），以前的佐史尚书左丞刘览等到朝廷陈述徐勉行状，请求立碑纪念他的功德，当场下诏允许在他墓前立碑。

论赞

陈 吏部尚书姚察曰：徐勉自幼磨砺出远大志向，努力修身，谨言慎行，择良友；而且恰逢君王起事，依日月的光芒，故能因通经学得到官位，出入朝廷，位居卿相。及居要职，竭忠尽力侍奉皇帝，做事效法古人，依先王的准则，执政公允，无人有异议，是梁朝楷模之臣，有盛誉啊！

邵陵王纶列传

白话精编二十四史

◎ 第四卷 ◎

萧 纶（507～551）是梁武帝萧衍的第六子，受封王爵后，以荒唐粗暴著称，经常因惹祸被罢职夺爵。侯景之乱时，他受任统兵征讨，结果大败而归，在兄弟间争权夺利的战斗中又失败出逃，最终死于西魏军之手。萧纶次子萧确天生勇武，在侯景之乱中虽被杀害，但表现出英勇无畏的精神。

【荒唐王爷】

邵陵携王萧纶字世调，是梁高祖萧衍的第六个儿子。自幼聪明，博学而善写文章，尤其擅长写书信。武帝天监十三年（514），受封为邵陵王，食邑二千户。出任宁远将军、琅琊、彭城二郡（今山东胶南市琅琊镇、江苏徐州市）太守，转任轻车将军、会稽（今浙江绍兴市）太守。十八年（519），征任为信威将军。普通元年（520），负责石头戍军事，不久任江州刺史。五年，以西中郎将暂时代理南兖州刺史，因犯事被免官夺爵。七年（526），官拜侍中。大通元年（527），恢复爵位，不久加官信威将军，设置佐官。中大通元年，任丹阳尹。四年（531），任侍中、宣惠将军、扬州刺史。因为侵夺小民财物，少府丞何智通将这事上报朝廷，萧纶知道后，派门客戴子高在京都巷子里将他杀害。何智通的儿子向朝廷控诉此事，梁武帝下令包围萧纶的府邸，抓捕戴子高，萧纶将他隐藏起来，竟然没被抓到。萧纶因此事被免职降为平民。不久，又恢复了爵位。大同元年（535），任侍中、云麾将军。七年（542），出任使持节、都督郢、定、霍、司四州诸军事，平西将军，郢州刺史，调任为安前将军、丹阳尹。中大同元年，出任镇东将军、南徐州刺史。

【平叛失利】

武帝太清二年（548），晋升为中卫将军、开府仪同三司。侯景叛乱后，加萧纶为征讨大都督，率大军讨伐侯景。出发前，梁武帝告诫他说："侯景这小子，十分熟悉行军布阵，不可能一战将其歼灭，而应当从长计议。"萧纶兵临钟离（今安徽凤阳县临淮镇东故城）时，侯景已经渡过采石（今安徽马鞍山市西南）。萧纶于是日夜兼程，从水陆追赶。部队渡江至中心时，突然刮起大风，人马淹死的有十分之一二。于是萧纶带领宁远将军西丰公萧大春、新淦公萧大成等将，率步骑兵三万人，从京口（今江苏镇江）

出发。将军赵伯超说："若从黄城大道走，必定与叛军相遇，不如从小路直奔钟山，出其不意。"萧纶听从这一建议。大军突然赶到，叛军十分惊骇，兵分三路进攻萧纶，萧纶与之战斗，大败敌军。双方相持到傍晚，叛军稍稍后退，南安侯萧骏以数十骑兵追击。叛军回击萧骏，萧骏部队大乱，叛军顺势进逼萧纶主力，于是大军被击溃。萧纶逃到钟山，残余部队只有千人，叛军将其包围，萧纶接战又被击败，于是逃回京口。

太清三年（549），萧纶与东扬州刺史萧大连等率军入援，到达骠骑洲。萧纶进位司空。台城陷落后，逃往禹穴（今浙江绍兴市东南会稽山）。梁简文帝大宝元年（550），萧纶抵达郢州，刺史南平王萧恪要将郢州让给萧纶，萧纶不接受，于是任萧纶为假黄钺、都督中外诸军事。萧纶于是设置百官，改厅事为正阳殿。这期间多次出现灾异，萧纶非常厌恶。

【手足相残】

当时，湘东王萧绎正长期围攻河东王萧誉于长沙，使内外隔绝，萧纶听说萧誉情况危急，想前往救援，因为军粮不足，暂时停止。于是他给萧绎写信，说：

"先朝圣德，以孝治天下，各亲族之间和睦相处，四方人民没有怨恨，这确实既是国家大政，也是家风所在。只是我与您共同接受皇上教诲，应听从旨意，共同承诺而无改悔。而且道义的最高境界，是以和为贵，何况天时地利，都不如人和，手足四肢，又岂能自相残杀？今日听闻萧誉独断专行，违背圣训教诲，以晚辈身份欺辱长辈，湘江、峡江之内，发生激烈征战。我们正处在乱兵叛乱之际，死于行伍战阵，殒身于吴地，如此倒也不算冤枉。往来通信哀号痛哭，只是增加悲愤之情，怀念哀悼，又有什么可说的呢。我在辖区州府，距此遥远隔绝，虽听说大概状况，但不知具体情况。等我来到此地，各方探访，都说萧誉应接违规，不输送兵粮，弟弟你教训他也不听，所以才兴兵讨伐。萧誉不识大体，独断专行，虽然有急难之情存在，自己却想不通。既然不能以礼相争，就又兴兵而来。兄弟之间生出变故，至亲互相为敌，一朝发展至此，怎能不让人伤心！我已致书问罪，外面议论纷纷，广为流传，确实也没有办法详细追究了。

"如今朝廷面临危难耻辱，受到沉重打击，人不是禽兽，在于知道忠于其君孝敬其父。今日大敌当前，还很强大，大仇未报，你我兄弟，在外三人，如果不能匡救危难，我们这些为人臣人子的还有何用？只应该推心置腹，坦诚相见，泣血枕戈，对天发誓，依靠祖先之灵保佑，日夜谋划，共思匡复朝廷之计。至于剩下这些小矛盾，有时应该宽贷而处。如果还有片刻以此为仇恨，将使国家的冤屈无法申述。此事正应该掂量轻重，确定大事和小事哪个应该放弃，放弃没有好处的私情，割舍丧子的悲痛，以理而宽宏豁达，以沟通识见，互相勉励。现在京师已经沦陷，如果再诛杀他的子孙，将无异于扬汤止沸，吞冰疗寒。要是因为萧誉无道，远近之人都怨恨他，弟弟你又仿效，那就不是他一人的罪过了。希望你能宽贷于众议，容忍以平息此事。如果放任外患不除，又构起家祸，那么纵观古今，没有不败亡的。

征战的道理，其意义虽在于取胜；但至于骨肉之间的战争，则越胜就越残酷，战胜了也不算功绩，战败了就是丧事，烦劳兵士折损道义，亏失得太多了！侯景的叛军之所以没有染指长江中上游的原因，真是我们宗藩稳固，亲族强大。如果自相残杀，就是替侯景出兵，侯景便不需烦劳一点儿兵力，坐享其成，那个丑陋的家伙听闻此事，不知有多高兴呢！此外，庄铁小人作乱，长期挟持观宁、怀安二侯，打着他们的名号，当阳有事就从旁掣肘，极大地破坏了边境防御，只要听闻征伐的消息，他们又分兵以对，使得从瓜州到湘州、雍州，无不成为战场，全都劳师动众。侯景终于乘虚而入，沿江进犯，这岂不是内忧外患，首尾难救？实在

让人心寒，这事已经很紧迫了。弟弟你如果坚决攻陷洞庭，不停止征伐，那么雍州的萧詧怀疑你要进攻他，无法自安，必定招引西魏大军，以求外援。侯景的事相当于内部脓疮，西魏则等同于外部肿瘤。他们在关中设置兵力，已经让我们喘不上气，何况这些贪婪的虎狼难于揣测，势必侵吞内地。弟弟你如果有危险，那整个国家就大势已去了！我没有深刻的洞察力，只是能弘扬道理，正是搜集风闻民谣，博采物议，这些都是值得怀疑，都会导致国家分崩离析的缘故啊！

"我朝建立五十余年来，恩德无穷，虽有叛逆发生，但还没动摇国家根基。普天之下，忠臣愤慨，邻里遭祸，忠义奋发，无不披甲持兵，怒发冲冠，咬牙切齿，都想用刀剑插入侯景腹中，只需主帅领导而已。如今人人都愿死战，前仆后继，弟

🔶 昭明太子萧统墓前石刻

弟你英武谋略振动远方，雄霸当代，品德技艺，文武双全，救危济难，朝野归心，匡复天下，非你莫属。怎能自己违背舆论，招致大家怨恨！这其中的难处，都像上面所说的。理所当然，无须再犹豫。我之所以穿越险阻，从东川出兵，就是想告诉上游诸王，一定要联合出兵，以我的余年残命，效力于行伍中。等我到了九江，为平定北方沿江而上，但因为粮草断绝，士兵饥饿无力，才无法进取。侯景才得以延缓被诛杀的命运，我更加悲愤，无处容身。计算潇湘的谷粟，应当已成熟，要想阻止你的大军，只有此事迫切，至于运输，恐怕没空发兵。今日迫切希望的，就是粮食问题，如果等到从西河运来，事情就危险了。希

♂ 重列式神仙人物铭文镜

圆形，圆钮，主纹饰分为三层排列，其间饰七神人、瑞兽及人首神兽神鸟图案，钮下长方框铸"高官"二字，镜缘处铸一圈铭文，保存完整。魏晋南北朝时期铜镜最流行的纹饰是神兽镜和人物画像镜。

望弟弟你一定照此办理，解去汨川之围，为国家大计考虑，让他运输粮食，资助军旅，大家同心协力，天下太平指日可待。宗庙重新安定，天下复兴，推崇弟弟的功劳，岂不是很好？我才能低下，兵力短缺，不能完成这一任务，所以都寄托于你，如能成功，我死而无憾。"

萧绎回信，陈述河东王有罪，声称不可解长沙之围的原因。萧纶看完信后痛哭流涕，说："天下之事，怎么竟发展到如此地步了！"左右人听闻，也都忍不住哭泣。于是萧纶大肆修造兵器盔甲，将要讨伐侯景。萧绎听说萧纶兵力强盛，就派王僧辩率水军一万人进攻萧纶，萧纶的部将刘龙武等人投降了王僧辩，导致萧纶军队溃败，他便带着儿子萧踬等十余人乘快船逃往武昌（今湖北鄂州）。

▌【无处容身】

当时，萧纶王府的长史韦质、司马姜律先前在外面，听说萧纶败退，就骑马前去接应他，于是又收拾残兵，屯驻于齐昌郡（今湖北武汉市黄陂区北），将招引魏军一起进攻南阳（今河南南阳）。侯景部将任约听闻此事，率领二百铁骑攻袭萧纶，萧纶毫无准备，又战败逃往定州（今广西桂平县西南）。定州刺史田龙祖出迎萧纶，萧纶因为田龙祖是梁元帝所任命的，怕被他抓住，又逃回齐昌。行至汝南（今湖北钟祥县）时，西魏任命的汝南城主李素，是萧纶的老部下，听闻

梁书·列传

萧纶败逃的消息，开城接纳了他。于是萧纶修筑城池，召集士兵，准备攻打竟陵（湖北省天门市）。西魏安州刺史马岫听说此事，向西魏朝廷报告，西魏派遣大将军杨忠、仪同侯几通率军赶来。元帝承圣二年（554），杨忠等抵达汝南，萧纶登城固守。适逢天气寒冷，降下大雪，杨忠等无法攻克，死者很多。后来李素中箭身亡，汝南城被攻陷。杨忠抓住萧纶，萧纶不屈服，于是被杀害，尸体投到江边，历经数日而不变颜色，鸟兽都不敢靠近。萧纶死时年三十三。百姓同情他，为他修建了祠庙，后来梁元帝追封他谥号为"携"。

【庸父虎子】

萧纶的次子萧确，字仲正。自幼骁勇，有文才。武帝大同二年（536），晋封为正阶侯，食邑五百户，后改封永安侯。他常在府第内练习骑马射箭，学习兵法，时人都以为他狂妄。左右人有因此劝谏他的，萧确说："等我为国家击败贼寇，让你们都知道我的厉害！"后任官秘书丞、太子中舍人。

钟山之战时，萧确苦战，所向披靡，叛军都惧怕他。萧确每次临战对敌，意气风发，披甲跨马，从早到晚，驰骋往返，不知劳累，众将都佩服他的英勇。后来侯景请求结盟休战，因为萧确正在城外，担忧他成为后患，就请求召萧确入城。于是武帝下诏召萧确为南中郎将、广州刺史，增封食邑至二千户。萧确知道此次结盟可疑，

京城必沦陷，因而想南逃，其父萧纶听说后，逼他入城。萧确还是不肯。萧纶流着眼泪说："你要造反吗！"当时台使周石珍在旁边，萧确就对周石珍说："侯景虽声称要退兵，却并不解围，由此推断，真相不言自明。"周石珍答道："皇帝敕旨如此，您又怎能推辞呢？"萧确仍坚持己见，萧纶大怒，对赵伯超说："谯州，你为我杀了他，提着他的头入城。"赵伯超挥刀斜视萧确说："我认识你，可刀也认识你吗？"于是萧确哭着出来，进入城中。后来侯景违背盟约再次围城，京城失陷，萧确推门而入内殿，启奏武帝萧衍说："城已被攻陷了！"武帝问："还能决一死战吗？"萧确答道："不能。臣向来亲自格斗，但形势已经失控，我也无能为力了。"武帝感叹道："国家从我手中得到，又从我手中失去，也没什么可悔恨的了！"于是让萧确写文章慰劳军士。

萧确随后出来见侯景，侯景欣赏他惊人的膂力，一直让他待在左右。后来有一次他跟随侯景出行，看到天上有老鹰飞翔，诸位叛军将领争着射箭都未能命中，萧确弯弓射箭，一箭就将老鹰射落。叛军都愤恨嫉妒，一起劝侯景除掉萧确。之前，萧纶派人秘密与萧确联系，萧确对使者说："侯景为人轻佻，可以靠一人之力除掉他，我萧确不怕死，正想亲手杀掉他。但一直没找到机会。你回去告诉我父王，请不要挂念我。"但事情没办成他就被叛军杀害了。

卷三十二

陈庆之列传

陈庆之（484～539）出身寒门，大器晚成，不善骑射，却成一代名将。他在同北魏的战斗中崭露头角，曾率七千白袍铁骑击溃三十万魏军，真所谓"名师大将莫自牢，千军万马避白袍"。堪称军事史上的神话！

【崭露头角】

陈庆之字子云，义兴国山（今江苏宜兴市西南）人。自幼就追随梁武帝萧衍。萧衍酷爱下棋，每次都通宵达旦，随从都累到睡着，唯独陈庆之不睡，听到萧衍召唤他就马上赶到，故深受赏识。后来他随萧衍东征平定建邺（今江苏南京市），受任主书，散财招募兵士，常想着有一天能受到重用。后被授为奉朝请。

梁武帝普通年间（520～527），北魏徐州（今江苏徐州市）刺史元法僧在彭城（今江苏徐州市）请求投靠南朝，朝廷命陈庆之为武威将军，和胡龙牙、成景儁率军队前去接应。回来以后，被授为宣猛将军、文德主帅，仍统率两千军人，护送豫章王萧综前去镇守徐州。北魏派遣安丰王元延明、

临淮王元彧带领两万兵众来抵挡。元延明先派他的别将丘大千在浔梁（今江西东北部）筑堡垒，在靠近边境的地方考察军情。陈庆之进攻敌军的堡垒，一举将他们击溃。后豫章王抛弃军队投奔北魏，部众全都溃散，诸位将军都不能制止，陈庆之就连夜斩关撤退，将士们得以保全。

普通七年（526），安西将军元树出兵征战寿春（今安徽寿县），任陈庆之为假节、总知军事。魏豫州（今河南汝南县）刺史李宪派遣他的儿子李长钧另筑两个城堡来抗拒梁军，陈庆之进攻李宪，李宪无力抵抗，遂投降，陈庆之占据寿春

🌀 部曲将青铜印·魏晋南北朝

方形，瓦钮，印文为："部曲将印"，印章形制规整，字体端直。"部曲"系汉代军队编制的名称。"部曲将"这一官职设置在东汉末年，普及于魏晋时期。统领部曲的将领为"部曲将"，部曲将归部曲督管。《通典·职官十九》："晋官品列部曲督第七品，部曲将第八品。"此枚印章就是史籍的一个佐证。

城。后调任东宫直阁，赐爵关中侯。

【涡阳建功】

大通元年（527），曹仲宗率领陈庆之去攻伐涡阳（今安徽蒙县）。北魏派遣征南将军常山王元昭等人带领步兵十五万前来支援，前军抵达驼涧（今安徽蒙县西北），离涡阳有四十里。陈庆之想出击迎战，而韦放认为敌兵的前锋一定是精锐，和他们作战如果胜利，不算是功劳，如果作战失利，会降低军队的气势，兵法中说"以逸待劳"，不如不出击。陈庆之说："魏人从远方来，都已经疲倦了，距离我军很远，必然不会怀疑，趁他们尚未聚集到一起，要使他们的士气受挫，出其不意，一定能打败他们。而且还听说敌军所占据的军营，树木茂盛，夜里一定不会外出巡视。诸位若还有疑虑，陈庆之请求独自前去攻取。"于是和麾下的二百名骑兵奔往敌营前去进攻，攻破敌方前军，魏人大为惊恐。接着陈庆之返回和其他将领连营一起进攻，占据涡阳城，和魏军对峙。从春天到冬天，共有数十、上百次战斗，军队疲惫，气势衰落，魏的援兵想重新在军后筑堡垒，曹仲宗等人唯恐腹背受敌，策划想退兵。陈庆之手执杖节在军门说："来到这个地方，已一年了，军费消耗的数目极大，诸军却没有斗志，都计划退缩，哪里是想建功立名，简直是聚在一起抢劫。我听说置之死地而后生，必须等敌军聚合以后，再和他们作战。如果想班

师回朝，陈庆之还有皇上的密敕，今日违令的人，便依皇上的诏令惩处。"曹仲宗看重他的计谋，就听从于他。魏人筑成十三个城垒形成掎角之势，陈庆之军口中衔枚夜晚出击，攻陷四垒，涡阳城主王纬乞求投降。剩余的九城，兵力较强盛，梁军便把俘虏的左耳都摆出来，击鼓呐喊进攻敌军，敌军见状溃散而逃，大部分被斩杀，涡水（今豫东、皖北的淮河支流涡河）都因此流淌不畅，降城中共有男女三万多人。武帝下诏在涡阳城设置西徐州。众军乘胜追击安顿在城父（今安徽亳州东南）。武帝嘉奖陈庆之，赐给他手诏说："你本不是将门出身，又不是高门豪族，不满天下的形势，到达今天这一步。可以深思奇略，善始善终。大开朱门接待宾客，扬名于史册，这难道不是大丈夫所为吗！"

【白袍扬名】

大通初年，魏北海王元颢因为本朝局势混乱，主动来降，请求梁朝助他为北魏国主。武帝接受了他的请求，以陈庆之为假节、飚勇将军，护送元颢回北方。元颢在涣水（今河南省开封县入安徽省境内）即位称魏帝号，任陈庆之为使持节、镇北将军、护军、前军大督，从铚县（今安徽滁州境内）出发，进军荥城（今河南商丘市东南），不久到达睢阳（今河南商丘市睢阳）。魏将丘大千有七万兵众，分别筑成九个城垒抵制梁军。陈庆之向他们发起进攻，从拂晓一直到下午，攻陷三座

城垒，于是丘大千投降。那时魏征东将军济阴王元晖业率领两万名羽林庶子前来援救梁、宋（今河南省开封市、商丘市及其附近一带），驻扎在考城（今河南民权市东北），考城四面环水，守卫严密。陈庆之命士兵浮在水中筑垒，攻陷考城，生擒元晖业，获七千八百辆租车。继续奔赴大梁（今河南开封），敌军望旗归降。元颢升陈庆之为卫将军、徐州刺史、武都公。仍然率领众人向西行。

魏左仆射杨昱、西阿王元庆、抚军将军元显恭率领御用卫军、宗子、庶子总共七万人，据守在荥阳（今河南荥阳市）抵抗元颢。魏军兵锐城坚，陈庆之未能攻下。魏将元天穆的军队也将要到达此地，先派其骠骑将军尔朱吐没儿率领五千胡骑，骑将鲁安率领九千夏州（今陕西横山县境内）步骑兵，援救杨昱；后又派右仆射尔朱世隆、西荆州刺史王羆领一万骑兵，占据虎牢（今河南荥阳市汜水镇西）。元天穆、吐没儿相继赶到，旗鼓对峙。当时因未能攻下荥阳，士兵们都害怕，陈庆之就卸下马鞍喂饱战马，向兵众宣谕道："自我到此地以来，屠城略地，实在不少；你们杀死别人的父兄，抢夺别人的子女，又不计其数。元天穆的部众，都是我们的仇敌。我们有七千人，敌军有三十多万兵众，今日的战事，义不图存。我认为不可以和房军在平原地区相争，趁他没有全部到前方，须平定他们的城垒，诸位不要再有疑虑，否则会贻误自己，被人

屠杀。"梁军一鼓作气全部登城，壮士东阳（今浙江金华市）人宋景休、义兴（今江苏宜兴市）人鱼天愍越过城墙进入，于是攻下城垒。很快魏军在外面列阵聚合，陈庆之率三千骑兵背城作战，大破敌军，鲁安在战场乞求投降，元天穆、尔朱吐没儿骑马逃跑。验收荥阳的储物，牛马谷帛数不胜数。奔赴虎牢，尔朱世隆弃城而逃。魏主元子攸畏惧，逃往并州（今山西太原市）。临淮王元彧、安丰王元延明率百官，封闭府库，准备好接驾的车马，迎接元颢入住洛阳宫，在前殿召见百官，改年号大赦天下。元颢任命陈庆之为侍中、车骑大将军、左光禄大夫，增万户食邑。魏大将军上党王元天穆、王老生、李叔仁又率四万兵众，攻陷大梁，分派给老生、费穆两万兵，占据虎牢，刁宣、刁双进入梁、宋，陈庆之随之发动突然袭击，全都投降。元天穆和十多个骑兵北渡黄河。梁武帝又赐手诏称赞陈庆之。陈庆之麾下的兵众都穿着白袍，所向无敌。先有洛阳的童谣说："名师大将莫自牢，千军万马避白袍！"此次北进，从铚县出发一直到洛阳共一百四十天，平定三十二城，战斗四十七次，所向无敌。

▶【功亏一篑】

当初，元子攸只身骑马逃跑，宫中的卫兵、嫔侍还是像往常一样没有改变，元颢得志以后，荒废于酒色，日夜饮酒作乐，不再关心政事，和安

丰王、临淮王一起策划奸计，打算背弃梁朝恩德，不再行纳贡之礼；只是因时事未安，还需借助陈庆之的力量，因此只能外同内异，言语多有忌讳。陈庆之心中明白，也秘密计划。便对元颢说："现在远来到此地，未降者尚多，如果别人知道其中虚实，便会重新连兵，而且居安不应忘危，必须提前准备对策。应奏明天子，请求增兵援助；并勒令诸州，有南人进入此地者，必须都押送过来。"元颢打算听从他的话，

🔴 **圆雕石兽·南北朝**

元延明对元颢说："陈庆之率兵不出几千，就已经难以控制了；如今要增加他的兵众，怎么肯再为你所用？失去权力，就要听从别人，魏朝的宗庙社稷，就由此灭亡了。"由此元颢开始怀疑，疏远背离陈庆之。因对陈庆之有顾虑，就密奏梁武帝说："河北、河南此时已安定，唯有尔朱荣还是飞扬跋扈，臣和陈庆之就能擒讨他。如今州郡刚顺服，正需要安抚，不宜再加兵，惊扰百姓。"于是武帝下诏，令众军都停在边界前。在洛下的南人不足一万，羌夷比他们多十倍，军副马佛念对陈庆之说："功高不赏，震主身危，这两件事都有了，将军难道不担心？自古以来，废昏君立明主，

扶危定难，很少有得善终的。现在将军威震中原，声动河塞，杀元颢占洛阳，这是千载难逢的机会。"陈庆之未听从。以前，元颢命陈庆之为徐州刺史，因此陈庆之请求去外镇。元颢害怕他，未派他去，便说："主上把洛阳这个地方全委托给你，忽然听说要舍弃朝廷的寄托，想去彭城，别人会说你为取得富贵，不为国家考虑，手敕频仍，留下你恐怕成为我的职责。"陈庆之不敢再说什么。魏天柱将军尔朱荣、右仆射尔朱世隆、大都督元天穆、骠骑将军尔朱吐没儿、荣长史高欢、鲜卑、芮芮，率领百万兵众，挟带魏主元子攸前来攻打元颢。

🔶 对鹿纹织锦·南北朝

元颢盘踞洛阳六十五天，以前攻下的城池，一时间全部反叛。陈庆之过黄河守卫北中郎城（今河南孟州南），三天作战十一次，伤亡惨重。尔朱荣将要撤退，当时有位名叫刘灵助的人，通晓天文，就对尔朱荣说："不出十天，就能平定河南（泛指黄河以南地区）。"尔朱荣便捆木做筏，从硖石（今河南孟津西）渡河，和元颢在河桥开战，元颢大败，逃跑到临颍（今河南临颍西北），被敌军活捉，洛阳陷落。陈庆之率数千名步骑兵，结阵向东返回，尔朱荣亲自带兵来追他，正值嵩高爆发山洪，军人死亡逃散。陈庆之便剃去须发扮作僧人，抄近道到达豫州，豫州人程道雍等人偷偷送他出汝阴（今属安徽阜阳市）。至京都，他仍因军功被授为右卫将军，封为永兴县侯，食邑一千五百户。后又为持节、都督缘淮诸军事、奋武将军、北兖州（今江苏淮阴西南甘罗城）刺史。

【攘外安内】

当时恰逢有个叫僧强的妖僧自己称帝，土豪蔡伯龙起兵响应。僧强略懂幻术，更能蛊惑人心，部众达三万，攻陷北徐州（今安徽凤阳县东北），济阴太守杨起文弃城而逃，钟离（今安徽凤阳县一带）太守单希宝被杀害，武帝命陈庆之前去讨伐，陈庆之出兵不到二十日，就斩杀蔡伯龙、僧强，把二人首级传到京师。

中大通二年（530），陈庆之被授为南北司、西豫、豫四州诸军事，南北司二州（分别是今湖北省安陆、今河南信阳）刺史，其余仍不变。陈庆之到任上，就包围悬瓠（今河南汝阳市）。在溱水大破魏颍州刺史娄起、扬州刺史是云宝，又在楚城（今河南信阳北）打败行台孙腾、大都督侯进、豫州刺史尧熊、梁州刺史司马恭。罢免义阳（今河南信阳南）的镇兵，停止水陆运转，江湖诸州都得到休息。开田六千顷，两年之后，仓库粮食充实，得到武帝嘉奖。他又上书提议省去南司州，恢复安陆郡（今湖北安陆），置上明郡。

大同二年（536），北魏派遣大将侯景率领七万兵众侵扰楚州（今河南信阳北），刺史桓和被杀，侯景继续进军淮河上游，给陈庆之写信让他投降。武帝下敕派湘潭侯退、右卫侯夏夔等人奔赴援救，行军至黎浆，陈庆之已经攻破侯景。当时天寒下雪，侯景弃辎重而逃，陈庆之收了辎重而归。晋封为仁威将军。这一年，豫州饥荒，陈庆之开仓赈灾，城中所有人几乎都得到救济。州人李昇等八百人上表请求为他立碑颂德，下诏允许。五年（539）十月，陈庆之去世，享年五十六岁。追赠散骑常侍、左卫将军，赐鼓吹一部。谥号武。敕令义兴郡派五百壮丁参加葬礼。

陈庆之性情谨慎，衣着朴素，不沉迷于声乐，射箭不能射穿战甲，也不精通马术，但他善于安抚将士，能得到他们的死力效命。

【子承父业】

陈庆之第五子陈昕，字君章，七岁就能骑马射箭，十二岁时跟随父亲入洛阳，在路上得了病，返回京师。他曾拜访鸿胪卿朱异，朱异向他询问北方形势，陈昕就在地上用土画图，指示区别，加以讲解，令朱异大为震惊。

武帝大同四年（538），陈昕担任邵陵王常侍、文德主帅、右卫仗主等职，朝廷派遣他协防义阳。

太清二年（548），侯景包围历阳，朝廷诏令陈昕回京。陈昕上奏说："采石急需重兵镇守，王质的水军战斗力弱小，恐怕顶不住啊！"于是朝廷委任陈昕为云骑将军，代替王质。

陈昕还没走到水边，侯景就已经渡过长江，于是陈昕带所属部队游防于城外，却无法入城参与防御。后来陈昕想奔赴京口，却被侯景抓住。侯景知道陈昕殷勤能干，就留他尽情畅饮，对他说："我到这里就得到您，其他人都做不到啊！"让陈昕收集所属部队，为他所用。陈昕誓死不从。于是侯景派他的仪同官范桃棒对陈昕严加看管。陈昕却借机说服了范桃棒率所部归降朝廷，让他袭杀王伟、宋子仙为信。范桃棒表示同意，二人定下盟约，派人将密信用箭射入城中，而陈昕则趁夜爬入城中报信。梁武帝得知后大喜，敕令即刻接受范桃棒投降。但太子萧纲迟疑数日不决，外面秘密已经泄露，陈昕却并不知晓，仍然按期出城。侯景将陈昕截获，逼迫他再向城中射密信，假称"范桃棒将率领数十人先入城"。侯景想趁机带兵混入城中。陈昕既不肯为他写密信，就抱着必死之心，终于被侯景所杀，时年三十三岁。

论 赞

史 臣曰：陈庆之有大将的谋略，攻无不克，战无不胜，可与廉颇、李牧、卫青、霍去病媲美。他机警聪慧，早年侍奉梁高祖，就已有旧日的恩情，再加上他为人恭谨，位高权重，也是一世的荣耀啊！

朱异列传

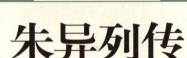

朱异（483～549）的才学在南朝可谓数一数二，他不但博通经术，且在博戏、围棋、书法、算术等领域都有很高造诣。入仕为官后，以老成机敏著称，深受梁武帝宠信。但他官居中枢，却唯以窥探帝意、阿谀逢迎为能事，最终引狼入室，对"侯景之乱"负有不可推卸的责任。

【博学才俊】

朱异字彦和，是吴郡钱塘（今浙江杭州）人。父亲朱巽，因忠义节烈而知名于世，官至南齐江夏王参军、吴平令。

朱异儿时，外祖父顾欢抚摸着朱异对他的祖父朱昭之说："这个孩子不是一般人物，将来要成就您家的门户。"朱异十几岁时，喜好聚众赌博，乡里人把他看成是个祸害。长大之后，才改变恶习拜师学习，学遍《五经》，尤其精通《礼》、《易》，涉猎文史著作，还通晓各种技艺，博戏、围棋、书法、算术，他都擅长。二十岁时，来到京城，尚书令沈约面试他，随后与他开玩笑说："你年纪轻轻的，为什么就这样不廉洁呀？"朱异思前想后也不明白沈约的意思。沈约便说："天下只有文章、经义、围棋、书法这几种学问，你一下子都要占去了，这就可以说是不'廉洁'吧？"这一年，朱异上书建议京城建康应设狱司，与廷尉同级，皇帝令交与尚书详细讨论，最后听从了朱异的意见。

旧制规定，年龄到二十五岁才能做官。当时朱异刚二十一岁，朝廷特别下令破例提拔他做扬州议曹从事史。不久下诏征求有杰出才能的人，《五经》博士明山宾上表举荐朱异说："我觉得钱塘朱异，年纪虽轻，但品德完备，办事老成，独处的时候没有闲散放荡的想法，身处暗室神色也恭谨如面对宾客，器宇轩昂，胸襟宽广，风采仪表庄重严肃。就像万丈金山，难于登上它的巅峰，千里玉海，难以窥测它的边际。再如新近琢磨的珪璋，初次编织锦缎，一触摸就发出清脆的声响，稍饰色彩就发出绚烂的光芒。观察他的言行，不只是十户人家都少有，假如让他肩负任重道远的职责，必定会发挥出千里马的作用。"梁武帝召见朱异，让他讲《孝经》、《周易》经义，非常高兴，对左右人说："朱异确实异于常人。"以后见到明山宾，对他说："你推荐的确实是个人才。"于是召朱异在西省当值，不久兼任太学博士。这年，梁武帝亲自讲《孝经》，让朱异执经诵读。后提升朱异任尚书仪曹郎，入朝廷兼任中书通事舍人，晋升鸿胪卿、太子右卫率，不久加官员外常侍。

【善窥君心】

梁武帝普通五年（524），大举北伐，北魏徐州刺史元法僧派使者前来请求以所属领地归附南朝，武帝诏令让有关部门讨论此事的真假虚实。朱异说："自从朝廷军队北伐，相继攻克城邑俘获敌兵，徐州地面日渐削弱，北魏把罪责全都归罪在元法僧身上，元法僧怕遭到杀身之祸，所以他投降一定不是假的。"武帝便派朱异前去答复元法僧，同时命令各军接应，接受朱异调度。到徐州之后，元法僧遵从朝廷的意旨，果然像朱异预料的那样。

武帝中大通元年（529），朱异晋升散骑常侍。自从周舍去世之后，朱异接替他掌管朝廷机要，无论地方长官的变动，朝廷礼仪国家大典，诏诰敕书的起草和发布，全都由朱异执掌。四方进呈的表疏，主管官署的公文，一切咨询裁断事宜，全都堆积在朱异面前，朱异行文落笔，审核决断，文笔纵横，才思敏捷，手中之笔一刻不停，顷刻之间，全部事务都办理妥当。

武帝大同四年（538），他晋升为右卫将军。六年（540），朱异启奏请求在仪贤堂讲述武帝所撰的《老子义》，敕令允准。等讲述的时候，朝中的

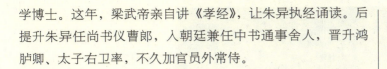

🔸 彩绘贴金石菩萨像

高94厘米，陕西西安出土。整像为白石雕成，青石台座。菩萨为立姿，高髻束冠，冠中心设化佛。右手上曲执柳枝，左手下垂握净瓶。身披绕体披帛，佩项饰、璎珞，下着长裙。赤足踏莲座，座前两侧各有一蹲狮，下设方台。

越窑刻莲花纹盘·南北朝

直径 13.7 厘米，内刻莲瓣纹，越窑典型器，完好，开片及土吃现象明显。莲花是佛教纹饰，南北朝兴盛佛教，高档瓷器常刻有莲花纹，见此器可想当年香火之盛。

士大夫以及僧俗听众达一千多人，成为一时的盛事。当时又在城西开设士林馆用来延请博学之士，朱异与左丞贺琛每天轮班讲述武帝的《礼记中庸义》，皇太子又召朱异在东宫玄圃讲《易》。八年（542），改加侍中。太清元年（547），晋升中领军，舍人职务不变。

▌【引狼入室】

一天，武帝梦见平定了中原，满朝称贺，第二天一早就把这个梦告诉给朱异，朱异说："这是天下将要统一的预兆。"后来侯景来归降，武帝召集群臣商议，尚书仆射谢举等人认为不能接受，武帝则想要接受侯景归降，事情未能决定。武帝曾经一早来到武德阁，自言自语地说："我国如此太平，如今轻易就能接受降地，都是合理的事啊！却导致如此议论纷纷，无法决断，后悔也来不及了！"朱异窥测到武帝的意向，应声答道："圣明的天子君临天下，顺应苍天的意旨，北方的遗民百姓，谁不爱慕敬仰您，只是没有机会，无法表达他们的心愿。如今侯景分割东魏大半土地，前来表达诚恳的心意，从远处来归附圣朝，岂不是上天引导他的内心，众人赞助他的计谋的结果？考察他的心意，审视他的行为，是很值得嘉奖赞许的。如今要是不容许他来归降，恐怕会断绝了以后归降者的希望。这是显而易见的，希望陛下不必迟疑。"武帝非常赞同朱异的见解，又回想前日之梦，于是就接纳了侯景的归降。等到贞阳侯萧渊明战败被俘，从东魏派人回来，述说东魏国相高澄打算同梁朝重归于好，和睦相处，武帝下令群臣商议，朱异又认为应该讲和，武帝果然听从。当年六月，派遣建康令谢挺、通直郎徐陵到东魏出使通好。当时侯景坐镇寿春（今安徽寿县），接连启奏武帝请求断绝同东魏的和好，并请求追回使臣。又写信给朱异，言辞极为恳切，朱异只拿武帝的敕令回复给他。八月，侯景便发兵反叛，以讨伐朱异为名。朱异募兵三千人，等到侯景兵临城下，便让这些人把守大司马门。

当初，侯景密谋造反，合州刺史鄱阳王萧范、司州刺史羊鸦仁都连续有奏章向朝廷报告，朱异认为侯景以孤立无援之身投降保命，必定不会反叛，于是对使者说："鄱阳王就不许国家一个外来的客人！"压下奏章不上报，因此朝廷没有任何准备。等到侯景叛军打来，城中文武全都责怪朱异。皇太子萧纲又写了一篇《围城赋》，末段暗讽朱异是祸国殃民的豺狼、蛇蝎。朱异因此惭愧而忧愤，发病而死，时年六十七岁。武帝下诏说："已故中领军朱异，胸襟宽广，才力出众，在朝廷咨询谋划，已有多年。正当辅助朝廷治理国家，长期为国被委以重任的时候，却过早地死去，使我心中充满悲伤。可赠赐侍中、尚书右仆射之职，并赐棺木一具。丧事所需用的钱财，也由朝廷资助办理。"旧制尚书官职是从不用来赠赐死者的，朱异死后，武帝很惋惜，在商议追赠之事时，左右有同朱异友好的大臣启奏说："朱异担任过的官职虽然很多，但是他平生最希望的，是愿意得到执掌行政大权的职权。"武帝按照朱异多年的心愿，特别下令给朱异追赠尚书官职。

【为富不仁】

朱异身居掌握大权的要职三十多年，善于窥测皇帝内心里的意图，能

阿谀奉承顺从皇帝的意旨，所以特别受到宠信重用。历年任官，从员外常侍直到侍中，这四种官职都在帽子上加貂尾作装饰，自右卫率到领军，这四种职位出入时都有卫队仪仗，这是近代历朝未曾有过的事情。朱异和他的子侄从潮沟修建府第宅院一直到达青溪，其中有楼台池塘及各种玩赏之物，每当闲暇之时便会与宾客在里面游玩。四方馈赠礼物，钱财物品堆满其中。朱异本性吝啬，不曾对人有施舍。厨房里吃不完而腐烂的珍馐美味，每月常常要扔掉十几车，哪怕自己的子侄亲戚也从不分送。朱异所撰写的《礼》、《易》讲疏和仪注、文集有百余篇，战乱中大多散失了。

卷四十五

王僧辩列传

梁书 列传

所谓"时势造英雄",南朝王僧辩(？～555)就是其中佼佼者。他早年追随湘东王萧绎，屡立战功。特别是"侯景之乱"中，王僧辩以卓越的军事才华，数次击败叛军，收复京师，拥立萧绎即位，可谓功勋卓著。可惜在萧绎去世后，作为国家柱石的王僧辩却受制于北齐压力，不能合理处理废立之事，最后被陈霸先攻杀。

【追随湘王】

王僧辩，字君才，是右卫将军王神念的儿子。梁武帝天监年间(502～519)，王僧辩随父亲一起来投奔梁国。起初任湘东王萧绎的左常侍，几经迁转，一直兼任湘东王府佐官。后来，湘东王出任荆州刺史，王僧辩也转任贞毅将军府咨议参军事，受赐食邑千人，代替柳仲礼出任竟陵太守，改号为雄信将军。当时侯景叛乱，湘东王命令王僧辩代持符节，总督水军万人，并运送粮饷赶赴京城救援。刚到京城，宫城已被攻陷，梁武帝被软禁。王僧辩与柳仲礼兄弟以及赵伯超等，先降于侯景，然后入朝。侯景将王僧辩的军队物资全部收去，并对他们厚加抚慰。不久，侯景派王僧辩回竟陵(今湖北天门市)，于是他日夜兼程，向西投奔萧绎。萧绎承袭帝制，任命王僧辩为领军将军。

后来，荆州湘东王萧绎与湘州河东王萧誉相互猜忌，军队失去控制，

萧绎又命令王僧辩和鲍泉统兵讨伐湘州(今湖南长沙)，分发兵丁粮饷，定期起程。当时王僧辩考虑到竟陵的部下还没到齐，想等到人马集结完毕，然后出师，就和鲍泉商讨。萧绎生性苛刻好猜忌，听闻王僧辩的话，以为王僧辩故意拖延，不肯进军，心中就有些生气。等到王僧辩向萧绎说明情况，他大怒，骂王僧辩贪生怕死，命人将其逮捕，并用剑砍伤王僧辩左腿，

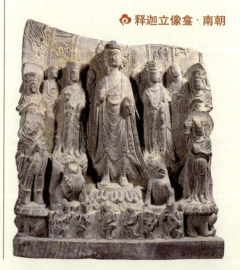

🌀 释迦立像龛·南朝

血流满地。王僧辩痛得昏死过去，很长时间才苏醒过来。萧绎随即把他送交廷尉处置，并逮捕了他的子侄，一并关押起来。当时正赶上岳阳王萧詧的军队袭击江陵（今湖北荆州市），人心浮动，不知如何是好，萧绎派人到狱中向王僧辩询问对策，王僧辩详细陈述自己的方略，随即被赦免出狱，并任命为城内都督。不久岳阳王兵败溃退，而鲍泉未能攻克长沙，萧绎就命令王僧辩替代他，历数鲍泉十条罪名，将其逮捕。王僧辩调兵遣将，分兵合围，终于平定了湘州。

【兵伐侯景】

回来后，王僧辩仍担任领军将军。当时，侯景沿江向西进犯，军队抵达夏首（今湖北荆州市沙市区），王僧辩被任命为大都督，率领巴州刺史淳于量、定州刺史杜龛、宜州刺史王琳、郴州刺史裴之横等，一起赶赴西阳（今湖北黄冈市东）。军队驻扎在巴陵（今湖南岳阳）。听说郢州（今湖北鄂州）已经陷落，王僧辩于是据守巴陵城。萧绎命令罗州刺史徐嗣徽、武州刺史杜崱都到巴陵与王僧辩会师。侯景攻破郢城之后，兵将更多，士气旺盛，准备进犯荆州。于是派伪仪同丁和统兵五千人守卫江夏（今湖北武汉市江夏区），大将宋子仙率兵一万为先锋，进逼巴陵，侯景自率大军水陆并进。于是沿江驻守的军队，都闻风而降，而叛军将巡逻线一直拓展到隐矶。王僧辩随即把江边米粮统统上运，而且

将公私船只沉到水中。等到叛军前锋抵达江口时，王僧辩便下令各军，据城固守，偃旗息鼓，安静得像没人似的。第二天，叛军渡江，轻骑直抵巴陵城下，对王僧辩威逼利诱，但他坚决不降，于是双方展开残酷的攻防战。连战数日，叛军每次进攻都受挫，加上叛军统帅任约又被陆法和所擒，侯景于是烧掉营帐，连夜逃走，回兵夏首。湘东王论功行赏，任命王僧辩为征东将军、开府仪同三司、江州刺史，并封他为长宁县公。

随后，萧绎命令王僧辩乘胜率领巴陵诸军，顺江讨伐侯景。一路连下鲁山、郢城、溢城等地。湘东王加封王僧辩为侍中、尚书令、征东大将军，并赐给他鼓吹一部。命令他暂时驻留江州（今江西九江），等到各路兵马齐集了，再选择良机进军。

不久，萧绎命令江州各军联合大举进攻，王僧辩上表章，将简文帝去世的消息报告给江陵的萧绎。于是，王僧辩率大将百余人，联名上表章劝湘东王萧绎即皇帝位；等到快要出兵进军时，又再次上表劝进。虽然建议未被采纳，但都得到了优厚的答复。

王僧辩大军于是从江州出发，直指京都建邺（今江苏南京市）。王僧辩先派南兖州刺史侯瑱率精锐部队乘坐轻舟，攻袭南陵（今安徽繁昌西）、鹊头（今安徽铜陵）等叛军据点，兵到即克。此前，陈霸先率五万人马，从南江出发，先头部队五千人，已进至溢口（鄱阳湖入长江口）。陈霸先

风流偶傥，足智多谋，名望超越于王僧辩，王僧辩对他很是敬畏。到湓口后，陈霸先与王僧辩在白茅洲会师，登坛盟誓，由陈霸先撰写誓文，其中痛斥侯景为荼毒生灵、祸国殃民的乱臣贼子，发誓与王僧辩同心协力讨伐侯景，并要辅佐湘东王即位。于是二人登坛歃血为盟，共读誓文，都泪洒衣襟，言辞激昂。

▶【光复建邺】

王僧辩等随即率领各路大军沿江而下，一路连败侯景水陆守军，进至石头城的斗城，布起连营以进逼叛军。叛军在江边岭上筑五座防城拒守，侯景亲自出战，与官军在石头城北大战。陈霸先对王僧辩说："这群逆贼已如游魂野鬼，恶贯满盈，为逃避死亡而要做垂死挣扎，想与我们决一死战。我军人多势众，叛军势单力薄，应该将其分而歼之。"当即命令强弩手两千人攻击叛军西面两城，主力仍然结阵抵挡叛军，王僧辩在后面督军进攻，再一次大败叛军。侯景手下将领卢晖略听说侯景兵败，便献出石头城，向官军投降，王僧辩率部进据城内。侯景败逃时，是向北往朱方走的，侯景的散兵跑来向王僧辩告密，王僧辩命令众将进据台城。当天夜里，士兵用柴烧饭时不慎失火，烧到了太极殿及东西堂等处。当时军队在京城里大肆劫掠，士大夫和百姓的财物都被掠夺，被他们抓到的老百姓，身上衣服被剥得精光。他们又逼着老百姓用钱赎回

衣物，从石头城到东城，秦淮河岸边哭喊之声惊天动地，连京城都被震动，于是老百姓多对朝廷军队感到失望。

王僧辩命令侯瑱、裴之横率精兵甲士五千人，东进讨伐侯景。又俘获侯景党羽王伟等二十余人，送往江陵。伪行台赵伯超在吴淞江降于侯瑱，当时侯瑱把他押来见王僧辩，王僧辩对赵伯超说："赵公，你深受朝廷重恩，却还附从逆臣。事到如今，将要如何是好？"于是，王僧辩命令把他押送江陵。赵伯超被押出去后，王僧辩对在座宾客说："朝廷昔日只知道有赵伯超，却没人知道我王僧辩！等国家濒临土崩瓦解之时，却是我力挽狂澜。人的兴衰荣辱，看来并无常态啊！"宾客们上前为他歌功颂德。王僧辩突然醒悟到失言，就假意说道："这都是圣上的威德，众将士的拼死效命。老夫虽然滥竽充数居统帅位置，又有什么功劳呢？"随后，叛军都被扫平，京城被完全克复，局势稳定下来。

▶【佐帝保国】

世祖萧绎即皇帝位后，因为王僧辩的汗马功劳，进授他为镇卫将军、司徒，并增加班剑护卫二十人，改封号为永宁郡公，食邑五千户，原先所任侍中、尚书令及受赐的鼓吹等待遇不变。

不久之后，湘州叛军陆纳等在渌口（湖南株洲渌口镇）打败衡州刺史丁道贵，把他的军队装备全部收缴；李洪雅又从零陵（今湖南永州市）率

部出空灵滩，声称是帮助朝廷讨伐陆纳。朝廷不能确定李洪雅的正式意图，深感忧虑，便派中书舍人罗重欢征调王僧辩与骠骑将军宜丰侯萧循一起南征平叛。王僧辩于是率领杜崱等各路大军，从建邺出发。部队抵达巴陵时，梁元帝萧绎任命王僧辩为都督东上诸军事，陈霸先为都督西上诸军事。原先陈霸先让都督之职给王僧辩，王僧辩力辞不受，所以元帝分别任命他们为东、西都督，一起南下平叛。湘州叛乱平息后，王僧辩回师江陵，又奉命会集各路大军西进讨伐武陵王，率水军二万人，梁元帝亲自到天居寺为王僧辩饯行。不久武陵王战败，王僧辩从枝江（今湖北枝江市）班师回到江陵，随即出镇建邺。

当月，王僧辩在建邺只停留了不长时间，就又返回江陵。北齐皇帝高洋派郭元建率二万兵众，在合肥大肆陈列舟舰，将要阴谋袭取建业，又派遣他的大将邢景远、步大汗萨、东方老等率领部队随后赶来。当时陈霸先镇守建康，得知此事，飞马向江陵报告，梁元帝当即诏令王僧辩进驻姑孰（今安徽当涂县），留在那里镇守。梁元帝先命令豫州刺史侯瑱率精兵甲士三千人在东关筑堡垒，用来抵挡北方的侵略，又征召吴郡太守张彪、吴兴太守裴之横与侯瑱在东关会合，和北齐军队大战，把他们打得大败，王僧辩率领各路大军回建邺操练。梁

元帝承圣三年（554）三月十八日，梁元帝下诏表彰王僧辩的功绩，加封他为太尉、车骑大将军。

【误国丧身】

当年十月，西魏宰相宇文黑泰派兵与岳阳王会合共五万人，准备袭取江陵。梁元帝派主书李膺到建邺征召王僧辩，任命他为大都督、荆州刺史，并特别敕令王僧辩道："宇文黑泰违背盟约，突然挑起战争。我国猛将多在长江下游，荆、陕一带的军队，都不是骁勇善战的。你应该率领精锐部队，星夜起程，加倍赶路，来拯救危

生肖镜·魏晋南北朝

圆形，半圆钮，圆钮座，座外一圈圆点纹，主纹饰为鸡、鼠、狗、虎四种生肖动物各据一方，环绕镜钮，立于地纹之上，间饰云纹，其外花卉纹山峦纹各一周。全镜纹饰均高浮雕，生肖动物形象逼真，立体生动，清晰自然，铅白光，品相上佳。

难。"王僧辩于是命令豫州刺史侯瑱等为前军，兖州刺史杜僧明等为后军。部署完毕，他对李膺说："宇文黑泰兵都骁勇善战，很难与他们正面交锋。各路大军如已集结完毕，我便率部直指汉江，截断他们的后路。大凡在千里之外缺少粮饷，士兵脸上已有饥色，何况敌人穿越数千里？这正是孙膑打败庞涓时的情况啊。"不久京城陷落，梁元帝被杀。等到梁敬帝第一次即帝位，王僧辩因辅佐之功，按旧制晋封为骠骑大将军、中书监、都督中外诸军事、录尚书，和陈霸先一道参谋讨伐之事。

这时北齐皇帝高洋又想立贞阳侯萧渊明为梁朝皇位继承人，便写信给王僧辩，以敬帝年幼，国无长君为由，威逼利诱，让王僧辩废立，并派上党王高涣总领兵将，护送萧渊明回江东即位。

贞阳侯萧渊明在北齐人马的护送下，即将抵达寿阳（今安徽寿县）。萧渊明前前后后多次给王僧辩写信，谈到他要回国继承帝位的意思，王僧辩没有接受他的要求。等贞阳侯、高涣到了东关，梁散骑常侍裴之横率领部下阻挡，被他们打败，王僧辩这才考虑接受贞阳侯的要求，奉他为梁朝皇帝，行君臣大礼。随后又几次通信，对以往的误会加以辩解，表达自己的忠诚。

贞阳侯萧渊明既然僭越做了皇帝，便任命王僧辩为大司马，兼任太子太傅、扬州牧，其余官职不变。陈霸先当时担任司空、南徐州刺史，痛恨王僧辩在废立这事上的反复，便和各位将领商议，于是从京口（今江苏镇江）起兵十万，水陆并进，攻袭建康（今江苏南京市）。水军到达时，王僧辩像平常一样正在石头城处理政务，陈霸先的军队已经从城北攻入，南门又有人报告遭到进攻。王僧辩和他的儿子王顗急忙从府中跑出来，左右心腹还有几十个人。陈霸先的各路人马都已赶到，王僧辩无计可施，便在南门城楼上请求投降。陈霸先命令手下放火烧城楼，王僧辩才与儿子王顗一起下城，被陈霸先军捉住。陈霸先说："我有什么罪，你却想联合北齐的军队一起讨伐我。"又说："为什么一点防备也没有。"王僧辩说："我委托您守卫北门，怎么说没有防备呢？"当夜，王僧辩父子被斩杀。

论赞

史　臣曰：自从侯景之乱起，梁世祖萧绎占据长江上游，将全楚之兵托付给王僧辩率领，等平定叛乱，功勋卓著，辅佐皇帝登基，位极人臣。敬帝作为梁高祖的子孙、元帝的储君这样尊贵的身份，在江陵沦陷后，理应继承皇位。王僧辩位居将相，当有伊尹、霍光那样的忠义，却受北齐军队挟持，另立旁支庶子为帝。假使要行使忠义，为何又远离忠义？既缺少保国之道，又没有自保的谋划，自取灭亡，可悲啊！

武陵王纪列传

南朝"侯景之乱"后，梁帝国不但面临改朝换代的危机，而且萧氏皇族内部为皇帝宝座也斗得不可开交，其中占据川陕重地的萧衍第八子——武陵王萧纪（？～553）便是其中代表。他不但僭越称帝，还亲率大军沿江南下，与其兄元帝萧纲争夺天下，几番恶斗，屡战屡败，最终丢了性命。有人说其年号"天正"就是"二人一止"，所以他的这番闹剧仅维持了一年就匆匆谢幕了。

【僭越称帝】

武陵王萧纪，字世询，是梁高祖武帝萧衍的第八个儿子。他自幼勤奋好学，很有文才，作文赋辞不崇尚轻浮华丽，很有骨气。武帝天监十三年（514），萧纪被册封为武陵郡王，食邑二千户。萧纪历任宁远将军，琅琊（今山东胶南市琅琊镇）、彭城（今江苏徐州市）二郡太守，轻车将军，丹阳（今江苏丹阳市）尹。又出任会稽太守，不久会稽郡改为东扬州（今浙江绍兴市），萧纪仍然担任刺史，并兼使持节、东中郎将。后被征回朝，担任侍中，领石头戍军事。后出调为宣惠将军、江州刺史。又被征为使持节、宣惠将军、都督扬、南徐（今江浙一带）两州诸军事、扬州刺史。不久改授为持节，都督益、梁（今四川、陕西一带）等十三州诸军事、安西将军、益州刺史，并加赐鼓吹一部。武帝大同十一年（545），授职散骑常侍、征西大将军、开府仪同三司。

当初，在天监年间（502～519），雷电击中太阳门，震出"绍宗梁位唯武王"几个字，解释的人认为"武王"就是指武陵王，于是朝廷上下都归心于他。到了太清年间（547～549），侯景叛乱，萧纪没有赶往京城救援。梁武帝去世之后，萧纪便在蜀地僭越称帝，改年号叫"天正"。立自己的儿子萧圆照为皇太子，萧圆正为西阳王，萧圆满为竟陵王，萧圆普为南谯王，萧圆肃为宜都王。萧纪任命巴西、梓潼（今四川绵阳、梓潼县）二郡太守永丰侯萧撝为征西大将军、益州刺史，并封他为秦郡王。司马王僧略、直兵参军徐怦都尽力劝谏他不要作乱，萧纪认为他们对自己有二心，便把他们都杀掉了。永丰侯萧撝叹息道："武陵王就要灭亡了！所谓良臣正是国家的根基，现在反而把他们杀了，不灭亡又待何时！"他又对自己的亲信说："昔日桓玄篡晋，年号为'大亨'，知情者解释为'二月了'，而桓玄失败正好在仲春二月。现在武陵王年号叫'天正'，从字面上看就是'一止'，这难道还能长久吗？"

【引火自焚】

太清五年（疑为大宝二年，551）夏四月，萧纪率领军队东下抵达巴郡（今四川、重庆一带），以讨伐侯景为名，图谋占据荆陕一带（今湖北陕西地区）。后听说西魏侵略蜀地，便派遣部将南梁州刺史谯淹回军救援。五月初三，西魏将领尉迟迥率军进逼涪水（即涪江，嘉陵江支流），潼州刺史杨乾运献城投降，尉迟迥分军据守潼州，主力开赴成都。五月初五，萧纪军队抵达西陵（今湖北宜昌市西陵区），船舰布满江面，旌旗、铠甲在太阳照射下闪闪发光，军容盛大。梁元帝命令护军将军陆法和在硖口沿岸筑起两座堡垒，拦江截断萧纪的军队。当时陆纳的叛乱尚未平息，而萧纪的蜀军又逼过来，形势危急，人心惶惶，元帝也忧心忡忡。陆法和十天之内接连告

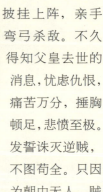

🔸 **鎏金铜释迦像·北魏**

释迦趺坐在须弥座上，作说法状，耳廓大而下垂，有北魏时期佛像的明显特征。

急。梁元帝不得已释放任约出狱，任命他为晋安王司马，调拨部分禁兵给他率领；又派宣猛将军刘棻与任约一起西进。六月，萧纪修筑连城，攻破拦江铁锁。梁元帝又在狱中提拔谢答仁为步兵校尉，配备一支部队，让他西上接应陆法和。梁元帝给萧纪写信说："皇帝问候假黄钺太尉武陵王：自从四方蛮夷入侵中原，天下长期丧乱不休，侯景叛乱，分裂国家，瓦解宗室。我枕戈待旦地东征西讨，两个爱子都战死于疆场，因为没有众多的诸侯为我分忧解难，我只好亲自披挂上阵，亲手弯弓杀敌。不久得知父皇去世的消息，忧虑仇恨，痛苦万分，捶胸顿足，悲愤至极。发誓诛灭逆贼，不图苟全。只因为朝中无人，贼寇尚未消灭，所以卧薪尝胆，替天行道，独自担负起振兴梁室，指挥八方的重任。虽然我又登台拜将，招贤纳士，但就像赤壁大战中却没有鲁肃的参谋，曹操官渡之战中焚烧袁绍屯粮要地乌巢，却得不到荀攸的咨询，我的才智都快用尽了，钱粮也几乎消耗

完了，却得不到一点援助，备尝艰难险阻，终于消灭了侯景叛军。既然已经报仇雪耻，天下太平，经营四方，必须同心协力，一起开创太平。酷暑炎热难耐，不知兄弟近来如何？文武百官操劳疲惫。现在，我派遣散骑常侍、光州刺史郑安忠前去宣布我的意愿。"于是派郑安忠明白告诉萧纪，准许他返回蜀地，独霸一方。萧纪不听从梁元帝命令，回信只是报以家人礼。六月十八日，萧纪部将侯叡率领队伍顺着山路打算发起进攻，任约、谢答仁率部和他接战，把他打得大败。随之陆纳的叛乱也被平息，各路大军都投入西边战场，梁元帝又给萧纪写信说："大智你辛苦了！六月酷夏，令人烦扰，骄阳似火，蚊虫成群，敌人强大，以你的玉体，辛苦了军布阵。回头向西看看，我的功劳如何。自从北方蛮族南侵，侯景叛乱，我这个做兄长的，还算有平定叛乱的功劳，因此得到众人推戴而乐于即位，等事情平定，自当归隐。如果说到派使者去慰劳你们，确实是迟了一点。假如你认为我说的不对，我就此停笔。兄弟之间的友谊，同气连枝。只是兄弟身份地位有所不同，不能像过去那般一模一样，那种互相推让的欢乐时光也一去不复返了。京城失去了昔日的繁盛，只剩下飞鸟的哀鸣，在宫中批阅文件，感叹美好时光都已经远逝。心中的爱意，也写不完了。""大智"是萧纪的别字。萧纪派他手下的度支尚书乐奉业到达江陵，讨论和解的办法，答应按照梁元帝前面的意旨返回蜀地。梁元帝断定萧纪必败，于是便坚决不答应。七月十五日，巴东人苻昇、徐子初等杀了萧纪硖口城守将公孙晃，向梁元帝投降。王琳、宋籤、任约、谢答仁等乘胜进攻侯叡，攻破他的三道堡垒，于是长江两岸十余座城就都降归元帝。将军樊猛俘获萧纪和他的第三个儿子萧圆满，在硖口将他们全部处决，萧纪时年四十六岁。有关官吏奏请断绝萧纪的族籍，梁元帝表示同意，并赐萧纪姓"饕餮氏"。

当初，萧纪即将僭越称帝时，妖怪多次显灵，最令人感到奇怪的是，他的卧室里柏树所做的殿柱的节口长出了花，有四十六根茎，细弱可爱，形状像荷花。有懂得内情的人说："王宫的殿柱上长花，不是什么好事。"萧纪年号天正，和萧栋不谋而合，神签上说天字是"二人"，正字是"一止"。萧栋、萧纪僭越称帝，都只一年时间就灭亡了。

论赞

史　臣曰：梁武帝太清年间（547～549）侯景之乱时，武陵王萧纪占据庸、蜀二地的财富，却不赴京拯救朝廷危难，以彰显臣子的忠节；等逆贼侯景被诛灭后，他才起兵，师出无名，酿出祸端。呜呼！以身遭受西周时管叔、蔡叔那样的惩罚，实在是自取灭亡啊！

侯景列传

侯景（503～552）本是威震北朝的名将权臣，因与高氏父子争权失败而叛逃于梁国，后又再次反叛，攻陷梁都，饿死武帝萧衍，废梁称帝，最后被王僧辩击败，身首异处，留下千秋骂名。而"侯景之乱"也堪称南北朝史上一重要分水岭。

【威震北朝】

侯景字万景，朔方人，也有说是雁门人。自幼放荡不羁，乡里人都怕他。长大后，勇猛而膂力强劲，善于骑马射箭。被选做北镇戍兵，逐渐立有战功。北魏孝昌四年（528），魏明帝死去，皇后胡氏临朝执政，天柱将军尔朱荣从晋阳（今山西太原）起兵攻入京城杀掉胡氏，并诛灭胡氏亲族。侯景于是带领自己的部队去投靠尔朱荣，尔朱荣认为侯景人才出众，便把军事交付给他。这时正值葛荣大军南下，尔朱荣亲自率兵征讨，命令侯景做前锋，进入河内（今河南沁阳）大败葛军，活捉葛荣，侯景以功被提拔做定州刺史、大行台，封濮阳郡公，从此威名显著。

不久，高欢任北魏丞相，又率兵入洛阳杀掉尔朱氏，侯景又率众投靠了高欢，并得到高欢重用。侯景性格残忍暴虐，但统率军队严谨整齐，一旦破敌后攫取到的财宝，全都按级别赏赐给将士，因此将士全都为他拼死效命，凡有攻战，多获胜利。侯景总揽兵权，与高欢齐名。北魏朝廷任命侯景为司徒、南道行台，统兵十万，专制河南。

【降附南朝】

后来，高欢病危，对儿子高澄说："侯景狡猾而诡计多端，反复无常，难于捉摸，我死后他必定不肯为你效力。"于是写信召侯景前来。侯景察觉到高欢要除掉自己，担心遭祸，便在太清元年（547）派他的行台郎中丁和到梁国上表，请求以所辖的黄河以南地区归降南朝。

丁和到来后，梁武帝召集群臣商议，尚书仆射谢举和百官等议后，都说不应该接受侯景归降，武帝不听，执意要接纳侯景。于是颁下诏书封侯景为河南王、大将军、使持节、总督河南南北诸军事、大行台，奉命可以便宜行事。

北魏大将高欢既死，侯景又带着河南地归附南朝，高澄担心侯景同西魏、南梁联合起来，成为自己的祸患，于是写信给侯景，以其亲属性命相威胁，要侯景归降，并许诺既往不咎。而侯景回信，表示拒绝。

十二月，侯景派他的行台左丞王伟、左民郎中王则到梁京师献策，请求选归降的元氏子弟立为魏国新君，由他辅佐北伐，朝廷答应了这个建议。武帝下诏任命太子舍人元贞为咸阳王，等到大军渡江北进时，许诺以元贞即位做北魏皇帝，并赐给他天子专用的车驾。

之后，高澄派大将慕容绍宗追击侯景，侯景撤退进入涡阳（今安徽蒙县），这时还有战马几千匹，兵卒几万人，战车一万多辆，两军在涡水之北对峙。侯景军粮用尽，士兵又都是北方人，不愿渡江南下，部将暴显等人各自率领自己的部队向慕容绍宗投降。侯景大军溃散，于是和几个心腹从峡石渡过淮河，逐渐收集起散兵，得到马步军八百人，一齐奔向寿春（今安徽寿县），监州韦黯接纳了他们。侯景启奏梁武帝请求降罪，武帝诏书表示优容，没有准奏，仍然让他做豫州牧，原有官爵不变。

【起兵反梁】

侯景占据寿春后，又产生了反叛梁朝之心，他把所属城镇的居民，全招募来充当军士，并且立即停止收敛市税田租，并把百姓子女全分配给部下将士，又向朝廷讨要布匹、兵器。侯景自从在涡阳战败之后，向朝廷提

出好多要求，朝廷宽容，从不拒绝。

先前，豫州刺史贞阳侯萧渊明督率众军围攻彭城（今江苏徐州），兵败后被魏军俘虏，这时，萧渊明派使者回南朝来说魏人请求重归于好。于是太清二年（548）二月，梁武帝又和东魏讲和。侯景听说后大惊，派人

⚫ 侯景像

侯景（503～552），字万景，北魏怀朔镇（今内蒙古固阳）鲜卑化羯人，先后叛东、西魏、梁，其在南梁的叛乱史称"侯景之乱"，称帝（国号为汉）后不久被杀。

火速启奏，坚决劝阻，但梁武帝不听从。从这以后，侯景进奏的表疏态度强横，言辞不再恭顺。鄱阳王萧范镇守合肥，和司州刺史羊鸦仁多次奏报侯景心怀不轨，领军朱异却说："侯景带领几百个叛兵，能惹出什么乱子？"将启奏全都压下不使武帝知道，反而更多地对侯景赏赐，所以侯景的奸谋日渐成熟。侯景又探听到临贺王萧正德对朝廷怀有怨望之心，便派人前去秘密勾结，萧正德答应给侯景做内应打开城门。八月，侯景以讨伐朱异等佞臣为名，起兵反叛，进攻马头（今安徽寿县西）、木栅（今安徽怀远县境），活捉太守刘神茂、戍主曹璆等人。于是武帝下诏命以四路大军进讨侯景，又命令开府仪同三司、丹阳尹、邵陵王萧纶持节，总督众军。

青釉双系罐·南北朝

十月，侯景一路连战连捷，在萧正德接应下顺利渡江，兵抵京师，并很快攻克石头城和东府城。十一月，侯景扶立萧正德在仪贤堂即伪皇帝位，改年号为正平。侯景自己做相国、天柱将军，萧正德把女儿嫁给侯景。

随后，侯景驱使数万百姓在建康城外东西两面各筑起一座土山用来观察城里情况，城里也修筑两座土山和城外的相对，放纵士兵随意杀人掠夺，死尸塞满道路，对富家豪门，任意搜刮抢夺，各家儿女妻妾，全被抢进军营。而率军前来征讨的邵陵王萧纶在初战小胜后，很快被侯景击败。

此时，四方勤王军队纷纷赶到。侯景叛军与之相持不下，就假意乞和。朝廷迫于形势，答应侯景把江西四个州的地面割让给他，并在西华门外修建神坛，派人与侯景营寨遥对，杀牲歃血为盟，暂时停战。

起初，彭城刘邈劝侯景说："大将军在此停顿已久，攻城受挫，如今朝廷援军大量集结，不能轻易攻破；如果知道您的军粮支持不了一个月，水陆运粮道路被截断，四野又无处抢粮，如同婴儿在手心里，这种事确实在今天要出现了。不如请求讲和，军队全部北返，这才是上策。"侯景表示赞同，所以才向梁朝请和。后来知道各路援军号令不一，始终没有救助王室的实际行动；又听说城中死亡得病的人越来越多，必定会有人响应。谋臣王伟又劝说侯景："大王以臣子的身份发兵反叛，包围皇宫，已经超过百天，逼迫侮辱后妃公主，侵凌破坏宗庙，今天走到这个地步，什么地方能容身？希望大王暂且再观察形势的变化。"侯景同意，于是上表历数梁武帝的过错，再次开战。而羊鸦仁、柳敬礼等勤王军也被侯景大将宋子仙击败。

【台城之变】

太清三年（549）三月，侯景攻陷台城，将皇帝的车驾服饰诸玩物、后宫的嫔妃全部掠走，收捕王侯朝臣幽禁于永福省，撤掉两宫侍卫。派王伟守卫武德殿，于子悦屯兵在太极东堂，假造武帝诏书大赦天下，侯景自己做大都督、总管内外诸军事、录尚书，原有职位不变。

侯景又假造诏书说："往日，奸臣专断王命，几乎灭亡了国家，依靠丞相英明，入朝辅佐我执政，召集前来的镇将牧守可以各自回到本职的任地。"贬萧正德降做侍中、大司马，其他百官都恢复原职。于是，四方援军都溃散了。

五月，梁武帝萧衍死在文德殿。起先，台城陷落后，侯景先派王伟、陈庆进宫拜见武帝，武帝说："侯景现在何处？你们可以把他招来。"当时武帝坐在文德殿，侯景入宫朝见，带领甲士五百人自卫，佩宝剑上殿。拜礼过后，武帝问道："你在军队中

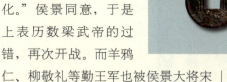
● 货币一组九枚·南北朝

日久，岂不是很劳苦吗？"侯景无言以对。武帝又问："你是哪州人，竟胆敢来到这里？"侯景又不能回答，随从的人替他作答。出殿后，他对厢公王僧贵说："我曾坐在马鞍上对敌作战，箭射刀砍，但是意气安然平缓，毫不恐惧。今天拜见萧公，让人自生恐惧，难道是天子的威严不可侵犯？我可不能再见他了！"武帝虽然表面上已经屈服于侯景，可是心里还是怀着怨恨愤慨，当时凡是有事奏上，大多遭到谴责或否定。侯景深深敬畏，也不敢过分逼迫。侯景派遣军人进入宫殿值差，武帝问制局监周石珍说："这些人都是谁派来的？"周石珍回答说："是丞相。"武帝故意问："哪一个丞相？"回答说："是侯丞相。"武帝发怒说："这个人叫侯景，为什么称他丞相！"从这以后，武帝有所要求，大多不能使他满足，以至于饭食也被裁减，于是武帝忧愤成疾，很快病逝。

【篡梁自立】

武帝死后，侯景秘不发丧，暂时

诸天神像壁画

此壁画作于西魏大统四至五年（538～539），位于敦煌市莫高窟第285窟内西壁正龛南侧。此图上绘毗瑟纽天，又名那罗延天，三头六臂，手障日月，持轮、贝及各种法器，下为二力士。

将灵柩停放在昭阳殿，外朝的官员都不知道实情。二十多天过后，把灵柩又放在太极前殿，迎接皇太子萧纲即皇帝位。

六月，侯景在永寿省杀掉萧正德。次年（550），侯景又颁假诏书晋升自己为相国，赐封泰山等二郡，自称汉王，还赐自己"宇宙大将军"的称号。简文帝萧纲看后惊讶地说："将军竟然有'宇宙'这个称号吗？"

大宝二年（551），侯景西进同湘东王萧绎在郢州（今湖北武汉）等处交战，在巴陵（今湖南岳阳）被王僧辩击败，部将任约也被活捉。侯景连夜逃走，撤回京师。王僧辩于是统率众军东下，连战连捷。

这时侯景便废掉简文帝萧纲，把他幽禁在永福省。假诏书的草稿写成后，逼萧纲抄写，萧纲抄写到"先皇念神器之重，思社稷之固"一句时，便痛哭感叹，不能自禁。当天，侯景迎来豫章王萧栋即皇帝位，大赦天下，改年号为天正元年。这天有旋风起自永福省，把那里的礼乐器物都吹倒折坏，见到的人没有不惊恐的。

当初，侯景平定京师之后，便有篡夺皇位的想法，因为要等四方平定，便暂时没有自立；当在巴陵战败失利，在江州、郢州部队损失巨大，猛将在外作战被歼灭，自己雄心受到挫折的时候，便打算赶快篡夺皇帝的名号，以便使自己的奸心如愿以偿。侯景的谋臣王伟说："自古以来改朝换代，一定要有废旧立新的举动。"于是侯景便听从王伟的意见。侯景的太尉郭元建听到消息之后，从秦郡骑马疾驰归来，劝谏侯景说："四方的军队所以不前来进攻，正是因皇帝和太子二人安然无恙；假若轻易地做出弑君叛逆的事情，就会同天下人结下怨仇，成败的时机一错过，便追悔莫及了！"王伟固执己见，于是侯景也没听郭元建的劝谏。

十月初二夜里，侯景派他的卫尉彭俊、王修纂秘密将萧纲杀害。十一月，侯景假托萧栋诏书，把帝位禅让给自己，并大赦天下，改年号为太始元年。封萧栋做淮阳王，幽禁在监省。王伟请求建立天子七庙，问侯景七代祖先的名字。侯景说："前代祖先的名字我不再记得了，只晓得父亲的名字是标。"群臣听了全都私下里讥笑他。侯景的同党有的知道侯景祖父的名字叫周，除此以外都是由王伟生造出来的名字和辈数，拿汉朝的司徒侯霸当始祖，晋朝受到朝廷征召的士人侯谨做第七代祖先。于是追尊侯景祖父侯周为大丞相，父亲侯标谥元皇帝。

【途穷授首】

次年（552）二月，王僧辩与陈霸先会师后挥军东下，率大军击败侯景之子侯子鉴，兵抵石头城，随后大败侯景。于是叛军或四散奔逃，或献城投降。

侯景战败后，不敢进皇宫，收聚起散兵，驻屯在皇宫之外，想要逃跑。王伟握住马缰绳劝谏说："自古以来哪里有叛逃的天子！现在宫中的卫士，还足以用来一战，怎么可以随便跑了，丢下这里打算到哪里去？"侯景说："我在北方打贺拔胜，击败葛荣，在河、朔扬名，是和渤海王高欢一样的人物。这次南来渡过大江，夺取名城易如反掌，

在北山攻打邵陵王，在秦淮河南岸大败柳仲礼，这都是你亲眼看到的。今天的惨败，恐怕是天意要灭亡我。你好生守城，我只好再决一死战了。"侯景抬头仰望宫门石阙，徘徊叹息很久。于是用皮袋装进两个儿子挂在马鞍上，和他的仪同田迁、范希荣等一百多骑手向东逃走。王伟也丢下台城自己逃跑。侯子鉴等人则逃奔广陵（今江苏扬州）。

王僧辩派大将侯瑱率兵追击侯景。侯景一路奔逃，部下都纷纷举旗求降。侯景不能控制局面，便和几十个心腹乘一条船逃走。前太子舍人羊鲲趁乱杀掉侯景，将其尸体送到王僧辩那里，又把侯景的头传送到西台。侯景被放在建康市上曝尸，百姓争着割侯景的肉切了吃，烧侯景的尸骨扬了灰。曾经遭受侯景祸害的人便拿这灰和酒喝下。当侯景的头传送到江陵，梁世祖萧绎下令把侯景的头悬挂示众，然后又把头煮过上漆，交给武库收藏。

论赞

史臣曰：侯景小人，数次反叛其国，他见识不足以保全自身，勇力也非出类拔萃，但王伟做了他的谋主，使其奸恶得逞。他驱使一班丑陋之徒，渡过长江，凭借长枪硬弓，沦陷京师，残害宗室，荼毒百姓，任意妄为，造成篡权盗国之祸。

陈书

156

陈 书

原中华书局编审

刘德麟

　　《陈书》是南朝陈的纪传体断代史著作，记载自陈武帝陈霸先即位至后主陈叔宝亡国前后三十三年间的史实。由姚察及其子姚思廉两代人撰写。姚思廉，字简之，贞观初，姚思廉任著作郎、弘文馆学士。后官至散骑常侍。贞观三年 (629)，奉诏撰梁、陈二史。姚思廉撰《陈书》，主要参考陈朝史官陆琼、顾野王、傅縡等人有关陈史的撰述。

　　《陈书》包括帝纪六卷，列传三十卷，共三十六卷。陈朝政权只存在了三十三年，在政治、经济、文化方面没有特别的建树，或许与此有关，《陈书》内容比不上《梁书》那样充实，本纪和列传都过于简略。但它在编次上却比《梁书》显得更加严谨、合理。

卷一至卷二

高祖本纪

陈 霸先一生征战南北，把陷于四分五裂的梁朝重新统一起来，对外击退北齐的侵扰，抵御西魏，终于使久经战乱的江南重新恢复生机，凭借卓越的功勋称帝建立陈朝。

▶【生而龙颜】

高祖武皇帝陈霸先，字兴国，小名法生，吴兴长城下若里（今浙江湖州长兴县）人，是东汉太丘县令陈寔的后人。梁朝天监二年（503）出生，少年时便倜傥有大志，不事耕作和积聚家产。长大后，读兵书，会多般武艺，明达果断，为时人所敬服。身高七尺五寸，额头隆起，手长过膝。

大同（梁武帝年号）初年，新喻侯萧映任吴兴太守，很看重高祖，他曾看着高祖对属下们说："此人前程远大。"萧映任广州刺史时，高祖在他手下任中直兵参军。萧映派高祖招募兵马，他招来了千人。不久，升任西江督护、高要郡太守。卢子略、杜僧明等人起兵造反，声势很大，日夜猛烈进攻广州，城破在即，高祖率领三千军队昼夜兼程来援，击败了叛军，杜僧明投降。梁武帝大为惊叹，封高祖为直阁将军、新安县子，食邑三百户，并让画师画下高祖的相貌以备观看。

▶【忠义为国】

次年，高祖被任命为交州司马、武平太守，和刺史杨暵率军南征。两人在西江同定州刺史萧勃会合。萧勃知道士兵们畏惧远征，便私下偷着悬赏引诱他们卖命，又狡猾地推说是杨暵做的。杨暵问众将有何对策，高祖说："交趾叛乱，罪在王室，致使数州陷入战乱，长达数年之久。萧勃又想贪图眼前小利，罔顾大局。您奉诏讨伐罪臣，当置生死于度外，岂能畏惧王室宗亲的权势，而看轻国法呢？现在如果令众人沮丧失望，何必去交州讨伐叛逆，我们回朝后就会受到千夫所指。"于是大军击鼓继续前进。大同十一年（545）六月，大军到达交州。高祖作为先锋，率先进攻，叛贼李贲败逃到典澈湖，并在湖中大肆打造战船和防御工事。士兵们都心生恐惧，停在湖口不敢进攻。高祖对众将士说："我军士气已衰，将士疲劳，长期和敌军对峙，恐非上策。而且我们孤军深入，进入敌方腹地，如果不能一战取胜，我们岂有全身而退之理。现在应趁敌军屡屡败退，军心不稳，这群蛮夷不过是乌合之众，容易打败，我们正该同生共死，和敌军决一死战，无故停留的话，时机就一去不复返了。"众将士默然无语。当夜，江水暴涨起七丈，涌入湖中，激流奔腾。高祖乘势率军进攻，敌军大败。李贲逃入屈獠洞中，被屈獠斩首。李贲之兄李天宝伙同另一贼首李绍隆收拾残兵两万余，杀了德州刺史陈文戒，进兵围攻爱州，高祖率兵平定了他们。朝廷任命高祖为振远将军、西江督护、高要太守、督七郡诸军事。

【组建义军】

太清二年（548）冬，侯景率军进犯京城，高祖正要领兵驰援，广州刺史元景仲怀有异心，想谋害高祖。高祖知道了他的阴谋，便严加防范。次年七月，高祖在南海集结义军，发檄文讨伐元景仲，元景仲计穷，自缢而亡。高祖迎请萧勃镇守广州，自己驻守始兴郡（今广东韶关南）。

十一月，高祖派杜僧明、胡颖率两千人驻扎在岭上，并厚礼结交始兴郡里的豪杰之士谋划起义，侯安都、张偲等率千余人来投靠。萧勃听说此事后，派钟休悦劝说高祖："侯景骁勇善战，天下无敌，之前的十万援军，虽然兵强马壮，也不能和侯景争锋，所以才令他得志。凭你手下那么点人马，能怎么样呢？各地都已陷入战乱，诸侯互相征伐。你是疏远的外臣，岂能胡乱投靠？不如先保住始兴，在此

大造声势，以自求多福吧。"高祖哭着说："我本平庸无能，蒙受国恩才有些功业。之前听说侯景渡江，我就想去增援京城，却碰上元景仲等人叛乱，半道阻碍了我。如今京城沦陷，皇上受辱，所谓君辱臣死，谁敢吝惜自己的生命！君侯（萧勃）是皇亲贵胄，任重如山，却不能万里讨贼，以雪国仇家恨，现在他随便派出一支军队都比我强，然而却降给我这样的旨意，实在令人慨叹。我意已决，请回去告诉侯爷吧。"这时，蔡路养起兵占据南康（今江西南康市），萧勃派心腹谭世远做曲江县令，和蔡路养联合起来遏制义军。大宝元年（550）高祖从始兴领军出发，大败蔡路养，进驻南康。湘东王萧绎秉承皇上旨意任命高祖为员外散骑常侍、持节、明

🔴 陈霸先像

陈霸先（503～559），吴兴长城人（今湖州长兴里），是南陈的建立者。南陈历3代5帝共33年。

🔴 田黄水盛 · 南北朝

高 7 厘米。水盛为盛水之器，古人砚墨，滴水时盛水用器，上口较小，身较高，底部较大，像田鸡篓。

威将军、交州刺史，改封爵位为南野县伯。

【讨伐侯景】

六月，高祖修缮好崎头古城，迁居于此。派周文育领兵击败高州刺史李迁仕，高祖被任命为通直散骑常侍、使持节、信威将军、豫州刺史，豫章内史，改封爵位为长城县侯，不久又迁升为散骑常侍、使持节、都督六郡诸军事、军师将军、南江州刺史，其他职位不变。李迁仕败逃到宁都后，得到当地刘蔼等人的资助，打造战船兵器，准备偷袭南康。高祖派杜僧明等人领兵御敌，次年三月，杜僧明等将领攻破李迁仕城池，俘虏李迁仕押解到南康，高祖将其斩首。受湘东王令，高祖进兵平定江州，又兼任江州刺史。

六月，高祖从南康领兵出发，进驻西昌。此时，湘东王任命征东将军王僧辩为义军元帅讨伐侯景。八月，王僧辩屯兵溢城，此时他军中缺少军粮。高祖事先曾储存有五十万石粮食，此时就分拨给王僧辩三十万石，率兵扎住巴丘（今湖南岳阳市）。此时侯景废掉简文帝，立萧栋为新君，高祖派长史沈衮带奏表到江陵（今荆州市）劝湘东王称帝。十一月，高祖被任命为使持节、都督会稽、东阳、新安、临海、永嘉五郡诸军事、平东将军、东扬州刺史，兼会稽太守、豫章内史，其他职务如故。

大宝三年（552）正月，高祖率领甲士三万，携强弓劲弩五千张、战船两千艘，从豫章（今南昌市）出发。二月，进驻桑落洲（今江西省九江县江洲镇附近）。后在白茅湾（今安徽怀宁以东）和王僧辩军队会合，筑坛盟誓。三月，高祖及各路义军攻破姑孰（今安徽当涂），高祖屯驻蔡洲（今江苏江宁县西南十二里江中）。侯景登上石头城观望形势，很不高兴，他命人在船上装满石头沉到水底阻塞淮河河口。不久侯景亲率大军一万余人，铁骑八百余匹，进攻义军。高祖决定用分散敌人的兵力，然后各个击破的方针御敌。高祖率众冲锋在前，敌军大败，侯景派人从皇宫接出他的儿子后逃跑。高祖镇守京口（今镇江市）。

【拥立新君】

五月，北齐七万军队围攻秦郡（今江苏六合），高祖率兵击溃敌军。

七月，高祖被任命为使持节、散骑常侍、都督南徐州诸军事、征北大将军、开府仪同三司、南徐州刺史。十一月，湘东王在江陵登基称帝，改大宝三年为承圣元年。承圣三年（554）三月，高祖升任司空，其他职务如故。

十一月，西魏军队攻陷江陵。十二月，晋安王萧方智入住皇宫，赐高祖班剑仪仗二十人。次年五月，北齐送回贞阳侯萧渊明，拥他称帝，王僧辩接纳了他，萧渊明登基，改年号为天成，立晋安王为太子。九月，高祖发兵讨伐王僧辩，吊死了他。十月，高祖拥立晋安王称帝，改承圣四年为绍泰元年，高祖被任命为侍中、都督中外诸军事、车骑将军、扬南徐二州刺史，其他职位不变。皇上赐高祖百人戎装侍卫，可以任意出入宫廷。

【建国称帝】

绍泰元年至二年（555～556）

高祖率军屡次击败北齐军队。

绍泰二年七月，高祖升任中书监、司徒、扬州刺史，爵位进封为公，食邑五千户。八月改年号为太平元年，高祖迁升为丞相、录尚书事、镇卫大将军，晋封为义兴郡公。十月，皇帝特赐许高祖可以在御座旁设立座位。太平二年十月，高祖进位为王，不久，梁帝禅让。永定元年（557）十月，高祖称帝。

【驾崩】

永定三年（559）六月十二日，高祖身体不适，十六日，病略为好转。十七日，高祖身着素服在东堂哭悼，悲伤至极。十八日，高祖去听狱讼，当夜火星出现在天尊位。高祖病情又加重。二十一日，崩于璇玑殿，时年五十七岁。遗诏追临川王陈蒨入朝继位。八月初十日，群臣追尊谥号为武皇帝，庙号高祖。十二日，安葬于万安陵。

论赞

史　臣曰：高祖雄才大略，随机应变而不拘一格，可比拟于汉高祖和魏武帝。高祖遵循天意，抚平天下末世厄运，乘着大势拯救动乱的时局，帝王功业的基础从此开始。改朝换代之时，百姓都唱着颂歌来归附，前朝的苦难离去，如释重担，和前代相比，这是多么美好啊！

本纪

陈书

后主本纪

隔 "江犹唱后庭花"是人们对陈后主最主要的印象，和李后主一样，陈后主也耽于诗酒风月，不过他却毫无李后主的真性，是以后人皆惜惋李后主而鄙哂陈后主。

【继承社稷】

陈后主陈叔宝，字元秀，小名黄奴，是陈高宗的长子。梁朝承圣二年（553）十一月出生在江陵（今荆州）。天嘉三年（562），后主到了京城，被立为安成王世子。太建元年（569）正月，被立为太子。

太建十四年（582）正月，高宗驾崩。乙卯，始兴王陈叔陵谋反被诛。丁巳，后主在太极前殿登基。下诏大赦天下，奖赏天下继承父业者爵位一级，赐不能自养的孤寡老弱者每人五斛谷，二匹帛。癸亥，任命侍中、翊前将军、丹阳尹长沙王陈叔坚为骠骑将军、开府仪同三司、扬州刺史，右卫将军萧摩诃为车骑将军、南徐州刺史，镇西将军、荆州刺史樊毅为征西将军，平南将军、豫州刺史任忠为镇南将军，护军将军沈恪为特进、金紫光禄大夫，平西将军鲁广达为安西将军，仁武将军、丰州刺史章大宝为中护军。乙丑，尊奉皇后为皇太后，宫名为弘范。己巳，立妃子沈氏为皇后。

☉ 陈叔宝

南陈亡国之君陈叔宝（553～604），即陈后主，583～589年在位。在位期间大建官室，沉迷音色，制作有《玉树后庭花》等艳词。589年被隋军所俘。

【大封宗亲】

三月辛亥，后主下诏奖励农耕。癸亥，下诏广求贤才。又下诏鼓励百官忠言直谏。己巳，后主任命侍中、尚书左仆射、新任翊前将军晋安王陈伯恭为安南将军、湘州刺史，新任翊左将军、永阳王陈伯智为尚书仆射，中护军章大宝为丰州刺史。

四月丙申，立皇子永康公陈胤为太子，赐予天下可以继承父业者爵位一级，赐王公以下官员帛匹。庚子，后主下诏节省宫廷费用，禁止民间邪教滋生。癸卯，下诏赐予衣物酒食，遣还在京城做人质的外地臣子的子侄。

七月辛未，后主大赦天下。这个月，长江水色赤红如血，从京城直至荆州。

九月丙午，后主在太极殿设无遮大会，施舍御用服饰及车舆等供奉佛祖，大赦天下。乙卯，太白星白天出现。丙寅，任命骠骑将军、开府仪同三司、扬州刺史长沙王陈叔坚为司空，征南将军、江州刺史豫章王陈叔英就以本身官号开府仪同三司。

至德元年（583）正月壬寅，后主下诏大赦天下，改太建十五年为至德元年。任命征南将军、江州刺史、新任开府仪同三司豫章王陈叔英为中卫大将军，骠骑将军、开府仪同三司、扬州刺史长沙王陈叔坚为江州刺史，征东将军、开府仪同三司、东扬州刺史司马消难为车骑将军，宣惠将军、丹阳尹晋熙王陈叔文为扬州刺史，镇南将军、南豫州刺史任忠为领军将军，安左将军鲁广达为平南将军、南豫州刺史，祠部尚书江总为吏部尚书。癸卯，立皇子陈深为始安王。二月丁丑，任命始兴王陈叔重为扬州刺史。

四月戊辰，交州刺史李幼荣进献被驯服的大象。己丑，后主任命前轻车将军、扬州刺史晋熙王陈叔文为江州刺史。八月丁卯，任命骠骑将军、开府仪同三司长沙王陈叔坚为司空。十月丁酉，立皇弟陈叔平为湘东王，陈叔敖为临贺王，陈叔宣为阳山王，陈叔穆为西阳王。癸丑，立皇弟陈叔俭为南安王，陈叔澄为南郡王，陈叔兴为沅陵王，陈叔韶为岳山王，陈叔纯为新兴王。

【万国来朝】

十二月丙辰，头和国遣使进贡特产。司空长沙王陈叔坚因罪免职。

至德二年（584）正月丁卯，后主派钦差巡视各地风俗。加封平南将军、豫州刺史鲁广达为安南将军。癸巳，大赦天下。

五月戊子，后主任命尚书仆射永阳王陈伯智为平东将军、东扬州刺史，轻车将军、江州刺史晋熙王陈叔文为信威将军、湘州刺史，仁威将军、扬州刺史始兴王陈叔重为江州刺史，信武将军、南琅琊彭城二郡太守南平王陈嶷为扬州刺史，吏部尚书江总为尚书仆射。

七月戊辰，后主任命长沙王陈叔坚为侍中、镇左将军。壬午，太子行加冠礼。后主赐文武大臣数目不等帛，天下继承父业者爵位一级，孤寡病老不能自养者谷子五斛。

九月癸未，太白星白天出现。

十月己酉，后主下诏免除百姓太建十四年积欠的租税，命百官要为政力求公允。

十一月丙寅，大赦天下。壬申，盘盘国（今泰国南万伦湾沿岸一带）遣使进献特产。戊寅，百济国（今朝鲜半岛西部的大部分地区）遣使进献特产。

至德三年（585）正月初一，发生日食。庚午，后主任命镇左将军长沙王陈叔坚以本身官号开府仪同三司，征西将军、荆州刺史樊毅为护军将军，守吏部尚书、兼著作陆琼为吏部尚书，金紫光禄大夫袁敬加授特进。

三月辛酉，前丰州刺史章大宝起兵谋反。四月庚戌，丰州起义将领陈景详斩杀章大宝，传送其首级至京城。

八月戊子夜，老人星出见。己酉，后主任命左民尚书谢伷为吏部尚书。

十月己丑，丹丹国（今马来西亚吉兰丹）遣使进献特产。

十一月己未，后主下诏修葺改建孔庙，并按时祭祀。辛巳，后主驾幸长干寺，大赦天下。

十二月丙戌，太白星白日出现。辛卯，太子到太学讲解《孝经》，戊戌，讲授完毕。辛丑，后主祭奠孔子，礼仪结束后，举办音乐会，设宴款待王公大夫。癸卯，高句丽遣使进献特产。

至德四年（586）正月甲寅，后主下诏命百官举荐贤才。迁升中权大将军、开府仪同三司鄱阳王陈伯山为镇卫将军，中卫大将军、开府仪同三司豫章王陈叔英为骠骑大将军，镇左将军、开府仪同三司长沙王陈叔坚为中军大将军，安南将军晋安王陈伯恭为镇右将军，翊右将军宜都王陈叔明为安右将军。

二月丙戌，后主任命镇右将军晋安王陈伯恭为特进。丙申，立皇弟陈叔谟为巴东王，陈叔显为临江王，陈叔坦为新会王，陈叔隆为新宁王。五月丁巳，立皇子陈庄为会稽王。

九月甲午，后主驾幸玄武湖，陈列战舰检阅军队，大宴群臣并赋诵诗歌。戊戌，任命镇卫将军、开府仪同三司鄱阳王陈伯山为东扬州刺史，智武将军岳阳王陈叔慎为丹阳尹。丁未，百济国遣使进献特产。

【多行大赦】

十月癸亥，后主任命尚书仆射江总为尚书令，吏部尚书谢伷为尚书仆射。

十一月己卯，后主下诏大赦天下。

祯明元年（587）正月丙子，后主任命安前将军衡阳王陈伯信为镇前将军，安东将军、吴兴太守庐陵王陈伯仁为特进，智武将军、丹阳尹岳阳王陈叔慎为湘州刺史，仁武将军义阳王陈叔达为丹阳尹。戊寅，后主下诏大赦天下，改至德五年为祯明元年。乙未，发生地震。癸卯，任命镇前将军衡阳王陈伯信为镇南将军、西衡州刺史。

二月丁未，后主任命特进、镇右将军晋安王陈伯恭为中卫将军，中书令建安王陈叔卿为中书监。丁卯，下旨免除至德元年百姓积欠的赋税。

八月癸卯，老人星出现。丁未，后主任命车骑将军萧摩诃为骠骑将军。

九月乙亥，后主任命骠骑将军、开府仪同三司豫章王陈叔英为骠骑大将军。庚寅，西梁皇帝萧琮所委任的尚书令、太傅安平王萧岩，中军将军、荆州刺史义兴王萧瓛，派遣他们的都官尚书沈君公前往荆州刺史陈纪那里请降。辛卯，西梁萧岩等人率文武官员及十万余万百姓渡过长江归降。甲午，大赦天下。

十一月乙亥，朝廷划出扬州的吴郡，设置为吴州，又划出钱塘县设为钱塘郡，隶属于吴州。丙子，后主任命萧岩为平东将军、开府仪同三司、东扬州刺史，萧瓛为安东将军、吴州刺史。丁亥，任命骠骑大将军、开府仪同三司豫章王陈叔英兼任司徒。

十二月丙辰，后主任命前镇卫将军、开府仪同三司、东扬州刺史鄱阳王陈伯山为镇卫大将军、开府仪同三司，

前中卫将军晋安王陈伯恭为中卫将军、右光禄大夫。

祯明二年（588）正月辛巳，后主立皇子陈恮为东阳王，陈恬为钱塘王。当月，派遣散骑常侍周罗睺率兵屯驻峡口。

【上天示警】

四月戊申，有难以计数的老鼠，自蔡洲岸边进入石头城渡过淮河，到达青塘两岸后，数日死去，随流水进了长江。戊午，后主任命左民尚书蔡徵为吏部尚书。当月，郢州南浦的河水变得漆黑如墨。

五月壬午，后主任命安前将军庐陵王陈伯仁为特进。甲午，东冶铸造铁器，有个数斗大的红色物体从天而

🔥 陈后主玉树新声

降，坠落到熔炉附近，发出了雷一样的轰隆隆的声音，熔化的铁水飞溅出墙外，烧坏了几所民房。

六月戊戌，扶南国（今柬埔寨境内）遣使进献特产。庚子，后主废黜太子陈胤为吴兴王，改立军师将军、扬州刺史始安王陈深为太子。辛丑，迁升平南将军、江州刺史南平王陈嶷为镇南将军；

陈后主华林纵艺

忠武将军、南徐州刺史永嘉王陈彦为安北将军；会稽王陈庄为翊前将军、扬州刺史；宣惠将军、尚书令江总为中权将军；云麾将军、太子詹事袁宪为尚书仆射；尚书仆射谢伷为特进；宁远将军、新任吏部尚书蔡徵为安右将军。甲辰，任命安右将军鲁广达为中领军。丁巳，大风从西北方吹来掀起浪涛进入石头城，淮渚水位暴涨，溢出堤岸，船只也被冲走沉没。

【敌国来攻】

十月己亥，后主立皇子陈蕃为吴郡王。辛丑，任命度支尚书、兼大著作姚察为吏部尚书。己酉，后主前往莫府山大规模狩猎。

十一月丁卯，后主下诏定时在大政殿审理案件。壬申，任命镇南将军、江州刺史南平王陈嶷为征西将军、郢州刺史，安北将军、南徐州刺史永嘉王陈彦为安南将军、江州刺史，军师将军南海王陈虔为安北将军、南徐州刺史。丙子，立皇弟陈叔荣为新昌王，陈叔匡为太原王。当月，隋朝派晋王杨广率领各路大军前来讨伐，从巴、蜀、沔、汉向长江下游直到广陵（今扬州），几十路大军一起进犯。沿着长江各镇守据点，都相继报告战况。此时，朝廷里新任湘州刺史施文庆、中书舍人沈客卿掌管机密事宜，当权用事，都把上报来的战况奏表给私自压下了，所以朝廷没有采取戒备防守措施。

祯明三年（589）正月初一，大雾充塞四方。当天，隋朝总管贺若弼从北路广陵渡江进入京口（今镇江），总管韩擒虎赶往横江，渡江过采石矶，从南路将要和贺若弼的军队会合。丙寅，采石矶守将徐子建紧急向朝廷上报军情。丁卯，后主召集公卿入朝商议军机。戊辰，实行内外戒严，任命骠骑将军萧摩诃、护军将军樊毅、中领军鲁广达同为都督，派南豫州刺史樊猛率领水军进驻出白下，散骑常侍皋文奏领兵镇守南豫州。庚午，贺若弼攻陷南徐州。辛未，韩擒虎又攻陷南豫州，皋文奏败逃回京城。到这时，隋军南北两路一起开进。后主派骠骑大将军、司徒豫章王陈叔英屯兵朝堂，萧摩诃屯兵乐游苑，樊毅屯兵耆阇寺，鲁广达屯兵白土冈，忠武将军孔范屯兵宝田寺。己卯，镇东大将军任忠自吴兴赶来京城增援，屯兵朱雀门。辛巳，贺若弼进占钟山，停军在白土岗东南。甲申，后主派各路大军与贺若弼作战，结果各路大军都战败。贺若弼率军攻入乐游苑，鲁广达率领残兵拼死作战，仍抵挡不住隋军。贺若弼继而率兵攻打皇宫，纵火焚烧北掖门。这时，韩擒虎率兵从新林到了石子冈，任忠出城投降，并引领韩擒虎军队经朱雀航赶来皇宫，从南掖门攻入。城内文武百官纷纷窜逃，只有尚书仆射袁宪留在殿内。尚书令江总、吏部尚书姚察、度支尚书袁权、前度支尚书王瑗、侍中王宽留在尚书省中。后主听说敌军将要到了，慌忙带着十多个宫女逃出后堂景阳殿，把自己藏在了井里面，袁宪在身边苦苦谏阻，后主也不听从，后阁舍人夏侯公韵又用自己的身体遮掩住井口，后主跟他争持了很久，才躲进井中。到了夜里，后主便被隋军擒获。丙戌，晋王杨广进入京城建康（今南京）。

【国灭成囚】

三月己巳，后主和文武百官被从建康押解到长安（今西安）。隋朝仁寿四年（604）十一月壬子，后主在洛阳去世，终年五十二岁。隋朝追赠他为大将军，封为长城县公，谥号炀。下葬在洛阳的芒山。

论赞

史臣曰：后主从前在东宫时，就已有美好的品德，等到继承皇位后，实在很符合上天和百姓的愿望。至于礼乐行政，都遵从原来的典章，加之深明六艺，广开四门，天下贤才争相前来效命。后主承袭前朝官制，没来得及改革，所以施文庆、沈客卿之流才能专掌军国大事，奸佞狡诈使用旁门左道，以刻薄为功劳，谋取私利，周顾国家兴衰，因而朝纲败坏，致使邻国来攻。这也是国运汇集到困厄时，皇位才变迁，不是没有尽到人事，大概是天意这样啊。

张贵妃列传

丽华生于寒门，但是并未吃过多少苦，她十岁进宫后，不久就被陈后主宠幸，从此直至死去，一直都深受后主宠爱。她不光姿色艳绝，而且为人乖巧聪敏，善解人意，广种善缘，如蜜一样黏住了后主的身心。但她奢侈无度，以权谋私，迫害异己，不能规劝后主勤于政事，终于殒命于隋炀帝杨广的刀下。

【短暂一生】

陈后主张贵妃，名丽华，是兵家中的女子。原来她家里很贫穷，父亲和兄长编织草席为生。后主做太子时，张丽华被选入宫中。这时龚贵嫔还是良娣，张丽华才十岁，在良娣身边做杂役，后主见到她后很喜欢，就宠幸了她，并令她怀孕，生下了太子陈深。后主登基后，封她为贵妃。她性情聪慧，很受后主宠爱。后主每次带她和宾客游乐宴饮的时候，她都推荐宫女参加，后宫的人都很感念她的恩惠，都争着为她说好话，因此后主对她的宠爱超过后宫任何一个人。她还很喜欢巫术，常假借鬼神之说来迷惑后主，在后宫设置有违礼制的祭祀，并聚集很多妖人巫师击鼓跳舞，乘机访查宫外的事情，民间有什么传言和什么事，她一定都会先知道，然后禀告给后主，因此后主就更加器重她。她的宗族亲戚，大多都被朝廷任用为官。隋军攻破皇宫时，张丽华和后主一同躲进了

井里，随军把他们拖出来，晋王杨广下令将她斩首，并在青溪中桥张贴出告示。

【媚惑后主】

郑国公魏徵考阅史籍，并参详过去的旧事，说后主刚登基时，因为始兴王陈叔陵谋反，受伤睡在承香阁中，当时所有妃嫔都不能进入，只有张贵妃一个侍奉。而柳太后仍然住在柏梁殿，这是皇后应居住的正殿。后主的沈皇后一直不受宠爱，不能侍奉在后主病榻前，居住在求贤殿。至德二年（584），后主在光照殿前修建临春、结绮、望仙三座阁楼，楼高数丈，每座都有数十间屋，其窗户、壁带、悬楣、栏槛之类，都用陈年檀香木雕制而成，又装饰上黄金美玉，珍珠翡翠。外面安着珠帘，房内摆设宝床、宝帐，服饰玩赏之类，都是奇珍异宝，皆近古所未有。微风乍拂，飘香十里，旭日初升，光满后庭。楼下有假山水池，

种有奇异花树。后主住在临春阁，张贵妃住在结绮阁，龚、孔二贵嫔住在望仙阁，他们可以互相通过阁楼间的天桥来往。又有王李二美人、张薛二淑媛、袁昭仪、何婕妤、江修容等七人，也都受到后主的宠爱，轮流到后主那儿游乐。后主委任宫女中有些文采的袁大舍等人为女学士。后主经常邀集一些宾客连同张贵妃等人游乐宴饮，让一些贵人和女学士与弄臣一起吟赋新诗，互相赠答，采用其中最香艳的作品作为曲词，谱上新音调，再选取姿色美艳的成百上千的宫女，来学习并分声部唱出这些词曲，以此为乐。当中的曲子有《玉树后庭花》、《临春乐》等，其曲意大多都是赞美张贵妃和孔贵嫔的美艳的。其诗略云："璧月夜夜满，琼树朝朝新。"张贵妃秀发七尺，鬓黑如漆，光可照人。她特别聪慧有神采，举止娴雅，容貌端庄秀丽。每当瞻望顾盼之际，都有清丽的光彩从双眸中溢出，照映着左右的人。她经常在轩窗边梳妆，宫里人远远望去，她宛如一个飘逸的神仙。她还多才善辩，记忆力超群，善于察看皇上的心思。当时，后主对朝政很懈怠，百官的奏折，都是通过太监蔡脱儿和李善度进呈请旨，后主让张贵妃坐在自己腿上一起决断事宜。这

两个太监记不住的，张贵妃便替他们逐条陈述，从无遗漏。因此她愈加受到后主宠爱，冠绝后宫。后宫中人家属，有违法犯事的，只要去找张贵妃哀求，张贵妃就会先令蔡脱儿和李善度向后主启奏这些事，然后自己再为他们说情。大臣中有不顺从她的，她也会借机在后主那儿诬陷，她所说的话，后主都一律听从。于是蔡脱儿和李善度渐渐权势熏天，当权的大臣们，也都见风转舵倒向他们。太监中谗佞卑劣之徒，内外勾结，互相推荐升迁，贿赂公行，赏罚也失去常规，朝纲国法终于败乱了。

张丽华像
南北朝南陈后主陈叔宝的贵妃。

侯安都列传

侯安都为人轻佻狂躁，傲慢无礼，只是凭借显赫的军功才位极人臣，参与废立君主的大事，树立了无人能及的威信。但他不仅不以前人为鉴，收敛自戒，反而更加飞扬跋扈，屡屡冒犯皇上天威，终于自寻死路。十足一个有勇无谋的匹夫！

▶【文武兼备】

侯安都字成师，始兴曲江（今广东韶关）人。他家世代都是始兴郡里的大族。父亲侯文捍年轻的时候在郡里任职，以忠谨知名，侯安都富贵后，他父亲官至光禄大夫、始兴内史，俸禄中二千石。

侯安都擅长隶书，善于抚琴，涉猎典籍，所作五言诗也颇为清丽，更兼善于骑射，在乡里是个豪杰。梁朝始兴内史萧子范聘请他当主簿。侯景叛乱时，他招募了三千军队。高祖陈霸先率军增援京城，侯安都率兵跟随高祖，攻打蔡路养，击败李迁仕，平定侯景，他都立下了赫赫战功。梁元帝萧绎封他为猛烈将军、通直散骑常侍，富川县子，食邑三百户。他跟随高祖镇守京口，升任兰陵太守。高祖谋划袭击王僧辩，麾下众将都不知晓，只请侯安都参与制定了计划，高祖派他率领水军从京口向石头城进发，高祖率领马步军从江乘（今南京北）和罗落桥方向前来会师。侯安都到达石头城北，便率兵下船上岸，王僧辩没有觉察到。石头城北连着山冈，城墙也不是很高，侯安都穿着盔甲，带上长刀，士兵们抬起他把他投进了城内，之后部下们也随之进入城内，径直就逼向王僧辩卧室。此时高祖率大军也赶到，和王僧辩在议事厅激战起来，侯安都从内阁冲出来，前后夹击，便生擒王僧辩。

▶【一夫当关】

绍泰元年（555），侯安都以军功被朝廷封为使持节、散骑常侍、都督南徐州诸军事、仁威将军、南徐州刺史。高祖东征杜龛，侯安都留守京城。徐嗣徽、任约等人引领北齐军队占据了石头城，敌军巡逻的骑兵都到了京城城门前。侯安都关闭城门撤下旗帜，假意向敌军示弱，在城中下令："有敢登城观敌者，斩！"到了夜里，敌军收兵返回了石头城，侯安都秘密令军士准备守城御敌的军械。黎明时，敌军骑兵又来了，侯安都率领三百甲士，打开东、西掖门杀向敌军，敌军大败，溃退回石头城，不敢再逼近京城。高祖回京后，命侯安都领水军在长江上截断敌军粮道。又率军袭击了秦郡，攻破了徐嗣徽的营寨，俘获了他的家人和马驴辎重，并得到了徐嗣徽弹奏的琵琶和豢养的猎鹰。侯安都派人送信给他说："昨天到老弟的住处得到这些东西，现在还给你。"徐嗣徽等人看到信后惶恐万分，不久就请求议和，高祖准许了，听任他们返回北方。徐嗣徽等人回江北后，北齐的其他军队仍据守在采石矶，防守森严，高祖又派侯安都率军进攻，俘获很多北齐军。

第二年春天，朝廷命侯安都率军镇守梁山，以防备北齐。此时徐嗣徽等人又率军进入丹阳，来到了湖熟，高祖立刻派人追回侯安都，率领马步军在高桥防守。之后又在耕坛之南和敌军大战，侯安都亲率十二骑冲入敌阵，生擒北齐开府仪同三司乞伏无劳。又回手一刀将北齐大将东方老刺下马来，正好敌军骑兵驰援过来，东方老才捡回一命。北齐军又往北渡过蒋山，侯安都又和北齐将领王敬宝激战于龙尾（今南京紫金山东北），他派堂弟侯晓和将军张纂作为先锋进攻敌军。侯晓被敌军用枪刺下马来，张纂战死，侯安都飞马赶来救援，斩杀敌军十一个骑兵，终于抢回了张纂的尸首，北齐军慑于侯安都虎威，不敢进逼。接着高祖又和北齐军在莫府山（今南京东北）展开大战，高祖命侯安都率马步军一千余人从白下（今南京金川门外）进攻敌军后方，敌军大败。侯安都乘胜率部下追击到摄山（今南京栖霞山），俘虏斩杀敌军无数。以军功，

💠 **河南邓县出土的南朝牛车画像砖** 国家博物馆藏。

侯安都爵位晋升为侯，增加食邑五百户，朝廷赐他军乐队一支。不久又升任平南将军，晋爵为西江县公。

【大祸后福】

侯安都率水军向豫章（今南昌）进发，协助豫州刺史周文育讨伐萧勃。侯安都还没到，周文育便已斩杀萧勃。萧勃之子萧孜和余孝顷犹占据豫章之石头（今江西南昌西），建成两座城寨，负隅顽抗，侯安都同周文育率军进攻，屡战屡胜，萧孜投降。余孝顷逃回了新吴，请求朝廷将儿子作为人质送往京城，朝廷准许了。于是大军凯旋，侯安都因功受封为镇北将军，开府仪同三司。

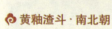

黄釉渣斗·南北朝
盘口，束颈，鼓腹，通体施黄釉，内密布开片。外部施釉不到底。

之后，侯安都又率军聚集在武昌，与周文育一起讨伐王琳。大军出发前，王公以下的官员都到新林为侯安都饯行，当他骑马渡桥时，人和马都掉进了水中，当时人们认为这不是好兆头。大军到武昌后，王琳部将樊猛弃城逃走。周文宇此时也从豫章率军赶来。当时他们两人同时进兵，互不隶属，因而两人部下常互相争斗，致使军心不安。大军到达郢州（今武汉）城下，王琳部将潘纯陀发箭遥射，侯安都大怒，命部下围城进攻，但没能攻破城池。这时王琳率军来到弇口（今武汉西南），于是侯安都撤围，率军赶往沌口抵御王琳，正巧天起大风阻碍了他继续进军。王琳叛军占据东岸，官军占据西岸，相持数日后，两军交战，侯安都等人战败，他和周文育、徐敬成都被王琳俘获囚禁。王琳用一条长锁链将他们锁在一起，囚在船舱底下，命心腹太监王子晋看守他们。王琳乘胜率兵东下至溢城的白水浦（今江西九江西），侯安都等人利诱王子晋，王子晋便偷偷放了他们。回到京城后，侯安都等人自我弹劾，被朝廷赦免，并令他们官复原职。

不久，侯安都升任丹阳尹，出京任都督南豫州诸军事、镇西将军、南豫州刺史。剿灭王琳多位部将。

【拥立新君】

高祖驾崩，侯安都随世祖文帝陈蒨返回朝廷，与群臣商议后事，遂拥立世祖即位。当时世祖谦让不敢即位，而太后又因衡阳王的缘故不肯下旨，群臣都犹豫不决。侯安都便说："如今天下未定，哪还有时间考虑太远的事情，临川王（陈蒨）有功于天下，须共同拥立他即位。现在，迟疑不决者，杀无赦。"于是带剑进入宫殿，从太后那里请出玉玺，又亲手解开世祖的发髻，把他推上主持高祖丧礼的位置。世祖即位后，封侯安都为司空，赐给服侍之人，仍让他担任都督南徐州诸军事、征北将军、南徐州刺史。

王琳率叛军到达栅口，朝廷大军驻守芜湖，当时朝廷领兵的大都督是侯瑱，但是用兵的策略，大多都是侯安都制定的。天嘉元年（560），皇上增加侯安都食邑一千户。王琳兵败逃去北齐后，侯安都率军向湓城进发，讨伐王琳余党，攻无不克。

侯安都秘密尊奉宫中旨意，迎接衡阳王陈昌回京。当初，陈昌将要进入京城，写信给世祖，言辞很不敬，世祖心中不快，便招来侯安都从容说："太子将要进京了，我要另寻一处藩地，然后去那养老。"侯安都说："自古以来岂有被代理的天子？臣不敢奉诏。"于是向皇上请求去迎接陈昌，渡汉江时，陈昌溺水而亡。皇上封侯安都为清远郡公，食邑四千户。从此，侯安都的威望令群臣望尘莫及。

【蛮横取祸】

天嘉三年（562），皇上封侯安都为侍中，征北大将军，增加其食邑至五千户。

自从平定王琳后，侯安都日益骄矜起来，广揽文人武士，宾客多至上千。其部下有犯法者，都逃匿到他府上。他对皇上也开始多有不敬，有次他陪皇上在乐游苑宴饮，问皇上："现在比起当临川王时如何啊？"皇上不回应，他就再三追问，皇上不得已答道："我当皇上虽是天意，但也多亏你相助。"第二天他又坐在皇上的龙椅上接受宾客们的祝寿。之前，重云殿失火，他带兵就冲进了皇宫。皇上对他深为忌恨。次年春天，皇上升他为都督江吴二州诸军事、征南大将军、江州刺史，在嘉德殿宴请他，并同时在尚书省宴请他的部下。在座中就逮捕了他和他的众多部将，之后皇上释放侯安都部将，下诏历数侯安都罪状，将他赐死，终年四十四岁。

论赞

史臣曰：侯安都显贵后，心态不同以往，权势超过往昔，因此侵凌冒犯朝廷，加之他肆无忌惮，假说他并无篡逆之心，那么以他的所为岂能免于灭亡！从前汉高祖和宋武帝剪除功臣，确实是有原因的。

吴明彻列传

吴明彻军功卓著，他的一生，是笑傲沙场的一生，为陈国先后两次挂帅北伐，虽然最后失败被擒而亡，但也配得上这一句"出师未捷身先死，长使英雄泪满襟"了。

【孝感动天】

吴明彻字通昭，秦郡（今江苏六合）人。祖父吴景安，在齐朝时任南谯太守。父亲吴树，梁朝时任右军将军。吴明彻幼年丧父，本性至孝，他十四岁那年，感慨父亲去世后却没办法休整坟墓，家里穷得连丧事都办不好，所以他就勤奋耕田。当时天下大旱，禾苗枯萎，他很哀痛和悲愤，每次到田里都不禁放声大哭，仰天诉苦。这样过了几天，有人从田里回来说禾苗已重新生长了，吴明彻不信，以为人家在哄骗自己，等他亲自跑到田里一看，禾苗果然已重新生长。到了秋天，庄稼大获丰收，足够安葬之用。

【仁义豪杰】

后来吴明彻出仕做了梁朝的东宫直后。到侯景叛乱时，天下大乱，吴明彻积攒了三千余斛粟麦，他看家乡的百姓饥饿不堪，就对兄长们说："现在盗贼滋炽，人人难以做长远打算，为什么有这么多粮食却不和乡亲们分享呢？"于是把家里的粮食平分给百

姓，他自己分得的和大家一样多。盗贼听说此事后都纷纷避走了，靠这些粮食活下来的人很多。

高祖陈霸先镇守京口时，盛意拳拳地和吴明彻结交。吴明彻去拜见高祖，高祖降阶相迎，拉着他的手坐下，一同商讨天下大事。吴明彻曾读过些史书，还跟汝南的周弘正学过些天文知识和奇门遁甲之术，懂得些其中的奥妙，他颇以英雄自许，所以深得高祖赏识。

【国之栋梁】

承圣三年（554），吴明彻被朝廷任命为戎昭将军、安州刺史。绍泰初年，跟随周文育讨伐杜龛、张彪等人。东部一带战乱被平定后，吴明彻升任使持节、散骑常侍、安东将军、南兖州刺史，被封为安吴县侯。高祖称帝，封他为安南将军，派他随侯安都、周文育领兵讨伐王琳。各路叛军被剿灭后，吴明彻率军返回京城。世祖即位，下诏吴明彻以本官加为右卫将军。王琳败逃后，吴明彻被封为都督武沅二

州诸军事、安西将军、武州刺史，其他职务不变。北周派大将军贺若敦率领马步军一万余人突然杀到武陵，吴明彻寡不敌众，撤退到巴陵（今湖南岳阳），但在双林击败了北周的另一支军队。

天嘉三年（562），吴明彻升任安西将军。周迪在临川起兵谋反，皇上下诏任命吴明彻为安南将军、江州刺史，兼豫章太守，统帅各路兵马讨伐周迪。吴明彻生性素来刚直，统率大军时和一些将领相处得不太和睦，世祖听说后，便派安成王陈顼到军中抚慰他，并把他调回了京城。不久，皇上任命他为镇前将军。

天嘉五年（564），吴明彻升任镇东将军、吴兴太守。拜辞赴任前，皇上对他说："吴兴虽然只是个郡，但那却是皇帝的故乡，地位很尊崇，所以才把它托付给你治理。你要努力啊！"到了世祖病重时，他被召回朝廷任中领军。

废帝陈伯宗即位，任命吴明彻为领军将军，不久又升他为丹阳尹，准许他带领四十名甲士的仪仗出入宫殿。到仲举假传太守旨意要将高宗陈顼调出朝廷，毛喜察知了这一阴谋，高宗听说后心中惊疑而恐惧，派毛喜去找吴明彻商量对策。吴明彻对毛喜说："太子刚刚即位，仍在服丧，很多朝政都还来不及处理，外有强敌，内有大丧。殿下（陈顼）的地位如同周公和召公，仁德胜过伊尹

和霍光，国家社稷为重，愿殿下还是留在朝中详虑对策，千万不要轻易离朝，致使天下疑惑。"

当湘州刺史华皎阴谋叛乱时，皇上任命吴明彻为使持节、散骑常侍、都督湘、桂、武三州诸军事、安南将军、湘州刺史，赐予军乐队一支。会同征南大将军淳于量等人率军讨伐华皎。平定华皎后，皇上封吴明彻为开府仪同三司，晋升爵位为公。太建元年（569），吴明彻任镇南将军。太建四年（572），皇上封他为侍中、镇前将军，其余职务不变。

【挂帅北伐】

朝廷商议北伐，大臣们意见各有不同，吴明彻力排众议定策北伐，请命领军出征。太建五年（573），皇上任命他为侍中、都督征讨诸军事，吴明彻统帅各路军马十余万从京城起兵北伐，沿长江城镇相继降服。大军进

❀ 广威将军鎏金官印·南北朝

方形，龟钮，通体鎏金，印文为："广威将军"，文字纤细、粗犷、豪放，少见，极为精美。广威将军，曹魏始置。北魏也有此号。金为武散官。正五品，元升正四品。明正四品，初授明威将军，升授宣威将军，加授广威将军。

发至秦郡，摧毁了敌人的水中栅栏。北齐派大将尉破胡率兵来援，吴明彻将其打败，俘获斩杀敌军无数，秦郡投降。因为秦郡是吴明彻的故乡，高宗派人准备太牢之礼，命人前往吴明彻家的祖坟拜祭，文武官员和仪仗队伍一起构成的拜祭场面非常盛大，吴明彻的乡亲们都把这件事引为荣耀。

大军继续推进，攻下了仁州（今安徽固镇县），皇上封吴明彻为征北大将军，南平郡公，食邑二千五百户。接着又攻下了峡石岸边的两座城池，乘胜进逼寿阳（今安徽寿县），北齐派遣王琳领兵前来抵御。王琳到了寿

🌀 半圆方枚神兽镜·魏晋南北朝

圆形，半圆钮，内区神仙瑞兽相间环绕镜钮，外区凸起的半圆和方枚相间排列，半圆上饰涡状云纹，十个方枚上各饰四字铭"吾作明竟，幽涷三商，统道序道，敬奉贤良，雕刻无极，众神主阳，世得光明，位至三公、生如山石，其人命长"。此镜纹饰清晰，精美。

阳后，和刺史王贵显防守外城。吴明彻认为王琳初到，军心还没归附他，便率军乘夜色发动进攻，敌军溃散而去，北齐军退守相国城和金城。吴明彻下令军中修造更多的攻城军械，又拦堵肥水灌入寿阳城，城中军民因而病死十之六七。这时北齐派大将军皮景和率军十万来援寿阳，北齐军在距城三十处扎营，停军观望。众将都说："坚城还未攻下，敌军强援又已逼近，不知明公有何良策应对？"吴明彻答道："兵贵神速，现在敌军扎营不进，实在是自挫锋锐，我断定他们不敢前来交战，这已经是明摆着的了。"于是吴明彻亲自披甲上阵，率军从四面急攻，城中军民震恐不已，一鼓作气便攻下了寿阳城，生擒了王琳、王贵显、扶风王可朱浑孝裕、尚书卢潜、左丞李骝验等人，吴明彻下令将他们解送至京城。皮景和见状后，率军仓皇逃跑，吴明彻便不费吹灰之力收缴了他丢下的驼马辎重。王琳被抓获了，他的许多旧部都在吴明彻军中，王琳素来很得军士拥戴，因此旧部们看见他被俘后都哭了，不忍再抬头看他，吴明彻担心发生叛乱，便派人追杀了王琳，把其首级传回京城。皇上下诏褒奖吴明彻，并任命他都督豫、合、建、光、朔、北徐六州诸军事，为车骑大将军、豫州刺史，增加食邑至三千五百户。册封到的时候，寿阳城南设坛，二十万将士列队击鼓，吴明彻登坛受

封，将士们无不欢呼雀跃。

太建六年（574），吴明彻从寿阳回朝，皇上亲自到他府第慰问，赐予钟磬一部，米一万斛，绢布两千匹。

太建七年（575），吴明彻率兵进攻彭城（今徐州）。大军进发至吕梁（今江苏杏讷南），北齐军数万人也相继到达，被吴明彻打得大败。太建八年（576），吴明彻升任司空，其他职务不变。皇上下诏称："往日军事行动都树起旗帜，两军交战都击鼓助阵，近来谬误更替，多与旧章不合，至于队伍，不能互相识别。今日应给司空、大都督的斧钺和龙麾，他的次将也各有差别。"赐予吴明彻代表军威和权力的铁钺龙麾。不久朝廷又任命他为都督南北兖、南北青谯五州诸军事、南兖州刺史。

【兵败忧死】

适逢北周灭掉了北齐，高宗打算征伐徐州和兖州（今山东兖州），太建九年（577），皇上下诏命吴明彻率军北伐，令其世子戎昭将军、员外散骑侍郎吴惠觉代为管理州郡事务。吴明彻率领大军进发至吕梁，北周徐州总管梁士彦率军抵御，吴明彻屡次击败他，北周军因而退兵守城，不敢再出战。吴明彻又拦截清水河之水淹灌彭城，并用战船团团围在城下，随之发动猛烈的进攻。北周派上大将军王轨率兵救援彭城。王轨率兵轻装昼夜兼程而来，从清水进入淮口，派兵在水中打立木桩，又以铁链连接车轮放

入河中，阻截吴明彻的船路。众将听说后，万分惊恐，建议吴明彻用船装载战马撤军。骑兵将领裴子烈说："如果掘开堤坝放船退军，船重而水流湍急，船势必会翻，怎么能顺利撤退？不如先把战马运出去，然后再掘开堤坝退军，才比较合适。"当时吴明彻背部正患上了严重的疾病，知道这次北伐成功不了了，就依从了裴子烈的计策，命萧摩诃率领马军数千人先行撤退。吴明彻决定由自己掘开堤坝，乘水势退军，希望可以渡船到安全地界。但是当吴明彻船队退到青口时，水势渐渐地变得弱了起来，载不动船只了，敌军攻来，手下将士都溃散而去，他自己力穷势弱，只好束手就擒。不久他便因忧愤交加而病重，在长安逝世，终年六十七岁。

至德元年（583），皇帝下诏，表彰吴明彻一生功绩，对他百战百胜的谋略和勇猛深加赞赏，对他被俘而不能赦免深表同情。追封为邵陵县开国侯，食邑一千户，其子吴惠觉袭爵。

论赞

史 臣曰："吴明彻作为将帅，起初建有军功，等到了吕梁大败时，是他运筹失误。以勇武而论，他不如韩信和白起，以见识而言，他不如孙武和吴起，终于导致败军失地，金陵（今南京）虚弱，陈朝在祯明年间的衰亡，大概就是从这时开始的吧。

徐陵列传

徐陵文采风流，应为南朝第一。在他身上绝找不到迂腐之气，他不光文章灿然，在政治上也是谋虑深远，为人和善忠义，他能名垂千古，实非偶然。

【天才少年】

徐陵字孝穆，东海郯（今山东郯城）人。祖父徐超之，曾在齐朝任郁林太守，梁朝时又任员外散骑常侍。父亲徐摛，在梁朝任戎昭将军、太子左卫率，去世后被朝廷追赠为侍中、太子詹事，谥号贞子。母亲臧氏，曾梦见五色祥云化作凤凰落在左肩上，不久就生下徐陵。当时有个叫宝志上人的，世人都说他很有道行，徐陵几岁大的时候，家人带他去见宝志上人，宝志上人用手摸着他的头顶说："这是天上的石麒麟啊。"光宅寺的惠云法师也每每嗟叹他年少有为，称他是再世颜回。八岁时，徐陵便能写一手好文章，十二岁便通晓了《庄子》和《老子》的文义。长大后，他博览史籍，有纵横之才，口若悬河。

【天子赏识】

梁朝普通二年（521），晋安王任平西将军、宁蛮校尉时，徐陵的父亲徐摛在其手下任咨议参军，晋安王又请徐陵来参谋宁蛮府军事。中大通三年（531），晋安王被立为太子，在东宫设置学士，徐陵入选为学士。稍后徐陵升任度支尚书郎，又出京任上虞县（今浙江上虞）县令。御史中丞刘孝仪和徐陵原来有些嫌隙，这时听到一些传言后，他就弹劾徐陵在县里贪污，因此朝廷罢免了徐陵。过了一大段时间，徐陵才被重新启用为南平王府行参军，又迁升为通直散骑侍郎。梁朝简文帝在东宫撰写了《长春殿义记》，请徐陵代为作序。又命徐陵在少傅府讲述他自己的著作《庄子义》。不久徐陵升任镇西湘东王中记室参军。

【坎坷国使】

太清二年（548），徐陵兼任通直散骑常侍。之后徐陵出使东魏，魏人安排行馆宴客，当日天气很炎热，主持酒宴的魏收嘲讽徐陵说："今天的炎热，应该是由徐常侍带来的吧。"徐陵答道："从前王肃来到这里，替你们魏国制定了礼仪，今天我来访，又让你们知道了寒暑。"魏收听后大为羞惭。

这时侯景扰乱京城，徐陵的父亲徐摛被困在了城中，徐陵得不到家里的消息，就吃粗粮穿布衣像是居丧的样子。适逢东魏禅让于北齐，梁元帝在江陵继承皇位，遣使通好于北齐。徐陵屡次向北齐朝廷请求返回梁朝复命，但始终被拘留着不放行，徐陵便写信给北齐尚书仆射杨遵彦，言辞恳切，请求将自己放归。

杨遵彦始终没有回信。江陵被西魏攻陷并俘杀了梁元帝后，北齐送贞阳侯萧渊明回梁朝做皇帝，才让徐陵跟着返回梁朝。太尉王僧辩起初拒绝萧渊明入境，萧渊明便屡次致信给王僧辩，这些信都出自徐陵的手笔。王僧辩接纳了萧渊明后，得到了徐陵，不禁大喜，接待馈赠，对他十分礼遇。并任命徐陵为尚书吏部郎，掌管诏告事宜。当年，高祖陈霸先率兵诛杀了王僧辩，并继续进兵讨伐王僧辩的心腹爱将义兴太守韦载。当时王僧辩的党羽任约、徐嗣徽两人乘虚领兵袭取了石头城，并约请徐陵赴会，徐陵感念王僧辩的恩情，就去了。等到高祖平定了任约等人后，并不向徐陵问罪，释放了他。不久还升任徐陵为贞威将军、尚书左丞。

【不畏权贵】

绍泰二年（556），徐陵又出使北齐，回朝后升任给事黄门侍郎、秘书监。高祖受禅称帝，加徐陵散骑常侍衔，尚书左丞之职不变。天嘉初年，徐陵升任太府卿。天嘉四年（563）

升任五兵尚书，兼大著作。天嘉六年（565），升任散骑常侍、御史中丞。当时安成王陈顼，凭借是皇上弟弟的尊荣，权倾朝野。直兵鲍僧叡依靠安成王的权威阻塞臣民们的诉讼请求，朝臣都不敢站出来说句话。徐陵听说此事后，便写奏折弹劾鲍僧叡，他带领着御史台的属下，捧着奏折进入皇宫。世祖见徐陵身穿朝服庄重严肃，正气凛然不可触犯的样子，也为之严肃地端坐在御座上。徐陵便在御前读出弹劾奏章，当时安成王就陪侍在皇上身边，他看着皇上，不禁脸色大变，冷汗直冒。徐陵命御史把安成王带下殿堂，于是弹劾安成王，免去了他的

🌀 **洪州窑香薰炉·南北朝**
造型大气、复杂，工艺精湛。由于年代久远，上面的釉已基本脱落。

陈书·列传

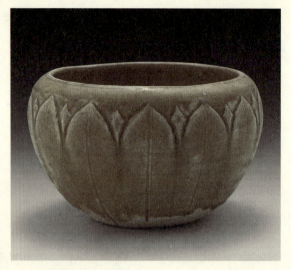

🌸 青泉莲瓣钵·南北朝

高 10 厘米，最大直径 13.5 厘米。敛口，弧腹，卧足。
外腹壁刻饰莲瓣纹，整器造型立体生动。

侍中和中书监的职务。从此
朝廷风气为之清肃。

【比肩古贤】

天康元年（566），徐陵
升任吏部尚书，兼大著作。
徐陵认为自从梁朝末年以
来，朝廷选拔任命官员多有
失当，于是他就整理列举国
家主要法典，综合审核官员
的才智资历是否和他所担任
的官职相匹配。当时有很多
人都冒进求官，喧嚷竞争没
有已时；徐陵以吏部尚书身
份做书宣示说，将改变乱世
时选用官员的标准和惯例，而改用和依据太平时代封赏官员
的礼制，来作为今后朝廷选拔人才的规制。从此以后，朝野
公卿都很敬服他，将他比作三国时魏国的毛玠。

【新朝功臣】

陈废帝即位后，高宗陈顼入朝辅政，谋划排除异议，准
备废黜皇帝自立为帝，延请徐陵参与了谋划。高宗即位，封
徐陵为建昌县侯，食邑五百户。太建元年（569），徐陵升任
尚书右仆射。太建三年（571），皇上想升他为尚书左仆射，
徐陵推辞，举荐周弘正、王劢等人担任。皇上把他召到内殿问：
"卿为什么执意推辞此职而举荐他人呢？"徐陵说："周弘正
跟随陛下从西部返回京城，是陛下原来藩国的长史，王劢是
太平相府长史，张种是陛下同乡亲戚中的贤人，假若皇上选
拔贤能故旧，臣应该是居于他们之后的。"徐陵推辞了很多天，
皇上还是苦苦劝说他上任，徐陵只好接受了皇上的任命。

等到朝廷商议北伐时，皇上说："朕已决意北伐，卿等推
荐一下元帅人选吧。"众臣都认为中权将军淳于量地位尊崇，
可以胜任元帅。独有徐陵说："不是这样。吴明彻家居淮左，
熟悉那里的风俗人情，论将帅之才，当今恐怕无出其右者了。"

于是朝中争论多日，都没能决定下来元帅之选。都官尚书裴忌说："臣同意陈仆射之见。"徐陵接着他的话茬说："非但吴明彻是良将之选，裴忌也是顶好的副帅之选。"当日，皇上便下诏任命吴明彻为大都督，裴忌为监军事，出兵北伐，于是便攻下了淮南数十州郡的土地。皇上设宴庆功，举杯敬徐陵道："奖赏卿知人善任。"徐陵避席答道："北伐之计出自陛下，并非微臣之功。"当年，皇上加封他为侍中，其余官职照旧。太建七年（575），担任国子祭酒、南徐州大中正。后因公事被免除了侍中，尚书左仆射之职。不久又任侍中，受封为领军将军。太建八年（576）升任翊右将军、太子詹事，可以自己设置属下官佐。不久升任右光禄大夫。太建十年（578）升任安右将军，丹阳尹。太建十三年（581）任中书监，太子詹事，其他职位不变。徐陵因自己已年老，上表朝廷请求致仕。皇上还是很优待他，下旨为他建造一座府第，让他在自己家里处理政务。

【驾鹤西去】

后主陈叔宝即位，封徐陵为左光禄大夫、太子少傅，其他职位如故。至德元年（583）徐陵逝世，终年七十七岁。皇帝下诏褒美徐陵功德并致哀，谥号为章。

【名垂千古】

徐陵才识高远，胸襟弘正，容貌举止儒雅，性情清简，不治私产，俸禄都和亲戚宗族共享。太建年间，建昌县是他的食邑，县民缴纳米粮运行到河边时，徐陵听说自己的亲戚家贫穷，就让亲戚们去分领米粮，几天就把米分光了，徐陵自己家却没米下锅了。徐陵说："我家还有车有牛和衣裳都可变卖，别人家穷得还有东西可卖吗？"他就是这样周济他人的。他少年时就崇信佛教，很多佛经他都解释得很精辟。后主在东宫时，让徐陵讲解大品经，很多高僧也争相前来参加，辩论经义的时候，谁都抗辩不了徐陵。徐陵的眼睛里有黑睛，时人都认为这是聪慧的面相。自从陈朝开国以来，檄文军书及禅位诏书圣旨等，都是徐陵撰写的，其中以《九锡》一文最为华美。他是一代文宗，但并不以此恃才傲物，对著书立说的人从不指责，提携后辈，从无倦怠。他的文章相对于以往的文风多有变革，构思巧妙，每有新意。他每作出一篇文章，便被爱好诗文者传抄吟诵，因此他的文章遍传华夏及外夷，被人珍藏在家。之后遭逢丧乱，多有散失，存世文章剩下了三十卷。

卷三十一

萧摩诃列传

萧 摩诃天生勇猛，常常置生死于度外，驰骋于万军之中，自由如风。在影响南陈命运的两个重要时机，他都提出了十分有价值的谏言，可惜都不被采纳。陈后主的荒淫最终也吞噬了这位一代名将的光荣。

【勇冠三军】

萧摩诃字元胤，兰陵（今山东峄县）人。祖父萧靓，在梁朝时官至右将军。父亲萧谅，梁朝时官至始兴郡丞。萧摩诃随父亲到始兴郡，年仅数岁，父亲就去世了，他的姑父蔡路养当时在南康，收养了他。少年时，他就刚毅果断，有勇力。侯景叛乱后，高祖陈霸先率军救援京城，蔡路养起兵抗拒高祖的义军，当时只有十三岁的萧摩诃，单枪匹马出战，义军中无人是他的敌手。蔡路养被击败后，萧摩诃归附了侯安都，侯安都待他很优厚，从此常跟随侯安都东征西讨。到

了任约、徐嗣徽引领北齐军前来进犯的时候，高祖派侯安都率军在钟山龙尾和北郊坛抵御敌军。侯安都对萧摩诃说："你骁勇有名，但是千闻不如一见啊。"萧摩诃慷慨道："今日便可令公一见。"侯安都出兵和敌军交战，落下马来被团团围困，萧摩诃单骑叫喊着冲向敌军，敌军抵挡不住，渐渐解围，侯安都才幸免于难。天嘉初年，萧摩诃任家乡的县令，后凭借率军平定留异、欧阳纥叛乱的功勋迁升为巴山太守。

【北伐建功】

太建五年（573），大军北伐，萧摩诃跟随都督吴明彻渡江进攻秦郡（今江苏六合）。当时北齐派大将尉破胡等人率军十万来援秦郡，其先锋中的几队兵马有"苍头"、"犀角"、"大力"等名号，个个都是身高八尺，膂力绝伦，其军队锋芒很是锐利。又有西域胡，善于射箭，百发百中，令众将士都很害怕。交战之

🌀 **建武将军章青铜官印·南北朝**
方形，龟钮，印文为："建武将军章"，非常少见，极为精美。

前，吴明彻对萧摩诃说："如能杀掉西域胡，则敌军士气势必受挫，如今君有张飞、关羽之名，正可斩此颜良。"萧摩诃道："请告诉我他的容貌，定当为都督取回他的项上人头。"吴明彻便找来认识西域胡的降兵，降兵说西域胡穿着红色衣服，用桦树皮装弓，弓的两端装饰有象骨。吴明彻便按此形容派人暗中侦探，知道西域胡就在前面的军阵里，于是亲自斟酒给萧摩诃壮威。萧摩诃放下酒杯，便策马冲向敌军，西域胡挺身走出军阵十余步，正要弯弓发箭，萧摩诃远远的就把铣（小矛或凿子一类的兵器）飞掷了过去，正中西域胡前额，西域胡立时便倒地毙命。敌军"大力"队十多人前来围攻萧摩诃，又被全部斩杀，于是敌军惊恐败退。萧摩诃以军功被任命为明毅将军、员外散骑常侍，受封为廉平县伯，食邑五百户。不久，爵位晋升为侯，转任太仆卿，其余职位不变。太建七年（575），萧摩诃又跟随吴明彻进兵包围宿预（今江苏省宿迁东南），击溃北齐将领王康德，凭军功升任晋熙太守。太建九年（577），吴明彻兵发吕梁（今江苏徐州东南），与北齐军大战，萧摩诃率七骑当先杀入敌阵，亲手夺过敌军帅旗，敌军大败。又凭军功升任持节、武毅将军、谯州刺史。

【兵败南归】

北周武帝灭北齐，派大将宇文忻率军前来争夺吕梁，两军战于龙晦。

此时宇文忻有精锐骑兵数千人，萧摩诃仅率十二骑冲入敌军，纵横冲杀，斩杀敌军无数。之后，北周又派大将军王轨前来增援敌军，王轨命人在河的下游结长围链锁，封锁河道，以截断大军的退路。萧摩诃向吴明彻进谏道："听说王轨刚要在下游封锁河道，在两头修筑城寨，现在还没完工，如果我们现在派一支军队去进攻，他们必然不敢抵抗。水路不断，敌军势难立足，倘若令他们建起城寨，那我们就都要成俘虏了。"吴明彻愤怒地掀了下胡须道："冲锋陷阵，是将军的事，运筹帷幄，那是老夫的事！"萧摩诃被吓得脸色都变了，低头退了出去。十日之间，北周军越来越多，萧摩诃又向吴明彻进谏道："如今求战不得，进退无路，若悄悄突围，也不算是耻辱。请都督率步军慢慢先撤，我带铁骑数千前后驱驰保护都督，必当使都督安然返回京城。"吴明彻说："老弟此计，的确是良策。然而老夫受命挂帅出征，不能为国家攻城略地，如今反被围困逼迫，实在是羞愧地无地自容。况且步军人数众多，我是元帅，必须要断后。老弟还是率领马军先撤吧，不容再迟缓了。"于是萧摩诃率领骑兵当夜出发。先前，北周军队在河道完成封锁，又在重要道路设下重重埋伏，萧摩诃精选八十骑先行开路，冲杀出重围，其他骑兵随后跟上，次日清晨，萧摩诃率军到达淮南。高宗下诏令萧摩诃还朝，封他为右卫将军。太建十一年（579），北周进犯寿阳（今安徽寿县），萧摩诃同樊毅等人率兵救援，无功而返。

【护主有功】

太建十四年（582），高宗驾崩，始兴王陈叔陵在宫殿内拿刀要刺杀后主陈叔宝，后主受伤，陈叔陵逃奔到东府城（今南京市秦淮区内）。当时，大臣们犹豫不决，没有人去讨伐陈叔陵。东宫舍人司马申向后主推荐萧摩诃，后主召见萧摩诃命他讨贼，萧摩诃率领马步军数百人，赶往东府城西门屯驻。陈叔陵惶恐不已，从东府城南门逃出，萧摩诃率兵追上斩杀了他。后主任命萧摩诃为散骑常侍、车骑大将军，封他为绥建郡公，食邑三千户，并且把陈叔陵平生积聚的巨万家财都赐了他。不久，萧摩诃改任侍中、骠骑大将军，兼左光禄大夫。旧制，三公官衙的黄阁厅堂设置鸱尾，后主特赐萧摩诃开黄阁，准他在厅堂和寝室都可以设置鸱尾。后主又封萧摩诃的女儿为太子妃。

【独木难支】

🌀 青釉武士俑·南朝

隋朝总管贺若弼镇守广陵（今扬州），图谋进犯，后主任命萧摩诃为南徐州刺史，负责防守事务。祯明三年（589）正月，后主召萧摩诃回京城，贺若弼乘虚渡江，攻袭京口，萧摩诃请缨出战，后主不许。等到贺若弼进军至钟山，萧摩诃又向后主请命："贺若弼孤军深入，援军离此尚远，趁他们现在还没建好坚实的壁垒，军心惶恐，我们派兵出击，一定能打败敌军。"后主又不允许。等到隋军大规模赶到，朝廷才准备迎战，后主对萧摩诃说："将军可为我和敌军决一死战。"萧摩诃道："从来冲锋陷阵，都是为国家太平、为自己富贵，今日，还将为妻子儿女血战到底。"后主拿出许多钱财来犒赏众军，命中领军鲁广达在白土岗列阵，居于偏南，镇东大将军任忠、护军将军樊毅、都官尚书孔范依次向北列阵，萧摩诃居于最北面，大军南北绵延二十里，首尾进退，各不相知。贺若弼起初认为不宜出战，他率领轻装骑兵，登山观望形势，当看到陈朝军队部署的情形后，便策马驰下山来，排兵布阵准备迎战。鲁广达首先率领军队进攻，贺若弼率军屡屡退却，不久便重新振作，更分拨出一支军队去进攻北面的任忠、樊毅等人。孔范率军出战，两军刚一交锋，他就败逃。诸将各自为战，阵形还未合成，骑兵便先已溃散，无法制止，萧摩诃回天乏术，被隋军擒获。

▶【晚景凄凉】

京城陷落后，贺若弼将后主软禁在德教殿，派军队看守着。萧摩诃向贺若弼请求道："如今我已身为囚虏，命在旦夕之间，希望能再见旧主一面，便死而无憾了。"贺若弼心生怜悯，准许了他的请求。萧摩诃进了德教殿见后主，跪伏在地上号啕大哭，把在旧厨取来的食物进献给后主，拜辞诀别而出，守卫的军士都不忍仰视他。当年，萧摩诃进入隋朝，被封为开府仪同三司。不久跟随汉王杨谅去了并州（今山西太原市），并在那里同杨谅起兵谋反，事败被杀，终年七十三岁。

萧摩诃为人不善于言辩，是为人忠厚老实的长者。至于临战对敌，则志气激昂，所向无敌。不到二十岁，随侯安都在京口，因生性喜好射猎，因此每天他都尽情游猎。侯安都东征西讨，攻城略地时，萧摩诃所建军功最多。

萧摩诃之子萧世廉，少年时就很机警英俊，果敢勇武大有其父之风。本性至孝，萧摩诃惨死后，萧世廉服丧三年，除下丧服后，他对自己的父亲的追念却更加深切。他父亲的朋友们一旦提及起父亲，萧世廉面对着父亲的朋友，总是哀恸不能自已，父亲的朋友也每每为之感动得唏嘘流涕。后来萧世廉终身不沾刀斧兵器，因而受到时人的赞扬。

萧摩诃身边有位骑士叫陈智深，他英勇过人，因跟随萧摩诃平定陈叔陵谋反时立功，被朝廷任命为巴陵内史。萧摩诃被杀时，萧家的子女都已被朝廷关押了起来，陈智深便替萧摩诃收尸，亲自将其成殓，哀伤悲痛之情就连陌生人也为之感动，当时的人都认为他是个义士。

颍川人陈禹，也曾跟随萧摩诃东征西讨。他为人聪敏有胆识，遍读经史，会风角之术，精晓兵法，还写得一手颇具文采的诗赋，更兼善于骑射，官职做到王府咨议。

论赞

史 臣曰：萧摩诃气冠三军，为一时之良将，虽然没有智谋，也是一代匹夫之勇了；然而他不善言谈，内心刚毅，诚信感人，应属于西汉李广一类的人物。

南史

原中华书局编审
刘德麟

《南史》是合南朝宋、齐、梁、陈四代历史为一编的纪传体史著，记事起自南朝宋武帝刘裕永初元年（420），止于陈后主陈叔宝祯明三年（589），记述南朝四代一百七十年的历史。《南史》与《北史》为姊妹篇，由李大师及其子李延寿两代人编撰完成，成书于唐高宗显庆四年（659）。

《南史》有本纪十卷、列传七十卷，共八十卷。其编撰方法按朝代顺序、帝王在位先后，排列各朝帝王、宗室、诸王、大臣等纪传。本纪中有《宋本纪》三卷，《齐本纪》二卷，《梁本纪》三卷，《陈本纪》二卷。列传中除专传外，列"类传"九种。《南史》以《宋书》、《南齐书》、《梁书》及《陈书》为本，删繁就简，重新编纂，其文字简明，事增文省，不仅增加了一些新的材料，而且矫正了原书中的许多曲笔，同时还使这四部史书所叙述的历史连贯起来。在史学上占有重要地位。

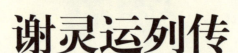

卷十九

谢灵运列传

作为名门谢氏之后，谢灵运（385～433）以其奔放俊朗的诗文才情，奢侈豪放的天性，卓立于南朝晋、宋之间。他志大才高，却得不到朝廷重用，于是纵情山水，放浪形骸，以此抒发心中苦闷，最终不容于世，祸及身死。

▶【名门才子】

谢灵运，安西将军谢弈的曾孙、谢方明的侄子。其祖父乃东晋名将——车骑将军谢玄。谢灵运的父亲叫谢瑍，生来并不聪慧，官至秘书郎，英年早逝。谢灵运则在儿时便显示出聪明、悟性高的特点。谢玄对此惊叹不已，对亲友说："虽然谢瑍是我所生，但谢瑍的儿子就一定不能达到我的成就吗？"

谢灵运自幼好学，博览群书，所作文章秀丽华美，与颜延之并称江左一流。谢灵运文笔奔放俊逸的特点强于颜延之，但深刻细致方面则不如颜。成年后，谢灵运承继祖爵，袭封"康乐公"。

谢灵运天性喜好豪华奢侈的生活，所用车马服饰鲜艳亮丽，衣物也多改变旧有的样式，这些创意受到世人追捧，并尊称他为"谢康乐"。在经过数次升迁后，谢灵运任秘书丞一职，但很快就因事被免了官。

宋王刘裕进兵长安时，谢灵运作为世子中军咨议、黄门传郎，奉晋安帝之命到彭城（今江苏徐州）慰劳刘裕，其间创作了著名的《撰征赋》。后来他官至相国从事中郎、世子左卫率，却又因擅杀门生而被罢官。刘宋皇朝建立后，谢灵运的爵位由公降为侯，又被任命为太子左卫率。

谢灵运平时常违反国家礼仪制度，朝廷也只对他以文士相待，从不授予他有实权的官职。谢灵运自认才能可执掌朝廷机要，既然不受重视，便一直心有不甘。宋少帝刘义符即位后，谢灵运得罪了把持朝政的司徒徐羡之等执政大臣，被借故外调，做了永嘉（今浙江东部，温州一带）太守。

▶【诗名天下】

永嘉郡内多有名山秀水，这些都是谢灵运平素喜好的。只是出京做郡守后感到志向更难抒发，便索性尽情地四出游玩，走遍了郡内各县。他每次出游都得十天半月，对于任内的人事管理、词讼判定等公务，都不再关心。每到一处便赋诗歌咏，以此抒发心志情趣。

在永嘉郡为官刚满一年，谢灵运便称病离职。堂弟谢晦、谢曜和谢弘微等都曾写信劝阻，他统统不听。由于谢灵运的父亲、祖父都安葬在始宁县（今浙江上虞），那里还有谢家旧宅和别墅，于是谢灵运便移居到会稽郡（今江苏省东部及浙江省西部地区），修葺经营祖产房舍。谢家依山临江，尽显幽静山居的美丽景致。谢灵运和隐士王弘之、孔淳之等人纵情娱乐，甚至产生了终老山林的念头。每当他们创作的诗文传到京城，不论贵族还是平民无不争相抄写，一夜之间在士大夫和平民百姓中就传个遍，名声震动整个京城。谢灵运曾写过一篇《山居赋》，并亲自作注解来记述这段山居生活的经历。

宋文帝即位后，杀掉了徐羡之等大臣，征召谢灵运进京任秘书监，但两次下诏他都不去赴任。后来，宋文帝让光禄大夫范泰写信敦促，谢灵运才去就职。文帝让他整理宫中秘阁藏书，又命他修撰《晋书》。可谢灵运只是粗略草拟出条目，全书终未写成。不久他升任侍中，受到了优厚的赏赐和待遇。谢灵

运的诗和书法堪称当世杰作，每有诗文创作，便亲手把它写下来，宋文帝称他的诗和字是"二宝"。此时谢灵运自认为是当世名流，应参与时政，可这时他还只能以文士身份被接待，每次侍从文帝宴饮，也只是谈论赏析诗文而已。王昙首、王华、殷景仁等人在名望和地位上一向都不如他，可是都受到了重用，对此，谢灵运心中不平，便经常装病不上朝。谢灵运在其府第内挖掘池塘、设置藩篱，栽种竹木、果树，驱使公家劳役为其服务，没有固定的时限。他出城远游，有时走出一百六七十里，十几天也不回来。既不上表奏闻，又不请假告病。文帝不想伤害大臣，传旨让他自已解释。谢灵运便上表称病，于是文帝赐他回

⚫ 谢灵运像

谢灵运（385～433），陈郡阳夏（今河南太康）人，又称谢客、谢康乐，曾任参军、永嘉太守、临川内史，南朝宋诗人，山水诗的开创人。出自《历代名臣像解》。

家休假。临行前，他又上书劝文帝出兵征伐河北。可回家后，谢灵运依旧游乐宴饮，夜以继日。于是遭到御史中丞傅隆的弹劾，再次丢了官，这一年，正是宋文帝元嘉五年（428）。

【纵情山水】

谢灵运东归会稽后，与族弟谢惠连、东海何长瑜、颍川荀雍、泰山羊璿之经常聚在一起赏析文章，游山玩水，当时人称他们为"四友"。谢惠连自幼才华横溢，却得不到其叔父谢方明赏识。谢灵运离开永嘉回始宁时，谢方明正任会稽郡守，谢灵运便去拜望叔父，其间遇见谢惠连，对其才华赞叹不已。谢灵运本性从不推崇他人，唯独看重谢惠连，和他结为生死之交。当时何长瑜正教谢惠连读书，也正在会稽郡府内，谢灵运认为他也是无与伦比的人才。谢灵运对谢方明说："阿连兄弟有如此才情悟性，可大人却把

他当做一般孩子看待；何长瑜堪称当世的王粲，可大人却以下等客人的饮食招待他。大人既不能礼遇贤士，应该把何长瑜还给我谢灵运。"随即便同何长瑜一起乘车船离去。荀雍字道雍，做着员外散骑郎的官。羊璿之字曜璠，是临川内史，被司空竟陵王刘诞所赏识礼遇，刘诞兵败的时候被连坐诛杀。何长瑜的才华虽然比不上惠连，但荀雍和羊璿之却是比不上的。

谢灵运继承了祖辈遗产，家业丰厚，奴僮众多，门生故吏数百人，于是开山浚湖，工役不断。每次登山，一定要到最为偏僻奇险的地方，遍游奇山峻岭。他登山时常穿一种特制的木屐，上山时取下鞋的前齿，下山时取下后齿。一次，他率众从始宁南山伐树开路，一直到了临海境内（今浙江台州附近），随从好几百人。临海太守王琇闻讯极为惊骇，还以为有山贼突袭，知道是谢灵运一行才安下心来。于是，谢灵运邀请王琇一同出游，遭到拒绝。谢灵运便赠给王琇一首诗讽刺道："邦君难地险，旅客易山行。"

【祸及身死】

谢灵运在会稽也有很多随从，每次出行，全城为之震动。太守孟顗

是个虔诚的佛教徒，却遭到谢灵运的轻视，他曾对孟颛说："得道成佛是讲究天分和机缘的，大人您升天将在我之前，但是成佛则一定会落在我之后。"孟颛对此言怀恨在心。还有一次，谢灵运会同王弘之等人到千秋亭饮酒，光着身子大呼小叫，孟颛不堪忍受，派人去劝诫他，谢灵运却大怒道："我自己叫喊我的，与你这痴人有何关系！"

此后，谢灵运又因争夺回踵湖、休崲湖等处利益与孟颛结下了仇怨。因为谢灵运的横行放肆，孟颛上表控告谢灵运心怀异志。谢灵运得知后，即刻飞奔京城给朝廷上表，陈述自己与孟颛恩怨的来龙去脉。文帝知道谢灵运受到诬告，并未加罪于他，但也不想让他再回乡生事，便任命他做了临川（今江西抚州）内史。

谢灵运在临川郡内仍然放荡游乐，和在永嘉时毫无分别，很快就遭到当地官员的弹劾。司徒派遣随州从事郑望生前去收捕谢灵运。谢灵运竟起兵叛逃，并萌生了叛逆的心思。他作诗称："韩亡子房奋，秦帝鲁连耻。本自江海人，忠义感君子。"后来，追兵将谢灵运擒获，送交朝中廷尉，廷尉判处他斩刑。文帝爱惜他的才华，打算依旧罢官了事。彭城王刘义康坚持执行廷尉的判决，认为不该宽恕。文帝下诏说："谢玄的功勋与春秋时的管仲相当，应该宽恕他的后代，将谢灵运由死刑减为流放广州吧。"

后来，秦郡府将宋齐受命到涂口（今武汉金口）办事，路过桃墟村时，发现有七个人聚在路边窃窃私语，宋齐怀疑他们不是好人，回去报告给郡县长官，率兵秘密追击将他们捉拿。其中一个叫赵钦的人在供词中称："同村人薛道双曾与谢灵运共事，薛道双托同村人成国告诉赵钦说：'谢灵运犯事被流放去广州，出钱让买弓箭刀盾等兵器，并让薛道双集合乡中健壮的汉子在三江口（今湖北汉口西）劫下谢灵运。事成之后，大家均会获得厚赏。'于是我便集合同伙的人前去拦截谢灵运，可并没成功，回来后大家因饥饿，打算在路上抢劫。"于是，主管官员奏请将谢灵运逮捕，文帝下诏将谢灵运在广州就地斩首。谢灵运临刑前作诗道："龚胜无余生，李业有终尽，嵇公理既迫，霍生命已殒。"诗中所称龚胜、李业诸人，跟先前在诗中称道的张良和鲁仲连是同样的意味。这一年是元嘉十年（433），谢灵运死时才四十九岁，他所作的诗文流传于世间。

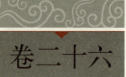

袁粲列传

作为名门袁氏之后，袁粲（？～477）继承祖先功业，在南朝宋时身居高位，位极人臣。他天性耿直，自命清高，且操守严谨，忠贞不贰。在危机四伏的宋末担负起顾命大臣的重任，坚决不与篡逆之主同流合污，以"明知不可为而为之"的精神，图谋反抗，最终兵败身亡。

【袁氏有后】

袁粲字景倩，是袁洵弟弟的儿子。父亲袁濯，是扬州（今安徽寿县）秀才，英年早逝。袁粲自幼就成了孤儿，祖父可怜他，给他起名叫"愍孙"。他的伯、叔都是当世的显赫人物，而袁愍孙却饥寒贫困。母亲为琅琊王氏，是太尉长史王诞的女儿。亲自从事纺织，以此维持日常生活。

袁愍孙自幼好学，有杰出的才能，跟随任吴郡（今江苏苏州）太守的伯父袁洵到任，裹着破衣服读书，足不出户。他的堂兄袁颛出游，邀请愍孙同行，他就称病不去。叔父袁淑很赏识他，跟子弟说："我们家族不缺贤士，愍孙将来必定又会成为三公。"有人家想和袁颛缔婚，袁颛的父亲袁洵说："袁颛能力不足，倒是可以和愍孙结婚啊。"袁愍孙在座，流着眼泪起身出去。他很早就以崇高的操行被人赏识，宋孝武帝刘骏即位，升他为尚书吏部郎、太子右卫率、侍中。孝建元年（454），在宋文帝去世的忌

日，群臣都在中兴寺八关斋，吃过午饭，袁愍孙又与黄门郎张淹一起去吃了鱼肉。尚书令何尚之平素守法谨严，秘密将这一情况报告给了孝武帝，孝武帝令御史中丞王谦之弹劾，结果袁愍孙和张淹都被罢了官。

【清高名士】

宋孝武帝大明元年（457），袁愍孙又做了侍中，兼任射声校尉，封为兴平县子爵。三年，因接受山阴（今浙江绍兴）人丁承文的贿赂，推举其为会稽郡（今浙江绍兴）孝廉，事发被免官。五年，官左卫将军，加官给事中。七年，转为吏部尚书，依旧任左卫将军。这一年，皇太子行成年加冠礼，孝武帝到东宫宴饮，与颜师伯、柳元景、沈庆之等赌博游戏，袁愍孙劝颜师伯喝酒，颜师伯不饮，袁愍孙就侮辱他说："不能和奸佞小人周旋啊！"颜师伯正受皇上宠爱，皇上又常对袁愍孙以寒素出身而欺凌颜师伯很是反感，因

此大怒说："袁濯的儿子要不是遇上朕，连员外郎也当不上，却敢以寒士来傲视别人！"要亲手杀掉他，命人把他拉下坐席。袁愍孙面不改色，沈、柳都起身劝阻，过了好久皇帝才消了气。外调他出京做了海陵（今江苏泰州市海陵区）太守。

前废帝刘子业即位，袁愍孙在郡里，一日梦见太阳落在了他胸上，因此惊醒。不久被征调掌管机密，历任吏部尚书、侍中、骁卫将军。袁愍孙非常重视仪表规范，前废帝让他赤裸着身体，并迫使他走路，袁愍孙像平常那样文雅地迈着步子，并回头说："风雨如晦，鸡鸣不已。"宋明帝泰始元年（465），他担任司徒左长史、南东海太守。

袁愍孙清高严谨而有风节操守，自视甚高，曾著有《妙德先生传》，将其接续在嵇康的《高士传》后以描述自己，文中称："有位妙德先生，是陈国人。气度志向深远恬淡，姿态神情清新光华，天性至孝，行为温顺，居室平淡，家业简朴，有舜帝遗风。先生自幼多病，性格懒惰，没有什么经营好尚；然而对于三教九流、诸子百家的言论、雕龙谈天的技艺，都泛泛了解其中大义，却不以此成名。因家

贫而出来做官，但并非他的爱好。混淆他的声迹，隐藏他的用心，席门常常关闭，小路仅可过人。即使是扬雄那样沉寂，严光那样隐居，也不超过他。修身养性，可始终没有什么值得称道的。"又曾经对周围人说："从前有一个国家，国中有一片水叫'狂泉'，国人喝了此水无不发狂，只有国君从开凿的井中打水喝，得以独自无病。国人既然都发了狂，反而说国君的不

🔹 **南朝造像碑（砂石）**
1954 年四川省成都市万佛寺遗址出土，四川博物院（原四川省博物馆）万佛寺石刻馆。

狂是'狂'，于是相聚在一起谋划捉住国君，治疗他的狂病。火艾针药，无所不用，国君受不了那些痛苦，于是到泉边舀了水喝，一喝就发狂了，如此一来，君臣上下都一起发狂，众人才高兴起来。我既然还没发狂，难以独自于世，所以近来也想试着去喝这泉水了。"

【改名不改性】

袁愍孙幼年羡慕荀奉倩的为人，孝武帝时请求改名为袁粲，未获准许，到了明帝登基，才获准改成名为袁粲，字景倩。他的外孙王筠又说："明帝有很多忌讳，袁愍谐音为'殒门'，明帝厌恶，这才令他改名。"宋明帝泰始二年（466），调任领军将军，卫士三十人可以进入六门。当年，调为中书令，兼太子詹事。三年（467），转为尚书仆射，不久兼掌吏部。五年（469），担任中书令，又兼丹阳（今江苏省丹阳市）尹。

袁粲自负才能，意气用事，爱好玄虚幽远的生活，虽身居高位，却不把政务放在心上。常独自在园林中散步，赋诗饮酒，自得其乐。他的家靠近城郭，常骑马出游，一旦开心自得，就悠然忘返。郡南一家有很多竹林、奇石，袁粲便随意地步行前往，也不通告主人，径直走到竹林当中，高歌咏叹，自得其乐。主人出来，以笑语相迎。一会儿，车骑仪仗都赶到园林门前，主人才知道是袁大人。还有一次，他曾经步行在白杨树林的郊野中，

路上遇到了一个士大夫，便叫他一起畅饮，第二天这个人以为受到赏识，便到袁府请求拜见。袁粲说："昨天饮酒无人相伴，不过是随便找个人罢了。"竟不与他相见。曾经作了一首五言诗，称"访迹虽中宇，循寄乃沧洲"。大概是他的志趣所在。

宋明帝泰始七年（471），袁粲任尚书令。起初，他曾触犯了孝武帝，他的母亲等待皇帝的车驾出行时，在砖块地面上磕头谢罪以致流血，碎砖伤到了眼睛。自此以后，袁粲和别人说话时，如有人不小心误说了"瞎眼"二字，他就会长久哭泣。有一次生重病，母亲担忧挂念，白天睡觉时，梦见了袁粲的父亲，面容和生前一样，对袁母说："愍孙的病没有大碍，他将成为国家的栋梁，不必担心会被埋没。倒是恐怕富贵之后，最终要归于覆灭。"母亲从未说起这事。袁粲显贵以后，她一直害怕倾覆命运的到来，才把这事告诉了儿子，自此，袁粲开始注意约束自己的言行。

【顾命辅政】

宋明帝临死时，命袁粲与褚彦回、刘勔一起接受顾命之托，给他们增加了二十名佩剑护卫，还赐予鼓吹一部。宋后废帝刘昱即位后，又给他们增加了五百护卫。后废帝元徽元年（473），袁粲因母丧辞职，服丧过后，又召他回职，封为卫将军，他不接受。袁粲天性极为孝顺，服丧期间，身体因过于悲痛而消瘦，祭祖神的日子，都命

重列式神仙瑞兽镜·魏晋南北朝

圆形，圆钮，主体纹饰采取重列式排列，上下左右对称排列了八位神人，周围饰龙凤、神兽。镜钮上下均有二字铭文："君宜"，外一周铭文："吾作明竟，幽涑宫商，周（雕）刻容像，五帝天皇，白（伯）牙单弹琴，黄帝□凶，朱鸟玄武，白虎青龙，君宜高官，位至三公"，黑漆古。此镜纹饰线条飘逸流畅，人物眉眼清晰生动，画面云气升腾，颇为赏心悦目。

令卫军，谢绝客人来访。

宋后废帝元徽二年（474），桂阳王刘休范叛乱，袁粲被人搀扶入殿，皇上下诏为其增加兵士随从，府中设置佐吏。当时形势危急，叛军已攻至南掖门，诸将意志沮丧，都不能奋起抵抗。袁粲慷慨激昂地对各位将帅说："贼寇已兵临城下，而诸位情绪涣散，我受先帝的顾托，本应以死相报，今日就要与各位将军一起为国而死。"随即令左右人备马，神色哀壮。于是陈显达等人备受感动，奋勇出战，将叛军一举歼灭。此事平定后，袁粲授任中书监，以本官号开府仪同三司，兼任司徒。从扬州分出府来供他，坚持推辞。元徽三年，调任尚书令、卫军、开府如故，他一并坚持推辞，服丧期满，才接受任令。加官侍中，晋升为侯爵，又不接受。

当时袁粲与后来的齐高祖萧道成、褚彦回、刘彦节轮流入朝当值，平均地决断各种国家事务。袁粲沉默寡言，不肯担当大事，主书常向他请示抉择，他有时竟高咏诗歌来回答。有时打定了一个主意，则众人都不能改变。他平素很少和人往来，府上没有闲杂宾客，自己闲居在家高枕而卧，从不接待。谈过话的文士，所见到的不过一两个人。顺帝刘準即位后，袁粲调任中书监，司徒、侍中职位依旧。

萧道成已进住东府后，故意让袁粲镇守石头城（今江苏南京市清凉山）。袁粲平素恬静谦让，每当朝廷有任命，都是迫不得已才去就职。这次诏令让他到石头城，当即就顺从了旨意。有和他打交道的人懂得观测天象，对袁粲说："石头城的气很凶险，前往必定会遇到灾祸。"袁粲不答。又配给他一辆车马，准许带五十个卫士入殿的特权。

【忠臣不事二主】

当时萧道成正在谋划改朝换代，袁粲自以为身受宋朝皇帝顾托，不愿侍奉二姓的君主，便秘密地另自图谋。刘彦节是宋氏宗室，前湘州（今湖南长沙）刺史王蕴是太后哥哥的儿子，平素喜好武事，都担心会不被齐高帝所宽容，就都来与袁粲交结，统兵将领黄回、任候伯、孙昙瓘、王宜兴、彭文之、卜伯兴等人也都来与袁粲联合。宋顺帝升明元年（477），荆州（今湖北荆州）刺史沈攸之起兵反叛，萧道成亲自去找袁粲，袁粲称病不见。袁粲的族人袁达认为不应该明确表示出意见不同。袁粲说："他如果强拉我入朝，便无借口推辞了，而一旦如此，也就再无法出来了。"当时萧道成把军队屯驻在朝堂，刘彦节的堂弟领军将军刘韫在门下省供职，卜伯兴为直阁，黄回诸将都率军前往新亭。袁粲策划到时候假借太后的命令，让刘韫、卜伯兴率领宿卫兵在朝堂攻击萧道成，黄回率军接应，刘彦节、任候伯等都去石头城。但事情很快泄露。起先，萧道成派遣薛深、苏烈、王天生等将领率兵守卫石头城，声称是协助袁粲，实际上是防备他的。又让心腹王敬则为直阁，与卜伯兴共同执掌禁兵。王蕴听说刘彦节已经逃跑，叹息道："今年的事情失败了。"于是也狼狈地率领部下赶往石头城，薛深等人在城门上放箭。王蕴认为袁粲已经失败，便分散逃走。萧道成把消息告诉了王敬则，王敬则就杀死

彩绘石雕立佛像

佛像为青石雕像，高 126 厘米，山东青州龙兴寺窖藏出土。佛为立姿，但双手已残损。造像丰腴合体，面相圆润，嘴角微上翘，满含笑意，令人感到慈祥亲切。头光圆形，中心是莲花。通身舟形背光，中间是二飞天捧香炉，两侧又各有二供养飞天，体姿灵动。

了刘韫和卜伯兴，又派将领戴僧静开往石头城帮助薛深从仓门进入。当时袁粲与刘彦节等列兵登东门，戴僧静分兵进攻府西门，刘彦节与儿子从城墙上跳了出去。袁粲回来坐下，点燃蜡烛照着自己，对儿子袁最说："本来就知道一根木头不能阻止大厦的崩溃，只是因为名节道义的缘故才不得不如此。"戴僧静挺身暗中向前，挥刀要把袁粲杀死。袁最发觉情况异常，大声叫喊，抱着父亲乞求让自己先死，兵士们无不落下眼泪。袁粲说："我不失为忠臣，你不失为孝子。"便求拿笔来写道："我为大宋效忠，计策声名都已用尽，现在就魂归于坟墓，永远存在于山丘之间。"戴僧静于是把他们一并杀死。

起初，袁粲在宋孝武帝大明年间（457～464）与萧惠开、周朗同车出行，遇到一条方形大船开过，就停下车，萧惠开自己照镜子说："没有做官的命啊。"周朗拿着镜子看了好久说："视死如归。"袁粲最后说："应当位至三公，却不能善终。"到这时全都应验。

袁最字文高，死时才十七岁。既然父子都死了，左右的人也都四散奔逃。任候伯等当天夜里都从新亭赶赴石头城，后来都被处死。

袁粲的小儿子才几岁，乳母抱着他投奔袁粲的门生狄灵庆。狄灵庆说："我听说交出这孩子将有厚赏，现在袁氏已灭，你藏他还为了谁呢？"

于是抱着孩子去告发。乳母号哭呼喊道："袁公昔日对你有恩，所以我冒险带孩子来投奔你，你又怎能为了小利而要杀死这个孩子呢！如果天地鬼神有知，我将见到你被灭门。"这孩子死后，狄灵庆常见到那个孩子骑着一只大毛狗像平常一样玩游戏，经过了一年多，在斗场忽然看见有一只狗跑到他家，遇到狄灵庆就把他咬死了，不久，他的妻子孩子也都死去。而这条狗正是袁家小儿子经常骑的那只。

齐永明元年（483），武帝下诏说："袁粲、刘彦节都在前朝共同辅助宋室皇室，沈攸之在景和年间也特别有此忠心，虽然最后晚节不保，而开始的忠诚值得记载。时间过去很久了，应该加以隆重的待遇。"于是下令都给予改葬。

论赞

论曰：综观宋、齐以来的混乱世道，袁氏一门，世代坚守忠义，由此可知在风霜中可以衡量出松、竹的气节。袁粲坚忍不拔的事迹，近于仁义勇敢，古人所谓"疾风劲草"，难道就是形容他的吗？袁粲的坚贞不屈，也在齐朝得到肯定而改葬，这种激励后人的榜样作用，历代都是相同的。

殷景仁列传

殷景仁（390～440）为南朝宋之重臣，历仕三朝，因才学出众而受诸帝器重，虽屡遭好友刘湛嫉妒、陷害，却一直稳居高职，被传为美谈。

【历仕三帝】

殷景仁，陈郡长平（今河南高平西北）人。曾祖殷融，在晋朝担任太常之职。祖父殷茂之，任特进、光禄大夫。父亲殷道裕，年轻时就去世。

殷景仁自幼有成大事的气量，司徒王谧见了他，便将女儿嫁给他为妻。他任宋武帝的太尉行参军，曾作中书侍郎。殷景仁虽不作文章，但才思敏捷，不谈义礼，却深明事理。对于国家的典章礼仪、旧章记注，无不撰录，有识之士都认为他有用世的志向。

殷景仁曾经建议令朝官举荐人才，依所推荐的人是否有能力来决定官员本人的升降，武帝十分欣赏。少帝即位，他被补作侍中，屡次上表辞让。皇帝下诏满足了他的要求，改任黄门侍郎、左卫将军。文帝即位，对他更为器重，不久他就升为侍中，左卫之职仍旧不变。当时他与王华、王昙首、刘湛四人都是侍中，均因风度和才干，成为一时人物，一同升迁的美事，近代再没有比得上的。元嘉三年（426），皇帝亲自征伐谢晦，司徒王弘入中书下省，殷景仁长期在此当

值，二人共同掌管留守。谢晦被平定，他取代到彦之任中领军，侍中之职仍保留。

宋文帝的生母章太后去世较早，文帝非常恭谨地侍奉太后的生母苏氏。元嘉六年（429），苏氏去世，文帝亲自去哭悼，下诏想遵循两汉推恩的做法。殷景仁认为："汉代的推恩加爵，在当时是承袭秦朝弊端，轻视儒学，这一做法恐怕不是盛明之世所应重蹈的。晋朝借鉴二代的教训，只要是与朝政有关，君主的言行举止必须要记录下来，所以贤明的君王一定要谨慎自己的言行。主持公正的人颁发奖赏不应该有私心，奉行天统的人应该约束私人感情来申明国家制度，只有这样才能立信于万国，留典于后世。"文帝听从了他的意见。

【屡谤不倒】

殷景仁因母亲去世而辞职，服丧期满后，迁升尚书仆射。太子詹事刘湛代替他为领军，刘湛和殷景仁交情一向很好，都受到武帝的知遇，都被许为宰相。刘湛常在外任官，恰逢王

弘、王华、王昙首相继离世，殷景仁便把刘湛引荐回朝，一起参与朝政。刘湛回京后，以为殷景仁的地位本来不如自己，现在却处在自己前面，心里十分气愤。他知道文帝信任殷景仁，不能改变，便结交司徒彭城王刘义康，想借助宰相的要职来压过他。元嘉十二年（435），殷景仁升为中书令、护军将军，仍旧担任仆射的职务，不久又兼领吏部。刘湛更加气愤，刘义康采纳了刘湛的话，在文帝面前诋毁景仁，文帝给他的待遇却更好。殷景仁私底下说相王权力过大，对国家社稷不利，文帝赞同他的说法。殷景仁对亲戚和旧友慨叹说："我引刘湛进京为官，他反倒咬人！"于是称病请求解职，不被允许，只让他在家养病。刘湛提议想遣人扮作盗贼在外面把他杀死，认为文帝即使知道，也不能伤害自己的至亲。文帝听闻此事，便把殷景仁迁到西掖门外的晋朝鄱阳公主府第中，并设护军府。此地紧连着皇宫，所以他们的计谋无法得逞。

殷景仁卧病五年，虽然见不到皇上，但密函来往不断，一天十多次，朝中大小事都要拿来问他。行踪周密，没有人能发现他们踪迹。将要抓刘湛的那天，殷景仁便拂拭衣冠。由于卧病太久了，身边的人都不懂他的意思。当晚，皇上在华林园延贤堂召见了他，殷景仁仍称脚有病，在小床舆上坐下，诛伐处置的事，全都交给他办理。

他代替刘义康做扬州（今江苏南

🏵 **南北朝至唐代古钱一组十九枚**
包括："永通万国"背将军、"乾封泉宝"、"大泉五十"、"太平百钱"各一枚，"开元通宝"十五枚。

京）刺史，仆射、吏部的职位仍保留。皇帝派使者授他官印，主簿代为拜受以后，他便觉得病情变重，精神反常。他的性格原本很宽厚，却忽然变得苛暴，胡言乱语，病入膏肓。文帝说他不适合住在州府，让他回来住在仆射下省。在州上作了一个多月就去世了，有人说看到刘湛在作祟。朝廷追赠为侍中、司空，谥号文成公。大明五年（461），孝武帝路过景仁墓，下诏派人祭祀。

论赞

论 曰：殷景仁在刚刚为官时就表现出远大的抱负，到元嘉盛世，最终成为国家重臣，皇帝对他言听计从，无比器重，这确实是美事啊！

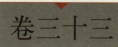
范晔列传

南朝有一位"厕所中出生"的著名史家——范晔（398～445）。他才艺出众，作文、修史、音乐、书法无不精通。但为人心胸狭窄，贪利忘义，因参与刘义康、孔熙先叛乱，事败身死，祸及子孙，为时人所不齿。当然，他在史学与哲学方面的贡献还是值得称道的。

【厕生史家】

范晔字蔚宗，母亲在厕所中生出了他，额头为砖所伤，因此他的小字就为"砖"。范晔从小被过继给大伯范弘之，后来继承了武兴县（今陕西汉中略阳县）五等侯的爵位。他自幼好学，善于写文章，能写隶书，通晓音律。为官秘书丞，父亲去世后他辞官回家守制。服丧期满，他被任命为征南大将军檀道济的司马，兼任新蔡（今河南新蔡县）太守。后官至尚书吏部郎。

宋文帝元嘉九年（432），彭城王府的太妃去世，即将下葬，出殡当夜，同僚故友都聚集在东府，范晔与司徒左西属王深以及他的弟弟司徒祭酒王广在夜里大肆喝酒，还打开北窗高唱挽歌寻欢作乐。彭城王刘义康大怒，将范晔降调为宣城郡（今安徽宣城市）太守。范晔不得志，就对当时各家《后汉书》加以删改，以成他的一家之作，对书中人物屈伸荣辱的描写，未尝不寄托他自己的情感。

后来，范晔调任长沙王刘义欣的镇军长史。当时，他的哥哥范暠正任宜都（今湖北宜都市）太守，嫡母在哥哥任所中去世，范暠给范晔急信告知，范晔却不及时前去奔丧。等到出发时，又带着姬妾同行，结果被御史中丞刘损弹劾。宋文帝爱惜

🔶青釉刻花莲瓣纹陲壶·南朝
现藏于上海市博物馆。

范晔的才华，没有因此治他的罪。服丧期满，范晔升迁为左卫参军、太子詹事。

范晔身高不到七尺，身体肥胖，皮肤黝黑，眉毛鬓角短秃，善于弹奏琵琶，还能创作新曲。皇上想听他演奏，屡次委婉暗示，范晔却故意装傻，始终不肯弹。皇上曾在一次宴饮时劝他演奏，对范晔说："我想唱歌，卿可以为我弹琴伴奏。"范晔这才奉旨。可等皇帝的歌一唱完，范晔就立刻停止，不再演奏。

【参与叛乱】

起初，鲁国人（今山东曲阜）孔熙先博学而有纵横家的才志，文史历算，无不擅长，担任员外散骑侍郎，不为时人所赏识，长期得不到升迁。当初，孔熙先的父亲孔默之任广州刺史，因贪赃罪被廷尉逮治，大将军彭城王刘义康为他担保，才免于罪责。后来，刘义康被贬斥，孔熙先私下决心加以报效，因为范晔也对世事心怀不满，就打算拉拢他，却一直找不到机会。范晔的外甥谢综很受范晔赏识，孔熙先凭借岭南的遗财，家境十分富足，就一心逢迎交结谢综。开始与谢综几兄弟一起赌博，故意表现笨拙，把财物输给他们，这样逐渐培养感情。后来，谢综就介绍孔熙先与范晔一起赌博游戏，孔熙先故意不敌，前后输给范晔很多财物。范晔既贪图他的财物，又欣赏他的文艺，于是就跟他结成莫逆之交。孔熙先开始以反叛的意

图试探他，但范晔避而不答。范晔平时家风常遭人议论，这是朝野共知的，因此虽也堪称世家大族，但朝廷宗室却不与他家通婚。孔熙先就以此事刺激他说："您说朝廷对您相待甚厚，可为何偏不与您家通婚，是因为门户不合适吗？人家将您当做猪狗来对待，而您还为他们卖命，这不是太糊涂了吗？"范晔沉默不语，谋反的意图却在此时决定下来。

当时，范晔与沈演之都被皇上赏识，常被同时召见。范晔如果先到，一定会等待沈演之，而沈演之先到，却常常独自觐见。范晔又因此心生怨恨。范晔曾长期在刘义康府中任官，平素受到厚待，但范晔被贬斥为宣城太守后，彼此情意不再。后来谢综担任刘义康的大将军记室参军，随他镇守豫章（今江西南昌一带）。谢综归来时，向范晔转达了刘义康的心意，请求消除后来的误会，于是二人又恢复了以往的友谊。

范晔既然有了叛逆的念头，就想试探一下朝廷的动向，于是对皇上说："臣综观前代两汉时期的历史，每当各位藩王以妖言蛊惑、幸灾乐祸之时，便要处以大逆不道之罪来惩罚。何况刘义康奸邪谋逆的意图和行迹，已经远近皆知，而至今安然无恙，臣私下感到困惑不解。而且这个大祸根一直存在，必将酿成大祸。"皇上没有采纳他的意见。

孔熙先素来通晓天文，曾说："宋文帝必定不能寿终正寝，而当死于骨

肉相残。而江州（今江西九江）应出现天子。"认为就是刘义康。谢综的父亲谢述也被刘义康所知遇，谢综的弟弟谢约又是刘义康的女婿，所以文帝让谢综随刘义康到南方去。既因为之前孔熙先的夸奖鼓动，也有令其报答的心意。

丹阳（今江苏南京市东北）尹徐湛之平时为刘义康所喜爱，二人虽是甥舅关系，恩情却超过父子，大将军府史仲承祖因此结交徐湛之，把谋逆的计划告诉了他。随后，仲承祖南下，把刘义康的意图传达给萧思话和范晔，说："本来想和萧家联姻，只是遗憾开始的想法最终没能实现。与范晔的感情本来很深，中间彼此误会，都是旁人造成的啊！"

徐湛之曾对范晔等人说："臧质的见解不同寻常，他和萧思话关系亲密，二人都受到大将军刘义康的厚待，必定没有异心，不怕兵力不足，就怕失去时机。"于是向西部署：徐湛之为抚军将军、扬州刺史，范晔为中军将军、南徐州刺史，孔熙先为左军将军。其余的人都有安排。凡是平时关系不好和不依附刘义康的，又另外登记，都列入黑名单准备处死。

孔熙先让弟弟孔休先预备好檄文，其中称贼臣赵伯符擅自发兵侵犯外出的皇上，灾祸流及储君和宰相，于是拥戴刘义康。又认为既然要起事，就需要刘义康本人的意旨，就伪造了刘义康写给徐湛之的信，向同党们宣告。

【事败被逮】

元嘉二十二年（445）九月，征北将军衡阳王刘义季、右将军南平王刘铄即将出镇，皇上在武帐冈为他们饯行。范晔等人就准备在这一天发动叛乱，当天，许耀侍卫皇上，手按刀柄盯着范晔，范晔不敢与他对视。过一会宴会解散，却彼此发生差错，不能发动。十一月，徐湛之上表告状，于是交出了全部檄文、人事安排以及同党或仇敌的名单手册。皇上诏令拘捕谢综等人，全部服罪，只有范晔不肯自首。皇上频频派人穷追细问，范晔说："都是孔熙先诬陷牵扯我的。"孔熙先听说范晔不服罪，笑着对殿中将军沈邵之说："所有计划、部署、兵符、檄文、文件、书信，都是范晔所写或改定的，为何还要这样抵赖？"皇上出示了范晔的笔迹，范晔这才服罪。第二天范晔被送交廷尉，入狱后，这才知道是徐湛之告发的。

范晔后来与谢综等人被关在隔壁，范晔就隔墙问谢综："你猜谁是告密者？"谢综说："不知道。"范晔便称徐湛之的小名说："就是徐僮。"他在狱中写诗道："祸福本无兆，性命归有极，必至定前期，谁能延一息。在生已可知，来缘慒无识，好丑共一丘，何足异枉直？岂论东陵上，宁辨首山侧，虽无稽生琴，庶同夏侯色。寄言生存子，此路行复即。"皇上有

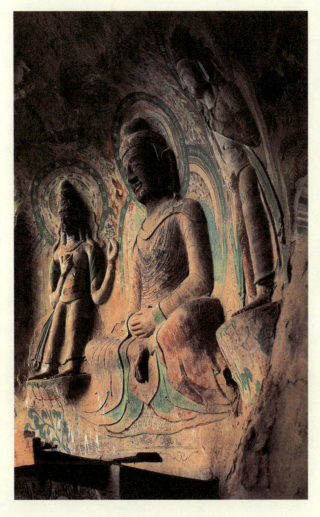

炳灵寺石窟 172 窟的石雕佛像·北魏

一柄上好的白团扇，拿给范晔让他写出诗赋美句。范晔接旨后提笔写道："去白日之照照，袭长夜之悠悠。"皇上读后顿感凄凉。

范晔本以为入狱就要被处死，而皇上穷究案情，于是经过了二十余天，范晔又感到了生存的希望。狱吏于是戏弄他说："外面传说您可能要被处以终身监禁。"范晔听后十分惊喜。谢综、孔熙先笑道："您曾与我们共商大计，每次都义愤填膺，那次在西池射堂上，跃马回望，自以为是一代英雄，而如今坐卧不安，竟如此贪生怕死。即使现在赐你性命，臣子图谋君主，还有何颜面可以生存？"范晔对卫军中的狱将说："可惜呀，埋没了我这样的人！"狱将说："不忠的人，有什么可惜的？"范晔说："您说的对啊。"

将赴刑场，范晔走在最前面，在监狱门口回头对谢综说："行刑时会按照官位次序吗？"谢综说："罪魁祸首应当在前面。"路上边说边笑，并不觉得惭愧和耻辱。到了刑场，又问谢综："行刑的时辰要到了吗？"谢综说："应该不会太久了。"范晔吃完酒菜，又苦劝谢综吃，谢综说："这又不是病

白话精编二十四史

第四卷

范晔撰《后汉书》书影

亲，不感念皇上的恩遇，自己一死固不足可惜，为何要害死无辜的子孙？"范晔干笑，说罪大恶极罢了。范晔的生母哭着对他说："皇上对你无限关怀，你却不曾感恩，又不顾虑我年老体弱，事到如今还能怎么办！"于是用手痛打范晔的脖子和脸。范晔的妻子说："婆婆不要再想念这个罪人！"妹妹和小妾前来诀别，范晔于是痛哭流涕。谢综说："舅舅远不如夏侯的神色啊！"范晔这才停住哭泣。谢综的母亲因为儿子和弟弟自陷于谋逆叛乱的境地，独不出来相见。范晔对谢综说："老姐今日不来，比别人强得多啊！"范晔渐渐喝醉，他的儿子范蔼也醉了，抓起地上的土和果皮投掷范晔，连喊几十声"别驾"，范晔问他："你怨恨我吗？"范蔼说："事到如今还提什么怨恨？只是父子同死，不能不悲愤罢了。"

危，何必勉强吃饭？"范晔的家人也都来到刑场，监刑的官吏问道："还要再见见吗？"范晔问谢综："家人已经来了，幸好得以相见，还不抓紧诀别吗？"谢综说："告不告别，又有什么用，来了一定是痛哭流涕，正足以让人心烦意乱。"范晔说："痛哭流涕又有何关系？刚才看见亲戚旧友在道旁对我瞻望，所以我也希望与他们相见。"于是叫家人来到面前。范晔的妻子先抚摸着他的儿子，回头骂范晔道："您不为百岁的母

▶【无鬼论者】

范晔常说人死后就灰飞烟灭，想写一部《无鬼论》，到这时还给徐湛之写信说"等到了阴间我再去控诉你"。可见荒谬混乱到了如此地步！他又跟别人说："请转告何仆射，天下绝没有佛和鬼，如果有灵魂的话，自当会报答您。"朝廷查抄范晔的家产，乐器服装玩物都珍贵华丽，姬妾

也都穿着艳丽的服饰。他母亲的居所却十分简陋，只有两间厨房装满木柴。子侄们没有冬天的厚被，叔父们只穿着单布衣服。

范晔和他的同党都被处死，范晔时龄四十八岁。谢综的弟弟谢纬流放广州。范蔼的儿子范鲁连，是吴兴昭公主的外孙，请求保全他的生命，也判为流放远方。到孝武帝即位时，才得以返回。

范晔生性细密，有思维天分，接触的东西大多能够精通。衣裳器物，全都自行设计修改样式，世人竞相效仿。他曾撰写了一部《和香方》，在序言中大肆讽刺朝中的官员。

【狱中谈史】

范晔在狱中给学生子侄写信，以叙述自己生平，主要论及作文、修史、音乐和书法的经验和理念。其中关于修史的内容大略如下：

"我原本没有关注于史书，因为总觉得它难于理解。自从修撰了《后汉书》，转而有了贯通的思绪。详细观察古今著述以及评论，几乎很少有称心如意的。班氏名望最高，只是文笔随意而缺少严格的体例，只有《志》的部分值得推崇。与其相比，内容广博方面我赶不上他，但若论整齐而条理清晰则未必不如他。我写的史传、论赞都蕴含深刻的思想，特别是《循吏》以下和《六夷》各《序论》，笔势纵横奔放，实在是天下之奇作。其中最满意的，往往不

亚于贾谊的《过秦论》。曾经拿自己的《后汉书》与班固的《汉书》相比，也并不比他差。我很想把前代的志都做一遍，凡是《前汉书》中所有的都让它具备，虽然文中记述不必太多，但要使人一看就能全部了解。又打算就着史实在每卷内发表议论，用以匡正一朝代的得失，这个想法也没能实现。'论赞'自然是我的文章中最为杰出的思考，几乎没有一字是无意义的，文笔奇异，变化无穷，融合了不同的体例，连我自己都不知该如何称呼了它！此书问世以后，应该有赞赏它的知音。纪传体向来只是记录历史的大略情况，其中细致意思还有很多。自古以来体式宏大而思维精细的著作，还没有像这样的。恐怕世人不能完全体会，大多是以古为贵而以今为贱，所以便任情狂言了。"

范晔自述的都是真情实感，所以把它保存下来。范晔幼年时，他的哥哥范晏常说："这个孩子急功近利，终究会祸害家族！"结果真像他所说的那样。

论赞

论 曰：高名重望者，是诗人歌咏的对象，知礼讲法者，是先贤赞美的目标。范晔文学才艺虽有过人之处，但考察他为人处世的行迹，对个人利害是何等计较啊！

卷三十七

沈庆之列传

南 朝名将沈庆之（386～465），出身寒门，自幼勇武有力，但直到壮年才出人头地，以征蛮而知名，后因辅佐宋孝武帝刘骏登基而位列三公。他虽享受荣华富贵，但不忘贫寒出身，常以田园为乐。晚年受顾命辅佐新君，虽鞠躬尽瘁，终不能被昏君容忍，被以毒酒赐死。

【中年拜将】

沈庆之字弘先，吴兴武康（今浙江德清武康镇）人。自幼未成年，就跟随乡里族人抵抗贼寇，屡次获胜，由此以英勇闻名于世。兵乱之后，乡人流散，沈庆之在家种田，勤劳自立，四十岁还没有出名。他哥哥沈敞之是赵伦之的征虏参军，监管南阳郡（今湖南辰溪县西北），因抗击蛮人有功，正式授官。沈庆之到襄阳（今湖北襄樊市）看望哥哥，赵伦之见到他后非常欣赏，让儿子竟陵（湖北天门市）太守赵伯符征调他作了宁远中兵参军。竟陵的蛮人屡次侵犯，沈庆之为他出谋划策，多次将蛮人击败，赵伯符因此得到了将帅的称号。

宋武帝永初二年（421），沈庆之被任命为殿中员外将军，又随赵伯符隶属到彦之部队北伐。赵伯符因病而归，沈庆之便隶属于檀道济。檀道济向文帝称赞沈庆之忠诚谨慎通晓兵法，文帝让他率队防守东掖门，逐渐得到提拔，可以出入内廷。领军刘湛

得知后，想要他从中引接，对他说："你在宫中时间已经很久，早该当相了。"沈庆之严肃地说："下官在台省十年，自然应该有机会升迁，用不着麻烦您。"不久转任正员将军。等刘湛被捕的那天晚上，皇上开门召见沈庆之，沈庆之身着全套戎装鞋袜而入，皇上见了吃惊地说："卿怎么猜到要穿这种行动服装？"沈庆之说："您半夜召唤队主，定有急事，不能穿平时宽松的衣服。"当即派他将吴郡（今江苏苏州市）太守刘斌捕杀。

【"苍头"平蛮】

宋文帝元嘉十九年（442），雍州刺史刘道产去世，各地蛮人大规模骚动，征西司马朱修之讨伐蛮人失利，任命沈庆之为建威将军，率领军队协助朱修之。后来朱修之因罪下狱，沈庆之独自率军进讨，大败沔水沿岸的各部蛮人。

后来他担任孝武帝的抚军中兵参军。孝武帝以本官号为雍州刺史，沈

庆之随军西上，征讨蛮寇屡立战功。回京后，又做广陵王刘诞北中郎中兵参军，加任建威将军、南济阴太守。雍州蛮人又作乱，沈庆之以将军、太守的身份又与随王刘诞到沔水（即汉水）。到达襄阳，率领后军中兵参军柳元景、随郡太守宗悫等讨伐沔北的各部山蛮，将其大败。威震诸山，群蛮都叩头求饶。沈庆之患有头风，喜好戴狐皮帽，群蛮都厌恶他，称他为"苍头公"。每当见到沈庆之的军队，就畏惧地大喊："苍头公又来了！"

沈庆之引军出发，前后破阵很多，又去讨伐犬羊各帮山蛮，筑墙将蛮人围困，迫使其渐渐出来投降。沈庆之前后所俘获的蛮人，都迁移到京城，作为营户。

【劝阻北伐】

元嘉二十七年（450），调任太子步兵校尉。这一年，文帝将要北伐，沈庆之劝谏说："檀道济两次出兵无功，到彦之又失利而返，现在料想王玄谟等也不会超过两位将军，恐怕要再次失败。"文帝说："朝廷两次出师都受挫，另有别的原因。檀道济放纵敌寇发展，到彦之中途犯病。敌人所凭靠的只有马，夏天河水浩大，乘船渡河，碻磝（今山东茌平县西南）的守兵必然逃走，滑台（今河南滑县）小城驻兵少，容易攻下。攻克了这两个城，在那里驻守、吃粮，安抚人民，那么虎牢关（今河南荥阳汜水镇）和洛阳，就指日可待了。"沈庆之坚持

说明不可以这样，当时丹阳尹徐湛之、吏部尚书江湛都在座，皇上让徐湛之等人与沈庆之辩驳。沈庆之说："治国就好像治家一样，耕田就应该问农奴，织布就要问织女。陛下现在想要讨伐他国，却和白面书生们谋划，事情怎么会成功？"文帝听了大笑。

等军队进发时，沈庆之做王玄谟的副将。王玄谟进军包围滑台，沈庆之与萧斌留守碻磝，他仍然兼任萧斌的辅国司马。王玄谟进攻滑台，好几十天不能攻下，魏太武帝的大军南下，萧斌派沈庆之率领五千人去救王玄谟。沈庆之说："少量军队轻率前往，必定没有好处。"正赶上王玄谟败退而归，萧斌将他斩首，经沈庆之之劝谏才作罢。

萧斌因为前锋部队战败，打算死守碻磝，沈庆之认为不可。正赶上皇帝的使者到来，不许撤退，各位将领都应该留下。萧斌又向沈庆之询问计策，沈庆之说："都城以外的事，将领可以做主，但皇上的命令已从远处传来，形势就不同了。您帐下有一'范增'却不能用，还空谈议论有何用处？"萧斌和在座的人都笑着说："沈公又长学问了！"沈庆之大声说："各位虽纵读古今之书，却不如下官的耳闻之学。"王玄谟自己因为退败，请求守卫碻磝。萧斌便返回历城（今山东济南市历城区）。申坦、垣护之共同据守清口，沈庆之乘驿马返回。

元嘉二十九年（452），军队又一次出发，沈庆之坚持劝阻，未被采纳。

因为主张不同，没有让他北出。

【辅佐新君】

元嘉三十年（453），后来的孝武帝刘骏抵达五洲（湖北浠水县西南），统帅各路兵马。沈庆之从巴水（江西崇仁西南）赶到五洲请示军事策略。正好遇见刘骏的典签董元嗣从建邺（今江苏南京）返回，陈述元凶刘劭弑君叛逆的情况，刘骏派沈庆之率领诸军。沈庆之对心腹说："萧斌像妇人一样不值得担忧，其余将帅也都容易对付。现在辅佐明主讨伐叛逆，不愁不能成功。"当时刘劭给沈庆之写密信，让他杀掉刘骏。沈庆之入室求见，刘骏称病不敢相见，沈庆之径直闯到他面前，把刘劭的手书呈上，刘骏哭着请求进去和母亲诀别。沈庆之说："下官蒙受了先帝的厚恩，常常希望报答恩德。今天的事情，只是要看力量如何，殿下为什么有这么深的疑虑？"孝武帝起身郑重参拜说："家国安危，就在于将军了。"沈庆之于是统领内外大权。

府主簿颜竣听说沈庆之到来，驰马入见刘骏说："现在四方还不知道义军起事，而刘劭占据国都，我们首尾不能呼应，这是很危险的局面。应该等各镇达成一致，然后再起事。"沈庆之大声地道："如今正要举大事，而黄头小儿都来参与，这是要惹祸啊，应该斩首示众。"刘骏忙说："颜竣怎么还不跪下谢罪！"颜竣起身跪拜。沈庆之说："你就只管文书的事吧。"

于是开始具体部署，十天时间，内外事全都办理完毕，时人都称赞是"神兵"。百姓也都很高兴。

等各路兵马完成集结，委任沈庆之为武昌内史，兼任府中的司马。刘骏到达浔阳（今江西九江西南），沈庆之和柳元景等人都劝他即皇帝大位，刘骏没有答应。刘劭派遣沈庆之的门生钱无忌带着书信劝沈庆之解甲退出，沈庆之抓住钱无忌，向刘骏报告。孝武帝登基后，任命沈庆之为领军将军，不久出任南兖州刺史，加任都督，镇守盱眙（今江苏淮安盱眙县），封南昌县公爵。

宋孝武帝孝建元年（454），鲁爽反叛，派沈庆之和薛安都等前往讨伐。薛安都临阵斩杀鲁爽，沈庆之因此晋号为镇北大将军。不久与柳元景一同开府仪同三司，他坚持推辞，改封为始兴县公。沈庆之因为年满七十，坚持辞职，后任他为侍中、左光禄大夫、开府仪同三司。又坚决推让，甚至叩头自陈，边说边流眼泪。皇上不能勉强，答应以郡公的身份罢职回家，每月供给钱十万，米一百斛，二卫史五十人。

大明三年（459），司空竟陵王刘诞占据广陵反叛，又以沈庆之为车骑大将军、开府仪同三司，他坚持辞让南兖州刺史，加任都督，率领军队讨伐。沈庆之围攻数月，终于杀进城中，斩杀了刘诞。为此晋升沈庆之为司空，他又坚持推让爵位。于是和柳元景都依照晋朝的密陵侯郑袤的前例，朝会时沈庆之排在司空的位置上，柳元景位在其余官员之前。

▶【贵不忘本】

起初，沈庆之曾经在梦中带领仪仗队进入厕所中，沈庆之很厌恶入厕的丑陋。当时有善于占卜梦的人为他解释，说："您一定会大富大贵，但并不会发生在眼下。"问其缘故，回答说："仪仗队当然就是富贵的表征，厕所中则是所谓后面的皇帝。由此可见您富贵不在当今君主时期。"等建立了中兴功劳，从五校提升到了三公的高位。

沈庆之住在清明门外，有四所宅院，房屋非常华丽。又在娄湖有园林别墅，沈庆之一夜之间带领子孙迁居到那里，把宅院还给了朝廷，让大小亲戚都搬到娄湖，各有门户但同在一个院内。他广开田园，常指着土地对人说："钱都在这里！"中兴后他享受着大封地，家财丰厚，产业累计万金，奴仆以千计。两次献出钱一千万、谷一万斛，因为始兴郡的封地好又距京城近，请求改封到南海郡（今广东南海市），未被批准。有姬妾十几人，全都貌美而技艺超群。沈庆之悠闲无事，尽情欢娱，除了进行朝贺，都不出门。常随皇帝出游

打猎，扳鞍上马动作凌厉，不异于青壮年。太子妃献给孝武帝镂金的食具，皇上将其赐给沈庆之，说："饮食器具的赏赐，应该以大夫为先。"

皇上曾经饮酒很高兴，便让群臣一起作诗，沈庆之略有说辩能力，但不会写字，每次签署文件时，就恨眼不识字。皇上逼他作诗，沈庆之说："臣不知书，请让我口授，颜师伯代笔。"皇上就让颜师伯执笔。沈庆之口授说："微生遇多幸，得逢时运昌。朽老筋力尽，徒步还南冈。辞荣此圣世，何愧张子房！"皇上非常高兴，众人都称赞他的辞意美妙。

🔴 观音菩萨像

孝武帝逝世，沈庆之与柳元景都被授以顾命大臣。遗诏中说："如果有大的军事行动及征讨，都要交给沈庆之。"前废帝刘子业即位，赠给沈庆之几案和手杖，配给三望车一乘。沈庆之每次朝贺，常常乘坐猪鼻无幰车，左右的随从不过三五个骑士。在田园中步行，常常在农忙的月份亲自劳动，没有人随从，遇到的人不知道他就是三公。柳元景、颜师伯曾经去看望沈庆之，和他约好一起去田间游玩，柳元景等鸣乐列队而来，沈庆之独自带一随从在田里，一见他们就生气地说："不能长久贫贱，但富贵了也难于自守。我和诸公都出身于贫贱，因为遇上了好的机会，才有如此荣华富贵，只应共同想着谦虚退让的事。我这个老头子八十岁的年纪，亲眼见过的成败荣辱已经太多了，诸位如此炫耀这些车马服饰，想要做什么呢！"于是插下手杖耘起地来，不理会他们。柳元景等赶忙撤去侍从，提着衣服来到他跟前，沈庆之这才与他们相对欢笑。

沈庆之富贵之后，乡里过去曾轻视沈庆之的人，后来见到他都跪到他面前。沈庆之感叹道："我还是从前的那个沈公啊！"他看到有沈氏家族中有作盗贼首领的几十个人，民众都将其视为祸害。沈庆之假装大摆筵席请他们喝酒，到时把他们一网打尽，于是全境肃清，人们都很高兴。

【主昏臣死】

前废帝刘子业狂悖无道，众人都

劝沈庆之废旧立新，后来柳元景等人联合谋划废立之事，把计划告诉了沈庆之，沈庆之因与江夏王刘义恭关系不好，就告发了此事。废帝杀掉了刘义恭、柳元景等人，任命沈庆之为侍中、太尉。等义阳王刘昶造反，沈庆之跟随废帝渡江讨伐，统率全军。

废帝凶暴日益严重，沈庆之还是尽言劝谏，废帝心里逐渐不高兴。后来处死了何迈，担心沈庆之不同意，估计他必定要来劝说，便切断了青溪等几座桥以阻隔他。沈庆之果然去了，因无法渡河而返回。废帝又非常忌恨他，便派沈庆之的侄子沈攸之送毒药将他赐死，时年八十岁。这年的生日那天，沈庆之梦见有人拿两匹绢送给他，对他说："这些绢足够长。"醒来后他对别人说："老子今年是免不了啦。两匹，就是八十尺，足够长，没有盈余了。"沈庆之死后，馈赠非常丰厚，追赠他为侍中，太尉依旧不变。

论赞

论曰：沈庆之凭借勇武坚毅的风姿，身处王朝末年的危急时刻，在兵火中纵横驰骋，所到之处都受到推崇。他平乱建功，也算得上宋代的方叔、召虎了！等到拯救朝廷危难的事业成功，位极人臣，年事已高，功成名就，而最终却走向覆灭，人生起伏岂能轻易知晓啊！

卷三十七

沈攸之列传

南朝沈氏多将才，沈攸之（？～478）也是其中杰出代表。他生得其貌不扬，从军后常受压抑，但凭借优越的军事才能，终于成为一代名将。晚年爱好读书，欣赏勇武孝顺之士。然而生性贪暴，功成名就后，长期拥兵自重，渐生反意。起兵后很快失败，落得兵败自杀，身首异处的下场。

【丑人拜将】

沈攸之字仲达，是沈庆之堂兄的儿子。父亲沈叔仁任宋衡阳王刘义季的征西长史，兼行参军领队。

沈攸之自幼成了个孤儿，家境贫寒，宋文帝元嘉二十七年（450），北魏大军南侵，朝廷征发了三吴（今苏州、湖州、绍兴）的军队，沈攸之也随军行动。等到了建邺(今江苏南京)，去拜见领军将军刘遵考请求补任新兵队长。刘遵考以他外表丑陋为由而拒绝，沈攸之叹息道："昔日孟尝君身高仅六尺能做齐国相，如今求士却只取肥大的人吗！"于是便追随沈庆之征讨。

宋文帝元嘉二十九年（452），征讨西阳（今湖北黄冈东）蛮人时，沈攸之才补任了队长。在巴口（今湖南岳阳）建立义军，授任南中郎府的板长兼行参军。新亭之战，身受重伤，事情平定后，升任太尉行参军，封为平洛县五等侯爵。随军转任大司马参军。

东晋时，在京城两岸扬州府旧时曾设置都部从事，分掌两县的违法案件，宋武帝永初（420～422）以后撤销。宋孝武帝孝建三年（456），又重设这一职位，沈攸之掌管北岸，会稽（今浙江绍兴）人孔璪掌管南岸，后来又撤销。沈攸之调任员外散骑侍郎，又跟随沈庆之征伐广陵（今江苏扬州），屡立战功，曾被箭射穿了骨头。孝武帝因为他善战，配给他仇池所产的步矟。事情平定以后要加以厚赏，被沈庆之压下来，只调任太子旅贲中郎。沈攸之对此记恨在心。

宋前废帝景和元年（465），沈攸之被任命为豫章王刘子尚的车骑中兵参军、直阁，与宗越、谭金等人都为废帝所宠信。杀戮大臣时，沈攸之等人都替他卖力，被封为东兴县侯。

宋明帝即位，他被依例削除了封爵。不久他因告发宗越、谭金等人谋反，重被召回直阁。赶上四方反叛，南方的贼兵已攻到附近，朝廷任命沈攸之为宁朔将军、浔阳（今江西九江）

白话精编二十四史

第四卷

太守，率军据守虎槛（今安徽芜湖西南）。当时王玄谟为军队的统领，尚未出发，前锋有五支军队在虎槛，五军以后，其他部队又陆续赶到，每到夜间各自树立信号，互不通告。沈攸之对军吏说："现在众军共同举事，而名号却不一致，架势有如农民渔夫夜里互相呵叱，都会引起惊恐混乱，这是导致失败的根源啊！请大家依从一支军队取号令。"大家都听从了他的建议。

殷孝祖担任前锋都督，大失人心，沈攸之对内抚慰将士，对外协调群帅，众人都安定下来。当时殷孝祖中乱箭身亡，军队主将范潜率五百人投降了叛军，军中震惊，都认为沈攸之应该代替殷孝祖为统率。当时建安王刘休仁屯驻在虎槛，统领各路军队，听说殷孝祖死去，便派遣宁朔将军江方兴、龙骧将军刘灵遗各率领三千人赶到赭圻（今安徽繁昌西北长江南岸）。沈攸之认为殷孝祖既然已死，叛军会有乘胜追击的想法，明天如果不再进攻，则是向他们示弱。江方兴与自己名位相当，必定不会为自己的下属，军政不一，必导致失败，于是便率领着各位将领到江方兴那里推举、慰勉他，江方兴很高兴。沈攸之出来后，各位将领都埋怨他。沈攸之说："诸位难道忘了廉颇、蔺相如和寇恂、贾复的典故了吗？我本为报效国家，哪能计较个人的升降！"第二天一早进军作战，从寅时直到午时，在赭圻大败叛军。

不久，他晋升封号为辅国将军，

代替殷孝祖督前锋诸军事。薛常保等人在赭圻粮食吃尽，南贼大帅刘胡屯驻在浓湖（今安徽繁昌西），用袋子盛米系在木筏和船腹上，佯装翻船，顺风而下，来增援赭圻。沈攸之怀疑其中有异常情况，派人取了船和木筏，得到了很多袋米，不久就攻克赭圻。

随后连败刘胡、袁顗。赭圻、浓湖平定。沈攸之又进军平定了浔阳（今江西九江），调任中领军，封贞阳县公。当时刘遵考任光禄大夫，沈攸之在皇帝的御座旁问刘遵考："长相丑陋的人现在如何？"明帝问其缘故，沈攸之如实回答，明帝大笑。

【渐生反意】

经过多次升迁，沈攸之做了郢州刺史，为政苛刻暴虐，有时鞭打士大夫。上佐以下的人如反对他的想法，就当面辱骂。但是他通晓官吏事务，自强不息，士人平民都很怕他，人们都不敢欺骗他。听说哪里有猛兽，他就亲自去围捕，每次都有所获。有时一天能捕到两三只。如果到黄昏还捉不到，就连夜围守。他赋敛严酷，征发无度，修缮船只，营造器甲。自从到了夏口（今湖北武汉市武昌），就萌发了叛逆的念头。后晋升监管豫、司二郡军事，进封号镇军将军。

泰豫元年（472），宋明帝刘彧去世，沈攸之与蔡兴宗都在地方驻守，一同参与顾命。正遇上巴西人李承明反叛，蜀地被骚扰。当时荆州刺史建平王刘景素被征调，新任命的荆州刺史蔡兴宗还没有到镇，于是便派沈攸之代理兼管荆州事务。正好李承明已经平定，便以沈攸之为镇西将军、荆州刺史，加任都督。他聚敛兵力，养马达到两千多匹，都分发给巡逻将士，让他们耕田自给自足。粮食、钱财都充入仓库。荆州军造作部每年送来数千人的装备，沈攸之截取部分留下，在簿册上声称是"供讨伐四山蛮用"。装备了成百上千艘战舰，沉于灵溪中，还聚积了大量的钱帛兵器。他渐渐产生了反叛自立的心思，朝廷的制度全都不遵守。富贵陈设可与君王媲美，夜里各厢房的长廊点放烛火通宵达旦，后房妻妾佩带珠玉的有几百人，都是绝代佳人。

江州刺史桂阳王刘休范暗中有谋反之心，想暗示挑动沈攸之，就让道士陈公昭假托"天公"写了一封信，题名为"沈丞相"，把信送给沈攸之的守门人。沈攸之不打开书信，推断出是陈公昭所写，把信送交朝廷。后废帝元徽二年（474），刘休范举兵攻袭京都，沈攸之对属下官员们说："桂阳王现在逼犯朝廷，必定声称我与他同谋，如果不立刻进兵护卫皇上，必定会增加朝野对我的疑惑。"于是派使者去接受郢州刺史晋熙王刘燮的调遣。等到刘休范叛乱被平定，使者才回来。

沈攸之进号为征西大将军、开府仪同三司，他坚持推辞了开府的封号。沈攸之独自带兵在外，朝廷对他疑虑而惧怕，几次想征调他入朝，又担心他不接受命令，因此作罢。

宋明帝泰豫四年（472），建平王刘景素在京城造反，沈攸之又执行朝廷的命令，刘景素很快就被平定。当时有个台直阁高道庆家在江陵（今湖北荆州市），沈攸之初到州上的时候，高道庆正在家中，写信介绍了他的亲戚十几人，请求用他们在西曹署任职，沈攸之只用了其中三人。高道庆大怒，自己到州里取了那封信毁掉而去。高道庆平常善于骑马，沈攸之与他在听事堂前宴饮，上马击槊为戏，高道庆用槊刺中了沈攸之的马鞍，沈攸之生气地取刀斩槊，高道庆驰马而出。回京后描述了沈攸之要造反的情景，请求率三千人前往攻袭。朝议担忧此事难以成功，萧道成又坚持不许。杨运长等人常对沈攸之怀有疑虑和畏惧，便与高道庆秘密派遣刺客带着后废帝

🔶 **南北朝四神大挂钱**

的手诏，把一块金饼赐给沈攸之，州府属官都得到晋升。当时有三头大象到了江陵城北几里的地方，沈攸之亲自出去杀死了它们，忽然有乱箭射来，都集中在沈攸之之马前障泥上，后来刺客事情暴露。废帝死后，顺帝即位，封沈攸之为车骑大将军、开府仪同三司。齐高帝萧道成派沈攸之的儿子司徒左长史沈元琰把后废帝实施酷刑的器具拿给他看，沈攸之说："我宁愿像王凌那样死，不愿像贾充那样生。"由于还不能马上起兵，他便上表称贺，并且给齐高帝寄信推崇他的功劳。

【兵败身死】

沈攸之有一块写有十几行字的白布书信，常藏在背心角上，说是宋明帝给自己的约誓。后来，皇太后的使者来到，赐给沈攸之蜡烛十台，割开后得到了太后的手令，说"国家之事，全部委托给您了"。第二天，沈攸之便起兵。他的妻妾崔氏、许氏劝谏说："官人年纪已经老了，怎么不为全家着想？"沈攸之指指背心角的信让她们看。

沈攸之平时畜养兵马，物资充足，到现在已有战士十万、铁甲战马三千匹。即将从江陵出发时，让和尚释僧粲进行占卜，说："到不了京城，应该到郢都就返回。"他心里很不高兴。从江津出发时，有一股像尘雾一样的气从西北飘来，正覆盖在军队头顶。萧道成派军队向西讨伐，沈攸之倾尽所有的精锐部队进攻郢州，行事柳世隆

屡次将他击败。宋顺帝升明二年(478)，他向江陵回撤，还未到达，城已经被雍州刺史张敬儿占领，沈攸之无处可归，便与他的第三个儿子中书侍郎沈文和到了华容（今湖北鄂州华荣区）的鳞头林，投到一个州吏的家里。这个州吏曾被沈攸之鞭打，但现在待沈攸之非常厚道，不以从前的责罚为怨恨，杀猪招待他们。后来，村里人打算捉拿他们，沈攸之在栎林中与沈文和都自缢而死，村里的人把他们斩首后送到了京城。有人割开了沈攸之的肚子，发现他的心有五个孔。征西主簿敬昭先以自己的家财埋葬了他。

【知书好士】

沈攸之晚年喜欢读书，手不释卷，《史记》、《汉书》中的很多典故都能记住。他常叹息道："早知穷困发达各有天命，悔恨不能读十年书。"后来攻郢城，夜里曾遇上风浪，米船沉没。仓曹参军崔灵凤的女儿先前嫁给了柳世隆的儿子，沈攸之严正地告诉他说："现在军粮紧急，而您却并不在意，是不是因为和城内结了婚姻的缘故啊？"崔灵凤说："乐广说过，下官哪能拿五个儿子去换一个女儿！"沈攸之高兴地解除了心中的怨怒。

沈攸之征召有才干和气力的人，随郡（今湖北随州）人双泰真力气很大，但是召他不肯前来。沈攸之派了二十几个人穿着盔甲去追他。双泰真射死了好几个人，想回家把母亲带出来，而事情紧迫没有办成，自己单身

214

逃入蛮人地界。追赶的人追丢了他，便把他母亲抓去。双泰真失去了母亲，于是便自己回来，沈攸之没有怪罪他，说："这是一个孝子。"赐给他了一万钱，转补为队长，他就是这样地抑制自己的感情对待士人。

【成败天定】

起初，沈攸之贫贱时，曾与吴郡（今江苏省苏州市）的孙超之、全景文共乘一条小船出京。三个人都走上土坝，有一个人拦住他们相面，说："你们三个人都会成为地方长官。"沈攸之说："哪有这种事？"相面的人说："如果不灵验，便是相书记错了。"后来沈攸之总管郢、荆二州，孙超之任广州刺史，全景文任南豫州刺史。全景文字弘达，齐朝永明年间（483～493），死在光禄大夫任上。

宋后废帝死后，沈攸之想起兵，便问懂星相的人葛珂之。葛珂之说："起兵都要等候太白星，太白星出现了就能成功，潜伏着就会失败。过去桂阳王在太白星潜伏时起兵，打了一仗就被杀死，这是最近的明确验证。现在萧公废除昏君，拥立明君，正赶上太白星潜伏的时候，与天象相合。况且太白星刚出现在东方有利于用兵，出现在西方则不利。"所以沈攸之停止不能东下。等后来举兵，葛珂之又说："现在岁星守在南斗，它那个国家不可以攻伐。"沈攸之不听从，果然失败。

四龙四神镜·魏晋南北朝
圆形，半圆钮，连珠纹钮座，钮座外主纹饰为头尾相接的四龙四神兽，云气蒸腾中神龙见首不见尾，图案优美，充满动感。

沈攸之的上表、檄文、奏疏，都是他的记室南阳人宗俨之的手笔。事情失败以后责备宗俨之，他回答说："士为知己效命，哪能为你们这些人所理解呢？"接着被杀死了。

论赞

论 曰：沈攸之身居上流地位，声称仗义起兵，独断恩威，擅自发号施令，如此竟过了十几年。最终还是符合了葛珂之预言那样失败身死，难道这都是有气数时运的吗？

宗悫列传

南史
列传

宗 悫（？～465）是南朝宋时著名将领，自幼强悍好武，胸有大志。从军后屡立战功，受到君主的赏识，身居高位，死后仍享受配食孝武庙庭的待遇。

【少有大志】

宗悫，字元干，南阳涅阳（今河南邓县）人。叔父宗少文处事清高，拒不做官，宗悫小时候，被问到他的志向是什么，宗悫回答说："愿乘长风破万里浪。"宗少文说："你若不能富贵，必然会破坏我家门户。"宗悫的哥哥宗泌娶妻，新娘刚进门那天晚上家里遭劫，宗悫当年十四岁，挺身抵御劫匪，十几个人都被打得分散开，不能进入室内。当时天下相安无事，士人都以钻研文章义理为己业，宗少

🔴 **青瓷托盏**

南朝茶具，江西南昌墓出土。通高 11.5 厘米、口径 7.7 厘米，底径 6.6 厘米，这件器物由上部的碗盏和下部的托盘组成。

文情操高洁，诸位子侄都跟随他爱好文章典籍，然而宗悫却任性好武，所以不被乡亲们所理解。

江夏王刘义恭为征北将军、南兖州刺史，宗悫跟随他镇守广陵（今江苏扬州）。当时他的堂兄宗绮为征北府主簿，与宗悫住在一起，宗绮的妾与小吏牛泰私通。宗绮到府中值班，牛泰便偷偷地来与宗绮的妾幽会。宗悫知道了这件事，进屋杀死牛泰，然后把这件事告诉了宗绮。刘义恭认为他性情豪爽，没有怪罪他，后来还让他任补国上军将军。

【屡立战功】

元嘉二十二年（445），朝廷要出兵征伐林邑国，宗悫自告奋勇表示愿意前往。刘义恭认为宗悫有胆量勇气，极力推荐他，宗悫便被任命为振武将军，任安西参军萧景宪的副官。他跟随交州刺史檀和之围困区粟城。林邑国派遣将领范毗沙达来解救区粟，檀和之派出一支偏军来抗拒他，

结果被敌军打败。又派遣宗悫出兵迎敌，宗悫便把军队分成数路，偃旗息鼓，悄声前进，把敌军攻破，于是区粟被攻下，军队进入了象浦。林邑国王范阳迈倾尽全国所有兵力来抵抗进攻，给大象披上全副铠甲，前后不见边际。宗悫认为外国有狮子可以镇服百兽，于是做出狮子的形象来抵御大象，大象见后果然惊慌逃散，敌方兵众也随之溃乱，接着就攻克了林邑国。收缴了他们的珍异特产，全是叫不上名字的宝物，其余杂物不可胜数。宗悫丝毫未取，他的行装，除自己的被子、梳子、枕头、刷子外，没有其他东西了。文帝对他十分赞赏。

元嘉三十年（453），孝武帝下令诛伐叛逆刘劭，命宗悫为南中郎咨议参军，兼领中兵。等到事情平定以后，宗悫的功劳仅次于柳元景。

孝武帝即位后，以宗悫为左卫将军，并封他为洮阳（今广西壮族自治区全州县、资源县）侯。孝建年间（454～456），一步步升迁为豫州（今河南东部、安徽省北部）刺史，监理五州的各项军队事务。以前，同乡人庾业家中富有，生活奢豪，穿着锦衣华服，吃着珍馐美味。与宾客相对而坐，摆膳时一定肴馔丰盛，足有一丈见方，而只给宗悫设米饭青菜。对客人说："宗悫是军人，习惯吃粗粮。"宗悫吃饱后便退席了，当时并没有说任何不满的话。现在，庾业做了宗悫的长史，治理梁郡（今河南商丘至安徽省砀山一带），宗悫对他很宽厚，

不因为以前的事情而心怀嫌怨。

大明三年（459），竟陵王刘诞占据广陵（今江苏扬州），并依此地发动叛乱，宗悫上表请求前去征讨，他乘坐驿马到达京都，当面接受皇帝的部署。皇帝停下车慰劳勉励他，宗悫高高跃起数十次，左顾右盼，皇上感到他性情十分豪壮。待到出发时，让他隶属于车骑大将军沈庆之，归其统辖。起初，刘诞蒙骗他的兵众说："宗悫是帮助我的。"等宗悫来了之后，跃马绕城喊道："我就是宗悫。"刘诞的事情平息后，宗悫入京担任左卫将军。

大明五年（461），他跟随皇帝打猎时，从马上坠落下来脚部骨折，不能上朝当值，让他做光禄大夫，加授金章紫带。他有一头好牛可供进献给皇帝，官府要买他却不肯卖，因此被免官。第二年又恢复了原先的职务。

废帝即位后，宗悫担任宁蛮校尉、雍州（今湖北襄阳）刺史，并追加为都督。去世以后，追赠他为征西将军，谥号肃侯，在孝武帝的庙庭祭祀中享受配食。

论赞

论曰：宗悫拥有风云般的气概，最终实现了他的志向，是有大志和才能的人物！

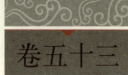

卷五十三

昭明太子统列传

作为梁国政权的合法继承人，昭明太子萧统（501～531）自出生起就备受瞩目。他精通佛理，拥有很高的文学造诣，天性宽厚仁慈，极尽孝道，是众望所归的理想储君，可惜英年早逝，只留下《昭明文选》等编著闻名于世。

▶【天降"三庆"】

昭明太子萧统字德施，小字维摩，是梁武帝萧衍的长子。齐中兴元年（501）九月，萧统生于襄阳（今湖北襄樊）。萧衍年近四十，才喜得贵子，当时正赶上徐元瑜归降，随后又有荆州（今湖北西部江陵一带）使者前来报告说："萧颖胄暴死。"时人称这三件事为"三庆"。不久，萧衍平定建邺（今江苏南京），有识之士认为这是天命所归的征兆。

梁天监元年（502）十一月，萧统被立为梁朝皇太子。当时他还年幼，仍旧住在皇宫内。武帝给他设置了属官，到天监五年（506）六月十七日，太子正式出居东宫。

太子天生聪慧，三岁受业学习《孝经》、《论语》，五岁就通读《五经》，可以背诵如流。他天性仁慈孝顺，自出居东宫后，常因思恋武帝和母亲而闷闷不乐。武帝知道后，便不时留他在永福省住，有时三五日才回东宫。天监八年（509）九月，太子在寿安殿讲习《孝经》，完全通晓其中大义。

讲完后，亲自到国学去祭奠孔子。

十二岁那年，太子在内省看到刑狱官员准备判案。就问左右人说："这些官吏是干什么的？"下人答道："执掌司法的廷尉官属。"太子把案卷要来看，说："这些字我都会念，可以让我来判决吗？"负责官员见他年幼，就说："可以。"这些案子本来都要依法判处重罪，但太子统统判定为杖五十下。负责官员抱着这些案卷，不知该怎么办，就上报给武帝，武帝笑着让照此办理。从那以后，经常让太子旁听审案，每逢有意宽大赦免的，就让太子来决断。

▶【崇佛尚文】

天监十四年（515）正月初一早上，梁武帝亲临太极殿，给太子行加冠的成年礼。太子身姿潇洒，容貌俊朗，举止庄重得体，读书一目十行，且过目不忘。每当游玩宴会或祭祖出行时，可赋诗数十韵，有时使用十分复杂的韵脚，也只片刻思考便可完成，无须再行修改。

梁武帝崇尚佛教，亲自讲经说法。太子也素来信佛，读遍所有经书。特别在宫内设立了慧义殿，专供讲经集会之用。延请有名的僧侣，并自己创立了"二谛"、"法身义"的佛理学说。普通元年（520）四月，慧义殿上降下甘露，大家都认为这是太子至高无上的品德感化上天的结果。当时风俗崇尚奢侈，太子便以身作则，节衣缩食。

普通七年（526）十一月，太子的生母丁贵嫔病重，太子回到永福省，从早到晚侍奉在母亲身旁，衣服都没有换过。后来丁贵妃去世，太子悲痛欲绝，水米不进，常常痛哭到昏厥。梁武帝数次传旨劝解，太子才勉强进食，也只吃了少许粥和蔬菜。太子平素身体强壮，腰带很长，经过丧期后竟削减大半。入朝时，官民百姓见此情景，无不感动流泪。

太子自成年后，梁武帝便让他参与国家事务的处理，于是朝廷内外各个部门的公文都堆到他面前。太子天生善于庶政的处理，每次遇到所奏有误或是巧言欺骗的，太子都能当场分辨剖析，指出其正误之处，令其慢慢改正，但从未弹劾举报过一人。审理案件，尽量赦免其罪，天下人都称颂太子的仁德。太子性情宽厚和气，有容人之量，喜怒不表露在脸上。

喜欢招纳有才学的人，对他们始终赏识爱重。平时常自己研究古书，或与学者们谈古论今，进而将所得写成文章记录下来，习以为常。当时东宫有藏书近三万卷，名士才子云集，文章学术的盛况，是晋、宋以来从未有过的。

太子天性喜爱山水，在玄圃中穿渠筑山，建立亭台馆阁，和有名望的官员文士畅游其中。一次，太子率众

《文选》·南朝梁·萧统

南朝梁梁萧统（501～531）编选先秦至梁的各体文章，取名《文选》。分为三十八类，共七百余首。为中国现存最早的诗文总集。

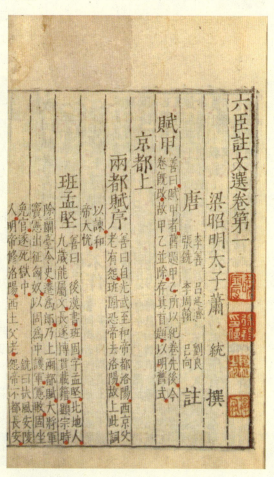

于后池中划船游览，番禺侯萧轨极力鼓吹在此处设置歌姬舞女助兴。太子没有正面回答，而是当场吟诵了左思的《招隐诗》中"何必丝与竹，山水有清音"的诗句。萧轨一听，自感惭愧，不敢再提此事。

【仁孝储君】

普通年间（520～527），梁国大军北征，京城米价暴涨，太子便下令节衣缩食。每当天降大雨暴雪，他就派心腹到大街小巷中巡视，看到贫困人家和流离失所的人，便暗地里施米赈济，每人给十石。又取出宫中的绢帛，每年缝制衣裤各三千件，到了冬天就用来施舍穷人，却不让人知道是

他所为。如果有人死后无钱收殓，他也会施舍棺木。每当听说远近百姓遭受繁重的赋役之苦，他都会收敛笑容面露忧色。常认为户口不实引发的问题要比劳役本身更加扰民。

这段时间，吴兴郡（今浙江湖州）屡遭水灾，连年歉收，有人上奏建议挖掘河道，将洪水泄入浙江。中大通二年（530）春天，武帝下令派交州刺史王弈持符节征发吴（今江苏苏州）、吴兴（今浙江湖州）、信义（今江苏常熟）三郡民丁去挖河漕。太子上疏："现在所派王弈等人率领东三郡的民丁开挖沟渠，以将洪水排放到震泽中，使吴兴境内不会再有水灾，一劳永逸。但防微杜渐，我有一点儿不成熟的看法：听说吴兴连年歉收，人民多外出逃亡，吴郡境内十座城也大都歉收，只有信义去年秋天还有收成，也不是能经常征发民丁以供役使的。眼下国家东部的粮价腾贵，强盗经常出没，当地官员对此都隐瞒不上报。如今北征将士尚未归来，强壮劳力稀少，因此，这次工程虽小，恐怕也很难完成。等到差吏一敲门征丁，就成为危害民间的蛀虫。此外，出丁役之处，远近不一，等到凑齐人数时，就要耽误了蚕耕农时。去年号称'丰年'，公私所用粮食尚且不足，何况今年这样令百姓流离失所的坏年景，恐怕会产生更大弊端。况且那些草寇盗贼都在打探虚实，如果良民都

去服役，那么盗贼就更加嚣张。如此一来，吴兴还未受益，内地已先受其害。不知可否先暂停这项工程，等到国家富足以后再继续施行？"武帝对此表示赞同。

太子天性孝顺而谨慎，每次上朝，不到五更就守在宫门外等候。东宫虽坐落在皇城深处，但太子每次坐、起，都要面向西南方武帝居所，以示恭敬。如果夜里被召见当值，他就整夜端坐直到天亮。

【英年早逝】

中大通三年（531）三月，太子在后池游玩，坐在画舫上采芙蓉花，结果宫女不慎将船荡翻，太子落入水中，虽很快被救起，但已伤到了大腿。他怕武帝担忧，就严令不得声张，直到卧病在床了才告知武帝。武帝派人探问病情，他就强行起身亲笔回奏。等到病情十分严重了，身边人要报告武帝，他还不让，说："为何要让父皇知道我已病得如此重而伤心呢？"说着就哽咽起来。四月初六，太子突然病危，等武帝赶到时，太子已经死去，时年三十一岁。武帝在他身边痛哭，下诏用帝王的衣冠入殓，赐谥号"昭明"。五月二十一，将其葬在安宁陵。下诏令司徒左长史王筠撰写悼文。朝野上下都为太子的死感到惋惜而震惊，京城中男女老幼都跑到宫门外，哭成一片，全国各地和边疆各族民众，听到丧讯都悲痛不已。

太子天性仁慈宽恕。一次，他见

到皇宫里的防卫人员，就问他们手持的荆条做什么用的。他们回答说是皇室出行时驱赶路上行人之用。太子担忧用荆条打人太过疼痛，便令他们换成小木板。此外，太子每次在饭菜中发现蚊蝇之类的小虫，都悄悄拨到盘子边上，这是怕厨人因此获罪，而不让人发现。又有一次，太子见到后阁外有几个小孩在玩赌钱游戏，而朝廷正好出台了禁赌法令，规定士族聚赌判处流放，而百姓聚赌判徒刑。太子说："用自己的钱赌着玩，并未危害国家，这样的刑法太重了。"下令重新标注这条法令，改为：百姓徒刑在三年以内，而士族免除官职。此外，还将其他法令中规定的死刑一律减为长期徒刑，死刑以下的也都减刑一半。

太子著有文集二十卷，又收集古今典章诰命的文章，编为《正序》十卷，选出五言诗佳作编为《英华集》二十卷，《文选》三十卷。

论 赞

论 曰：昭明太子是个亲近贤明的人，又得到梁武帝的宠爱与信任，可后来一旦遇到诽谤诬蔑，到死都未能自我辩白，更何况那些地位处境不如昭明太子的人呢！

白话精编二十四史

● 第四卷 ●

221

豫章王综列传

南史
列传

萧综（502～528）是梁武帝萧衍次子，封豫章王。其母本是南齐东昏侯宠妃，被萧衍收纳后，怀胎七月就生下萧综，故其身世不明，心怀愤恨。长大后，性格残暴，常有荒唐之举。他心有异图，趁北征之机，出逃至北魏。然而，他在北朝仍不得志，郁郁而终。

▶【身世不明】

豫章王萧综，字世谦，是梁武帝萧衍的第二个儿子。武帝天监三年（504），萧综受封为豫章郡王。累迁至北中郎将、南徐州刺史。后入朝担任侍中、镇右将军。

当初，萧综的母亲吴淑媛在齐东昏侯萧宝卷的宫中，她受东昏侯的宠爱仅次于潘、余二妃。后来她被梁武帝收纳后，七个月就生下萧综，宫中的人大多怀疑此事。吴淑媛因此不被宠爱，于是心怀怨恨。等萧综十四五岁时，经常梦见一个长得十分肥壮的年轻人，提着自己的脑袋对着萧综看，这样不止一次地出现。萧综渐渐长大，心中惊恐不已。他经常偷偷问吴淑媛："这个梦是怎么回事？"梦的次数多了，吴淑媛就问他梦中人的样貌神色，萧综形容的样子很像东昏侯。于是吴淑媛偷偷告诉萧综说："你是我怀胎七个月就出生的孩子，怎么能和其他皇子相比？你如今已是太子的二弟，希望你能保住富贵，不要泄露这个秘密。"萧综和母亲抱头大哭，之后常常日夜流泪。他又常清空居室，关紧房门，披头散发地坐在草席子上。他轻视财物，喜爱交结士人，不停地施舍钱财，只是留着身上的旧衣服，在外接待宾客时，也穿粗布衣服。厨房内库中经常空空如也。他又时

🔴 青釉刻花鸡首罐·南朝

常在内室地上铺满沙子，整日光脚在上面行走，脚底磨出老茧，一天能行走三百里。曾经有位姓王的士人，因为困窘而向萧综求救，萧综当时也很穷，只有睡床上的旧被子和帐子，他当即取下交给那人。他就是这样屈身结交下士，以等待风云变幻的时机。很多诸侯王、妃子甚至外人都知道萧综的企图，只有梁武帝对他深信不疑。

【残暴荒唐】

长大成人后，萧综颇有才学，善写文章。梁武帝对诸皇子以礼相待，朝见的次数不太多。萧综总抱怨武帝不重视他。每次出外任职，吴淑媛总是跟随他一起到藩镇。十五岁时，萧综还经常光着身子在母亲面前嬉戏，早晚没有分别。他的王妃袁氏，是尚书令袁昂的女儿。吴淑媛经常限制他们夫妻在一起就寝，对待袁氏尤其不讲道理，这在宫内外都有恶名。

萧综后来到徐州（今江苏镇江）任职，政令刑罚暴虐残酷。他又很有力气，能够制服狂奔的烈马，摔死马驹牛犊。他经常穿着便服暗自外出，头戴黑丝布帽。夜间外出没有限度，招引道士，研究数术。天性聪明机敏，知识渊博，每当梁武帝有敕令诏书送到，他便面露恼怒，形于颜表。武帝性情严酷，群臣不敢轻易谈论是非得失，萧综的所作所为，他一点也不知道。萧综从徐州回朝后，多次上表陈述意见，请求派他去负责管理边境，武帝也都对他嘉奖回复。徐州的所有

练树，都被他下令砍死，这是因为武帝的小名叫"练"的缘故。他多次向尚书仆射徐勉暗示，请他帮忙让自己出镇襄阳（今湖北襄樊）。徐勉不敢替他说话，于是萧综十分怨恨徐勉，送给徐勉一把白团扇，上面写了一首题为《伐檀》的诗，用以讽刺徐勉收受贿赂。

到西州任职时，萧综专门找了一间房屋，每当节令就设宴席，用以祭祀南齐的七庙祖先。又多次穿便服微行到曲阿（今江苏镇江丹阳市），去拜谒齐明帝萧鸾的陵墓。然而，他仍无法确信自己是否东昏侯之子，后来听民间传说，用活人的血滴到死者的骨头上，如果渗下去了，就是父子关系。萧综便暗中挖开东昏侯的坟墓，取出萧宝卷的尸骨，用自己的血滴下试验。果然有了一些应验，他在西州生的二儿子才一个多月大，他便将孩子偷偷杀掉。埋葬之后，夜里又派人将孩子尸体挖出，取骨头再做试验，他就这样残酷无情。他还常常对皇太子以及各亲王出言不逊。曾有一次新年过后，他到临川王萧宏家问安，走到中阁时，突然登上萧宏的羊车上拉了一泡屎，然后才下来。他在京城居住时的所作所为大多如此。

普通四年（523），萧综被任命为都督、南兖州刺史。他颇勤于政事，但不会见宾客。凡是审理诉讼时，就隔着帘子处理。每次出行时，就垂下帷布遮住车子，常说讨厌别人知道他的模样。

223

⚫ 仪卫出行壁画 · 魏晋

壁画长 160 厘米、宽 202 厘米，山西太原王郭村出土。画面上一红袍长者骑橘红牡马，悠然前行，而白袍者驻马回首后顾，似察觉后面有异常情况，人物动作神态都极其自然。穿白袍者的坐骑枣红马，右腿前伸，左腿曲向后抬，头与胸部都转向左侧，两耳迎向后听，眼炯炯有神，似窥探动静。

▶【逃奔北魏】

　　起初，南齐原建安王萧宝寅在北魏任职，萧综找到一位从魏国来的道人释法鸾，让他回到北方时去通告并问候萧宝寅，称萧宝寅为叔父。襄阳人梁话的母亲去世，释法鸾劝萧综厚赠梁话，说将来他肯定能派上用场。萧综就送给梁话五万钱。梁话母亲下葬后，被萧综招来在身边作为心腹。

　　释法鸾住在广陵（今江苏扬州），经常往来私通魏国，每次经过都住在淮阴（今江苏淮安淮阴区）人苗文宠家里。释法鸾便向萧综推荐了苗文宠，萧综就引荐他做了国常侍。

　　普通六年（525），魏将元法僧以彭城（今江苏徐州）来归降梁朝，梁武帝让萧综都督众军，暂时镇守彭城，并兼管徐州事务。梁武帝懂得观看天象，知道将要有军队失败、将领损失的情况发生，担心萧综被魏国所擒，便写了手书命令萧综撤军班师，并且一直让萧综居于前军，不让他落在大军的后头。萧综害怕自己的意图被梁武帝察觉，便乘自己和魏国的安丰王元延明两军相持之际，在夜里带着梁话、苗文宠三人骑马偷偷打开北门，渡过汴河，奔赴萧城（今安徽萧县郭庄乡欧村北）。萧综自称是梁军队长，见到元延明后向他作拜。元延明让他坐下，问他的姓名，萧综不肯回答，只是说："殿下问一问有没有认识我的人。"元延明召使者来看，使者说："这是豫章王啊！"元延明大喜，走下地来拉着他的手，回拜之后，送他到洛阳去。天亮后，萧综所住居室各门都还紧闭不开，众人不知怎么回事。只听见城外的魏军喊叫说："你们的豫章王昨天晚上已经来到我们军中了。"城中人既已不见了豫章王，众军于是撤退，很多人被俘无法返回。湘州益阳（今湖南益阳）人任焕平日骑着一匹杂毛快马，他便骑着它向外奔逃。途中，任焕的脚被搜查的人打伤了，人和马都十分疲乏，任焕便在桥下休息，搜索的人又来了。任焕脚痛不上了马，于是，他流着泪对马说："雅子，雅子，我要死在这里了！"马便跪下前腿，使任焕得以上马，终于幸免于难。萧综的王府长史江革、太府卿祖恒都被魏军抓去，梁武帝得知这一消息后大为震惊。

【郁郁而终】

萧综到北魏后，被任命为侍中、司空、高平公、丹杨王，梁话、苗文宠都任光禄大夫。萧综改名为赞，字德文，身着丧服为齐东昏侯追补丧事，魏国太后和群臣都前往吊唁。

八月，有关部门上奏梁武帝，请求削除萧综的爵位和封地，断绝他皇室的籍属，把他儿子萧直的姓改为"悖氏"。但不到十天，皇帝又诏令恢复萧综的属籍，封萧直为永新侯。过了很久才下令废黜吴淑媛，不久赐她喝毒酒而死，又诏令恢复吴淑媛的品级和职位，谥号为"敬"，让萧直主持丧事。

后来萧宝寅攻占长安（今陕西西安）反叛魏国，萧综又离开洛阳想去投奔他。魏国法令规定，渡河过桥时不准骑马，萧综骑着马前行，被守桥的官员抓住送往洛阳。魏孝庄帝初年（528～530），萧综历任司徒、太尉，娶了孝庄帝的姐姐寿阳长公主为妻。陈庆之北伐抵达洛阳时，武帝还给萧综带去信让他回梁国。那时吴淑媛还活着，武帝让她把萧综小时候穿的衣服取出来寄给萧综。后来，信还没送到陈庆之就兵败了。不久，萧综死于魏国。

起初，萧综在魏国不得志，曾经写了《听钟鸣》、《悲落叶》等诗篇来抒发他郁闷的心情，当时人无不替他感到悲伤。后来，梁人偷了他的灵柩送回梁朝，梁武帝仍以皇子的礼节将他附葬于皇陵旁。

论赞

论 曰：萧综身处秦始皇赢政那样的身世之谜，身怀悖逆的心志，放纵狂妄，最后导致北逃奔于魏而身亡。

王茂列传

王茂（? ～ 516）是南朝名将，生得仪表堂堂，勇武知兵，为世人景仰。齐、梁之际，辅佐萧衍夺取帝位，平叛、御敌，功勋卓著。

【仪表堂堂】

王茂字休连，又字茂先，太原祁县（今山西祁县）人。祖父王深，曾任北中郎司马。父亲王天生，在宋末为列将，曾击败司徒袁粲，因功历任郡守，封上黄县男爵。

王茂刚几岁的时候，祖父王深就认为他与众不同，常说："这是我家的千里驹，将来光耀门庭的一定是这孩子。"长大后，好读兵书，能通其大意。性情孤僻，不好交游，身高八尺，皮肤洁白，仪表堂堂。齐武帝萧赜还是平民时曾见到他，感叹道："王茂先年少时就如此仪表堂堂，日后必位至三公！"

【王佐之功】

后来王茂任台郎，多年不得迁转。他看出齐朝将亡，请求担任边地的职务。过了很久，出任雍州长史、襄阳太守。后来成为梁武帝的萧衍认为他有王佐之才，事无大小都征询他的意见。有人进谗言说王茂要谋反，萧衍不信。后来进谗言者又继续诽谤，萧衍派人去查看王茂的盔甲兵器，都已

经结了蛛网，于是就杀了进谗言的人。有人说王茂与萧衍不和，萧衍的心腹都劝他除掉王茂。而王茂从小就有骁勇之名，萧衍又爱惜他的才干，说："将要举大事，却先害健将，这不是上策。"于是派心腹郑绍叔去探望他。遇上他正躺在床上，就问他病情，王茂说："我的病已好了。"郑绍叔说："京城里杀人日甚一日，萧衍大人家门遭难，如今正打算举义兵，长史怎么还躺在这里呢？"王茂于是推枕起身，马上穿上衣服随绍叔去见萧衍，萧衍大喜，下床相迎，于是二人结为兄弟，推心置腹，得到他的全力辅佐。

萧衍发兵雍州，派王茂为先锋。打下郢城（今湖北武汉市武昌）、鲁山（今湖北武汉市汉水南岸）后，随萧衍东下，仍为前锋。驻军秣陵（南京故报恩寺附近），东昏侯派大将王珍国部重兵在朱雀门，号称二十万。交战时，萧衍军队开始退却，于是王茂下马，挥单刀奋勇向前，他的外甥韦欣庆勇力过人，手执铁矛与他并肩而进，因此大败齐军。王茂功列第一，是依靠韦欣庆之力。平定了建康城（今

江苏南京），萧衍任命王茂为护军将军，又改任侍中、领军将军。当时东昏侯的妃子潘玉儿有倾国倾城的美貌，萧衍收纳她，就问王茂，王茂说："亡齐的就是此人，留下来恐怕遭外人非议。"萧衍就把她遣出宫去。军官田安奏请将潘玉儿给自己为妻，潘玉儿哭着说："我昔日曾受皇帝宠爱，如今怎么能匹配给下等匹夫？死了算了，誓不再受辱。"她被勒死后，光洁美艳一如生前。用车把她的尸体拉出去时。军尉都对她做出非礼的行为。后来萧衍把东昏侯的余妃赐给王茂，其容貌仅次于潘玉儿。后来，王茂加封为镇军将军，封望蔡县公爵。

玉龙把凤纹·魏晋南北朝

青色玉质，间有褐色沁斑。流部长短适中，口沿上生双菌形柱，流下方饰一凤首，龙形柄，三足外撇。口沿下线琢二方连续回纹，身以凤纹为主题，间饰勾连云纹，纹饰精细，足见工匠之高超制玉技巧。

这一年，江州刺史陈伯之叛乱，王茂出任江州刺史，南下讨伐陈伯之。陈伯之投奔魏国。当时九江（今江西九江）刚经历了战乱，王茂重视农耕，减轻劳役，百姓得以安居。天监四年（505），北魏军进攻汉中，王茂受命到西部御敌，北魏于是班师。王茂历任侍中、中卫将军、太子詹事、车骑将军、开府仪同三司、丹阳尹。当时天下太平无事，武帝正重视修治文事，王茂心中不快，陪武帝饮宴喝醉后，常溢于言表，武帝也都宽容而不责备他。后又晋升为司空。

【元勋病逝】

王茂性情宽厚，做官虽没有特别好的声誉，也还能让官吏百姓安稳度日。他平时举止庄重，自己独处一室也是穿戴整齐，即使他身边的仆妾也没有见过他露出懒散的样子。仪表俊美，须眉如画，为众人所景仰。改任骠骑将军、开府同三司之仪、江州刺史。在州任上不受贿，监狱里没有拖延不判决的囚犯，平时穿戴，像个儒生。死在江州任上。武帝深感痛惜，下诏追赠太尉，谥号为忠烈公。

论赞

论曰：齐东昏侯永元末年，虽然当时君主昏庸狂暴，但荆、雍二州并没有起兵的迹象。梁武帝因为家人遇害，在孟津首先举义，王茂等人承此际遇而相应，自发参与勤王。如果不是天人感应，怎么会如此神速呢？他们扬名晋级，也都是风云际会之事啊！

沈约列传

沈约（441~513）自幼勤奋好学，通晓文史，是南北朝时一流的博学之士。他与范云一起协助萧衍受禅代齐，夺取帝业，立下王佐之功。但他晚年却醉心名位，碌碌无为，后为武帝所疑，屡遭顿挫，又饱受良心、舆论谴责，日渐消瘦，进退两难，最终忧惧而死。

【博学贤士】

沈约字休文，吴兴郡武康县（今浙江湖州德清县）人。祖上世代为官。十三岁那年，家中遭难，沈约出逃躲避，适逢大赦才得以幸免。后来他又流居异乡，孤苦贫困，但始终勤奋好学，昼夜读书，手不释卷。母亲怕他积劳成疾，常派人给他减油灭灯。于是，他就白天读书，夜晚背诵，以致博览群书，写得一手好文章。济阳（今山东济南济阳县）蔡兴宗听闻他的才华而与其交友，常对儿子们说："沈约为人师表，你们要向他学习。"

齐朝初年，沈约侍奉齐文惠太子萧长懋。当时东宫文士很多，而沈约受到太子的特别赏识，每日一早便入宫晋见，半晚才出宫。后来，竟陵王萧子良招贤纳士，沈约与兰陵（今山东苍山县兰陵镇）萧琛、琅玡（今山东临沂沂南县）王融、东郡（今河南滑县东）谢朓、南乡（今河南泌阳）范云、乐安（今江西抚州）任昉等人都追随了竟陵王。因此，时人都称誉竟陵王善于纳贤。

【劝进之功】

梁武帝萧衍当初在竟陵王西邸客居时，与沈约有旧交。萧衍攻克建康城（今江苏南京）后，委任沈约为骠骑司马。当时萧衍功业已成，天下归心。沈约曾试探他的意图，萧衍却默然不答。几天后，沈约又进言说："如今不同于古时，不能用淳朴之风来期待天下万物。那些攀龙附凤的士大夫们，都期望立下一些功劳，来确保他们的荣华富贵。如今连小孩子和放牧的人都知道齐朝气数已尽，况且天意人心均显示出改朝换代的征兆，永元以来，尤其显著。谶语说：'行中水（衍），作天子'。这都记得清清楚楚。天意不可违，人心不可失啊！"萧衍说："我正在考虑这件事。"沈约又说："主公当初在樊城（今湖北襄樊）、沔水（即汉江）起兵时，就应该考虑这个问题了，如今帝业已成，还有什么可犹豫的？昔日武王伐纣，刚入商都人们便称他'我们的君主'。武王不想违背民意，就没再多考虑。主公自到京城后，已经过一段时日，和周武王相比，已慢了很多。要是还不早定大业，符合上天和百姓的期许，倘使有人提出反对意见，便要损坏了您的威德。况且人非金石，时事难以保证，岂能学东汉末年的曹操那样，留待子孙受禅称帝呢？如果齐宗室中新立了天子返回建康，公卿各安其位，到时君臣名分已定，就无法再有其他图谋了。到时在上有贤明的君主，在下有忠贞的臣子，哪还有人陪你谋反呢？"萧衍听后深以为然。

沈约出来后，萧衍又召见范云讨论此事，范云的回答与沈约大致相同。萧衍感叹道："看来智者的见解都不谋而合啊，你明早和沈约再一起来找我。"范云出来告诉沈约，沈约说："先生一定等我。"范云答应了。到了第二天，沈约一个人先入宫见萧衍，萧衍便命他草拟受命禅让的诏书，沈约就从怀里拿出早已准备好的诏书和新朝人事安排的意见，萧衍一字不改，完全照办。不久，范云赶到，在殿门口却进不来，只得徘徊在寿光阁外，无可奈何地连声叹气。等沈约出来，范云问他："事情办得怎么样了？"沈约向左举手示意，范云笑道："没有辜负大家的期望啊！"过了一会儿，

萧衍召见范云说："我生平和沈约相处，也没有觉得他有什么与众不同，如今竟是这般才智纵横，可真称得上睿智而有见识啊！"范云说："您今日了解沈约，如同沈约今日才了解您啊。"萧衍慨叹道："我起兵至今三年，功臣将士们虽然都有功劳，然而辅佐我成就帝业的正是你们二人啊！"萧衍受禅称帝后，沈约晋升至尚书令，兼任太子少傅等职。

▶【忧惧而死】

沈约长期担任尚书令，便有志于"三公"的名位，舆论也都认为他应

🔵 **青瓷蟾禁·南朝**

蟾背负莲座方承台。承台嵌长方条禁，禁置五瓮。蟾四腿粗壮有力、支腹离地、作蓄势欲跃状，眉棱凸起、双眼圆突、嘴角尽咧，作竭力鼓鸣状。动感十足，颇有力度。禁为商周青铜器造型，原型为平底或多足支承，台座中承未见典籍，诚为匠心独具创意。胎质坚硬，釉面薄透开片，釉色青中泛黄。

●列传

南史

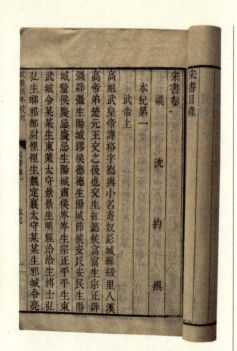

● 《宋书》书影·南朝梁·沈约

钤印：乾斋印记是书朱笔圈点。书口刻
万历二十二年刊。

得如此。但武帝始终不给他，于是他要求出外任职，又得不到准许。他平素与徐勉交好，就给徐勉写信倾诉，称自己年老多病，"每过百日或几十天，就要瘦得将腰带束紧一层；用手握臂，大概每月就会细上半分"。因此想辞官回家养老。徐勉替他向武帝请求赐给他"三公"级别的仪仗待遇，武帝不同意，只是多赐给他一些鼓吹而已。

沈约生性不饮酒，又没有其他嗜好和欲望，虽一时受到隆重的待遇，但仍生活俭朴。天监十二年（513）他死在任上，享年七十三岁，谥号为"隐"。

沈约左眼有两个瞳孔，腰上长有紫痣，聪明过人，喜好读古书，收藏书籍达二万卷，京城无人能比。年少时孤苦贫困，曾向亲族借了数百斛米，却被族人侮辱，他把米倒在地上扬长而去。等到富贵以后，也没把此事记在心上，仍然起用那人作郡部传。

一次，沈约陪武帝饮宴，乐班里有个歌伎的乐师过去是齐文惠太子的宫女，武帝问她是否认识在座的宾客，那人回答道："只认识沈约。"沈约一听，立刻瘫倒在地，惭愧得痛哭流涕，武帝也感到羞愧，匆匆结束了宴饮。

沈约历仕宋、齐、梁三朝，熟悉典章制度，见闻广博，是那个时代的楷模。他自负才高，迷恋于功名利禄，抓住机会谋取权利，颇为舆论所指责。等到位极人臣了，才逐渐懂得收敛，每次升官，总是恳请辞让，但又始终舍不得放弃那职位，舆论把他比作山涛。当政十多年，没有推荐过什么像样的人才，对于国政的得失，也只是唯命是从而已。

起初，武帝和左仆射张稷有宿怨。张稷死后，武帝和沈约谈起此事。沈约说："张稷早已被外调作了边境的州刺史，事情都过去了，何必再追究呢？"武帝认为沈约是出于姻亲关系而故意袒护张稷，便发怒道："你这种话，是忠臣该说的吗！"于是气愤地上车返回内殿。沈约当时惊呆了，竟然没有发现武帝已经起身离开了，端坐在那儿一动不动。等回到家，没走到床前，就失足跌倒在门边，一病不起。睡梦中，见齐和帝挥剑砍断了他的舌头，醒来赶紧找一个巫医看病，而巫医所说的竟和他梦中相同。于是请来一个道士替他给天神上表，声称禅代齐朝并不是他的主意。

在这以前，沈约曾陪武帝饮宴，适逢豫州（今安徽寿县）进贡栗子，有一寸半大小，武帝觉得新奇，便问起关于栗子的典故有多少，与沈约各自叙说自己所能记起来的典故，沈约故意比武帝少讲了三条。出来后，沈约跟别人说："陛下这个人太爱面子，要是不让他他会羞死。"武帝知道后，认为沈约出言不逊，想治他的罪，幸亏徐勉一再劝谏才罢休。

沈约这次重病，武帝派遣主书黄穆之专门来探视。黄穆之晚上回去，没能及时奏报，害怕获罪，便私下通过武帝派来探病的医生徐奘把沈约请道士奏赤章的事报知武帝，还加上沈约之前积累的过失。武帝大怒，派宦官几次前去责备他，沈约惊吓而死。有关部门给他上谥号为"文"，但武帝说："心中有事却不说出来叫隐。"因此改为"隐"。

【志在修史】

沈约年少时曾感慨没有一部完整的晋朝史书，因此二十多岁时，便有撰修晋史的想法。宋泰始初年，征西将军蔡兴宗代他启奏此事，宋明帝下旨批准。从那时起过了二十多年，这部书才完成，共有一百多卷。条例线索虽然齐备，但史料采集尚不周全。齐永明初年遇上盗贼，丢失了其中的第五帙。他在齐建元四年（482）又

受命撰写国史，永明二年（484）又兼任著作郎，撰修起居注。五年（487）春天又奉命撰写《宋书》，六年二月写成，拜表进上。他所撰修的国史就是《齐纪》二十卷。梁天监年间，又撰写了《梁武纪》十四卷，《迩言》十卷，《谥例》十卷，《文章志》三十卷，文集一百卷，都流传于世。他还撰写过《四声谱》，认为："以前的诗人近千年都悟不出来，而如今只有我明了于心，彻底发现其精妙的本质。"自称是绝世之作。

其子沈旋，字士规，承袭了他的爵位，官至司徒右长史、太子仆。因为母亲去世在家服丧，免除了官职，因而只食用蔬菜辟谷，守丧期满，仍然不吃粮食。在南康内史的任上死去。谥号"恭"。曾集注《迩言》，在世间流传。沈旋的弟弟沈趋，字孝鲤，也是当时知名人士，官做到黄门侍郎。

论赞

论 曰：沈约与梁武帝往日交情深厚，加上他高超的文才，得以运筹帷幄，与范云一起居于谋臣之首，辅佐乱世豪杰建立帝业，也算一时奇遇。沈约才高学博，名望仅次于董狐、司马迁，可惜晚年遭遇挫折，难道是天命衰微的表现吗？

范缜列传

南 朝著名哲学家范缜（448～515），自幼师从名儒，博通经术，机敏善辩，宣扬"无佛"主义，所著《神灭论》，留名史册。

【师从名儒】

范缜字子真。父范濛，官至奉朝请，去世早。范缜年幼时孤苦无依，生活贫困，侍候母亲恭谨孝顺。年龄未到二十，跟随沛国（今江苏省濉溪西）刘瓛学习，刘瓛认为他异于常人，亲自为他举行加冠仪式。在刘瓛门下待了数年，经常穿着草鞋布衣，步行于路。刘瓛门下有许多乘坐车马的显贵者，范缜处在这些人中间，一点儿也没有羞愧的感觉。等他成人以后，博通儒经，特别精于《三礼》。性情坦诚直率，喜欢宣讲惊人的宏论，不能被士流之人接纳，只和表弟萧琛关系比较好。萧琛是以能言善辩而出名，但常常为范缜的言简意深所折服。范缜二十九岁时，头发就已全白了，因此写了《伤暮诗》、《白发咏》以自叹。

后在齐朝为官，作尚书殿中郎。永明年间（483～493），齐与魏和亲，挑选有才学的人作为两国的使节，范缜和他的堂弟范云、表弟萧琛、琅琊（今山东胶南县琅琊镇）人颜幼明、河东（今山西夏县）人裴昭明相继奉命出使，都在邻国很有名气。

【无佛神灭】

当时竟陵王萧子良大肆招揽门客，范缜也身在其中。曾经陪侍萧子良，萧子良特别信奉佛教，而范缜则大力宣扬"无佛"。萧子良问他："你不相信世上有因果，那么怎么会有富贵贫贱之分？"范缜回答说："人生来

砖砚砖文·梁朝

大通是梁武帝萧衍年号之一，大通二年即528年，此砖距今1500多年。是墓之拱顶用砖。通常有年号的墓砖，每个墓中仅一块，故甚为珍贵。主人根据砚形巧作高低托，使砚能够水平使用。配红木天地盖，面上刻梅花，俏丽有姿，傲骨独立。

就像树上一起开的花，随风而落，自然会有拂着帘子落在席子上的，也有穿过篱笆落到粪坑里的。坠落在席子上的，是殿下这样出身高贵的人，掉进粪坑里的，是我这样出身寒微的人。虽然贵贱之间差距很大，哪里和因果报应有关呢？"萧子良没有办法使他屈服，然而又觉得他的说法很奇怪。

范缜回去后分析自己的理论，写成《神灭论》一书。他认为："人的精神即是形体，形体即是精神，形体存活精神就存在，形体死亡精神就毁灭。形体是精神的实体，精神是形体的表现。形体和精神，是不能分离的。精神对于实体来说，就如锋利对于刀的关系，形对于表现来说，就如刀对于锋利的关系。锋利不等于是刀，刀也不等于是锋利。然而抛弃锋利，就没有了刀，离开刀，锋利也就不存在了。从未听说过没有了刀而锋利还存在的现象，难道会有形体死亡而精神仍存在的事情？"他的这种言论一出，就在朝野引起了轩然大波。萧子良召集很多僧人来驳难他，都不能让他折服。太原人王琰写文章讥讽他说："啊，范子！竟然不知道他祖先的神灵在何处。"想以此封住范缜的嘴。范缜却对答说："啊，王先生！知道自己祖先的神灵在何处，却不肯杀身跟随他们而去？"他经常说类似于此的惊人之语。萧子良让王融对他说："神灭论本来就不合理，而你仍固执地坚持，恐怕会损伤名教。凭着你的才能，何愁不能位居中书郎？却非要这样故意

违逆世人，应该把这种观点抛弃。"范缜大笑说："假如范缜卖论求官的话，早已经当上尚书令和仆射了，何止小小中书郎啊。"

后来，范缜任宜都太守。他天性不信鬼神，那时夷陵（今湖北宜昌）有伍相庙、唐汉三神庙、胡里神庙，范缜便下令不准祭祀。后来因为母亲离世而退职，住在南州（今四川万县西南）。

【流放南陲】

梁武帝萧衍来到此地，范缜着黑色丧服前来迎接，武帝与范缜以前同被招在萧子良西邸，见到他很高兴。等建康（今江苏南京）被平定后，让范缜作晋安太守。范缜在郡任职时清廉节约，只拿俸禄维持生活。后迁升为尚书左丞，等回京后，即使对自己的亲戚也一无所赠，只馈赠了前尚书令王亮。范缜在齐朝时，和王亮一同为郎官，以前相交甚好。此时王亮弃官在家，范缜认为自己较早出迎武帝，应身居卿相之位，而未能如愿，心里很不痛快，所以私下与王亮相交甚密，来示意自己不同于世俗，最终受到王亮的牵连被流放到广州。在南方待了几年后，被追任作中书郎、国子博士。

论赞

论 曰：范缜倔强刚直的气节，贯穿于他的整个人生，他因为王亮的事情受到牵连，也不足非议。

卷五十九

任昉列传

作为南朝著名的"竟陵八友"之一，任昉（460～508）无论道德、文章均冠绝一时，为时人敬仰。为官期间，廉洁奉公，操守如一，周济亲故，家无余资，藏书万卷，去世时竟无钱治丧，被称为士林楷模。

【天降才子】

任昉字彦升，乐安博昌（今山东潍坊市寿光县）人。父亲任遥，曾任南齐中散大夫。任遥的妻子是河东裴氏，有高尚的品德，有一次白天睡觉，梦见一顶四角悬挂着铃铛的五色彩旗，从天而降，其中一个铃铛落入她怀里，心中一惊就有了身孕。占卜的人说："必生才子。"后来任昉出生，身高七尺五寸，自幼聪明机敏，很早就被称为神童。四岁能诵诗数十篇，八岁能写文章，自作《月仪》一篇，文辞内容都很优美。褚彦回曾对任遥说："听说先生有个好儿子，真为你高兴。正所谓有一百不算多，只有一个不算少啊。"任昉从此名声更大。十二岁时，他堂叔任晷有识人的才能，见到他叫他的小名说："阿堆，我们家的千里马啊！"任昉孝敬父母，友爱兄弟，每次侍奉病中的父母，衣不解带，声泪俱下，汤药饮食都要先亲口尝。

【锦绣文章】

入仕之初为奉朝请，后被举荐为兖州秀才，拜太学博士。齐明帝永明初年，卫将军王俭任丹阳尹，又任用他为主簿。王俭每次看他的文章，必定再三表示倾慕之情，认为他是当世无双，说："自傅季友以后，就数你任子了，若拜入孔子门下，也肯定是入室登堂的弟子。"于是让任昉作了一篇文章，等读后，说："正是我心中所想的内容。"便拿出自己写的文章，让任昉修改，任昉于是改正了几个字。王俭拍着几案感叹道："后世谁知道是您给我改的文章啊！"他就是如此受赏识。

后来任昉作了司徒竟陵王萧子良的记室参军。当时琅琊人王融有才气，自以为天下无双，等见到任昉的文章，便恍然若失。任昉因父亲去世而辞官，极度悲痛地服丧三年，身体虚弱地拄着拐杖才能站起来。齐武帝对任昉伯父任遐说："听说任昉哀痛过度，使人担忧，如有什么意外，不光你们家丧失了宝物，也可惜了当世之才。要好好劝劝他。"后来，又遭逢母亲去世，任昉已经因悲痛而衰弱不堪，每当痛哭而昏厥，半天才能苏醒过来。于是在墓旁搭起草屋，住在这儿守墓以尽丧礼。他经常趴着哭泣的地方，已经不长草了。任昉平时身体强壮，腰带宽大，等丧服期满后瘦弱得难以辨认。

齐明帝萧鸾很器重他，准备对他大力提拔，但被小人说了坏话，就只是委任他作了太子步兵校尉，掌管东宫书记。萧鸾废掉郁林王萧昭业后任侍中、中书监、骠骑大将军、开府仪同三司、扬州刺史、录尚书事，封宣城郡公，让任昉为他起草章奏。萧鸾讨厌其中有对自己贬损的言辞，很是恼火，于是任昉在整个建武朝（494～498）官位也没超过列校。

任昉非常擅长写文章，很仰慕傅亮的无穷才思，当时王公的表奏都请他代笔。他下笔即成，不加修改。沈约作为一代辞宗，也对他很是推重。齐东昏侯永元年间（499～501），任昉对东昏侯的宠臣梅虫儿曲意奉迎，东昏侯下旨令他为中书郎。任昉拜谢尚书令王亮，王亮说："你应该去谢姓梅的，哪儿用谢我啊？"任昉羞愧而退。后来任司徒右长史。

【天子记室】

萧衍攻克建邺（今江苏南京），梁政权建立之初，以任昉为骠骑记室参军，专门负责文书工作。每次起草

🔸 许村

许村，古名昉村、昉溪、任公村，位于安徽黄山歙县。南朝梁时著名文学家任昉任新安太守时曾隐居于此，筑有任公钓台、任公祠。唐朝末年许姓始祖知稠公移居于此地，繁衍生息，故村名改为"许村"。清代画家萧尺木、吴逸绘。

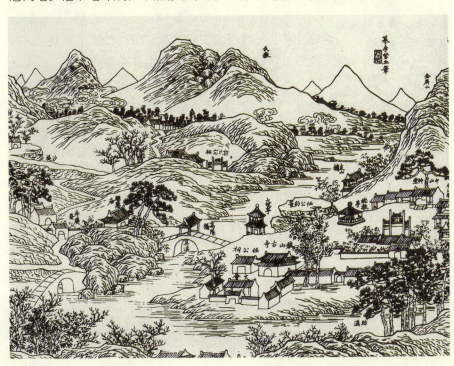

文书，沈约都要求共同署名。曾有一次被紧急召走，任昉出去了而沈约还在，以后的文书，就都有沈约参与撰写。

当初萧衍和任昉在竟陵王西邸相遇共事，跟任昉闲聊时说："我要是做了三府大臣，就让你做我的记室。"任昉也对他开玩笑说："我要是做了三公，就让你当我的骑兵。"因为萧衍善骑马之故。到这时萧衍让任昉做记室参军正是回应昔日之言。任昉捧着授官文书说："昔日承蒙您的照顾，有言在先，提拔我的旨意，表面上好似玩笑，其实是万幸，证明您没有违背诺言。"就是指这件事。后来萧衍建立梁政权，及以齐帝名义禅让皇位的诏诰，多由任昉写成。

【廉洁奉公】

任昉侍奉叔婶与父母一样，侍奉兄嫂也恭敬谨慎。外祖父家贫穷，他常供给周济。俸禄收入，四处馈赠，都分送给亲戚，当天就分完。性格豁达洒脱，不讲究仪表，喜怒不形于色，车马服饰也不鲜明华美。

梁武帝即位后，任昉历任给事黄门侍郎、吏部郎。又外任义兴（今江苏宜兴县）太守。当时荒年，人民逃散，任昉用自己俸禄购买米豆熬成粥，救活三千多人。当时因贫困有人生下孩子不养活，任昉严予制止，犯此者与杀人同罪。怀孕的供给费用，救济了几千户人家。

在郡任上所得公田俸禄八百多石，任昉只取五分之一，其余都送回。儿女妻妾只吃麦子而已。他的朋友彭城到溉、到溉弟弟到洽和他一起游览山泽。等他卸任时，全部家产只有七匹绢、五石米。到京都时缺少衣服，镇军将军沈约派人带着裙衫去迎接他。

后来他又做吏部郎，参与执掌官吏任选，并不称职。不久调任御史中丞、秘书监。自齐永元年间以来，皇宫藏书馆的四部图书，篇目卷帙杂乱不堪，任昉亲自动手校勘，从此篇目才被订正。

他出调为新安（今浙江淳安县）太守，在郡为官不修边幅，随意拄着拐杖，徒步行走于城郭之间。有人来告状，就大路上随地裁决，为政清静简约，官吏百姓都感到方便。任昉死

🦎 螭龙纹玉尊

白色玉质，局部受沁呈红色。带盖，盖上饰一钮。尊身浅雕螭龙纹、凤纹，纹饰复杂，但刀法精炼，显现了古代工匠的高超技艺。

在任上，家里只有桃花米二十石，没有钱收敛下葬。遗言说不许把新安的任何一件东西带回京都。家人用杂木做棺材，以旧衣服收殓。全郡悲痛，百姓们共同在城南给他立了祠堂，按时祭祀他。武帝听到他的死讯时，正在吃西苑的绿沈瓜，立时把瓜扔到盘里，悲痛难忍。屈指算了算说："任昉年轻时常怕活不到五十，如今是四十九，可谓知天命啊！"当天就为他举哀，哭得很悲痛。追赠他为太常，谥号为"敬子"。

▶【士林楷模】

任昉喜好结交，奖励举荐士林好友，对不攀附他的人也不加赞誉，被他称誉过的多得到提升，因此王公贵族多爱和他交往，座上宾客常有几十人之多。时人仰慕他，称他为"任君"，说他好比汉代的"三君"。做太守时尤以清廉闻名，百姓有八十岁以上的，就派户曹掾去问寒问暖。曾想举行佛教斋会，要征收枫香二石，刚收上来三斗，便下令永远停止，他说："贵贱贫富都靠自己，还是不要想着留给后人什么了。"新安郡内有出产蜂蜜和杨梅的山，以前都要派人去给太守采摘，任昉因为要冒死人的危险，当时就命令停采，官吏百姓都认为这是百余年没有过的德政。任昉撰有《家诫》，言辞殷切而很有条理。陈郡（今河南商丘）殷芸在给建安（今福建建瓯县）太守到溉信中写道："哲人去世，楷模与世长辞，还能向谁借鉴？求谁指路呢？"任昉就是如此被士林友人所推重。

任昉不置产业，以至于没有一所自己的房舍。当时有人讥笑他爱乞讨借贷，他也一借到东西就马上分送亲友，常自叹说："理解我的是叔则，不理解我的也是叔则。"他以文才知名于世，时人称"任笔沈诗"。任昉听到后很不满意。晚年变得爱写诗，想盖过沈约，但因用典故太多，文辞不能流畅。但自此京都中的文人却都仰慕仿效，诗写得穿凿附会，因此便有说他"才尽"的议论了。任昉博学，没有什么书不曾读过，家境虽然贫寒，却藏书多至万余卷，大多是少见的特殊版本。去世以后，武帝让学士贺纵和沈约勘核他的书目，朝廷没有的就去他家取。所撰写的文章有几十万字，盛行于世。东海王僧孺曾评价他，认为他"超过董仲舒、扬雄。任昉以他人之乐为乐，他人之忧为忧，虚心求教，得实学而归，忘记清贫，无吝啬之心，其行为可以激励风俗，道义可以淳厚人伦，能使贪婪的人不再索取，让懦夫有志向"。他就是如此被推崇。

论赞

论　曰：两汉求士，先取经术，近代选才，多重文史。观察任昉能够被重用的缘由，是遇到正确的时代罢了。任昉享有武帝的旧日恩德，又保持一贯的操守，名声地位自然成功。

陈伯之列传

南 朝名将陈伯之，自幼强悍，出身绿林，在齐、梁之际屡立战功。但他天性愚昧，心怀异志，反复无常。晚年叛逃北魏，又受故人书信感召，重归南朝，得以终老故土。

【绿林将军】

陈伯之，济阴睢陵（今江苏睢宁）人。十三四岁的时候，喜欢戴獭皮帽，携带刺刀，等邻里的稻子熟了，就偷偷去割。一次，田主碰到他，呵斥道："小子，不要动我的稻子！"陈伯之说："你的稻子那么多，我拿一担有什么关系。"田主想抓他。他就拔刀相向，说："我一定要拿又如何！"田主吓得返身逃走，陈伯之便担着稻子从容离去。成年后，陈伯之常在钟离（今安徽凤阳县一带）做强盗，曾露面窥探别人的船只，被船上人用刀砍下了左耳。后来他追随了同乡的车骑将军王广之，王广之喜爱他的勇猛，每晚都让他睡在自己的床下，外出征伐时常让他随从左右。陈伯之屡立战功，升迁为骠骑司马，封鱼复县伯。

齐末，后来的梁武帝萧衍举兵起事时，齐东昏侯给陈伯之旄节，任他为督前驱诸军事、豫州（今安徽亳县）刺史，后转任江州（今江西九江），盘踞在浔阳（今属江西九江）以抗拒萧衍。郢城（今湖北武昌）平定后，萧衍派人去游说他，当即要授他为江州刺史，其子陈武牙为徐州（今江苏徐州）刺史。陈伯之虽接受了任命，但仍怀有二心。萧衍趁他犹豫时兵临城下，陈伯之退保南湖，最后被迫归附，和众军一起东下。建康城（今江苏南京）未被攻克时，常有人出降，陈伯之就

🔴 **玉獬豸·南北朝**

玉獬豸，昂首张嘴，长眉短耳，头上饰有独角，腹侧饰有羽翼。颈项肌肉扭曲，硕大的头部倾于一侧，前足并拢，呈伏卧状，神态威猛，体态鲜活。

唤来与之耳语。萧衍怀疑他又要翻覆，恰逢东昏侯手下将军郑伯伦乞降，萧衍便派他跟陈伯之说："城中的人十分憎恨你，想派亲信诱引你，等到你投降，就会活割你的手脚。你若不投降，又会派刺客杀你。"陈伯之十分害怕，自此不敢再有二心。平定建康城后，萧衍封他为丰城县（今江西丰城县西南）公，遣他前去镇守。

【反叛北逃】

陈伯之不太识字，等去江州后，拿到文牒词讼，就只会签个名而已。若有事，就由典签传话，由主事的人决定取舍。

陈伯之和豫章（今江西南昌）人邓缮、永兴（今湖北境内）人戴承忠以前都有交情，邓缮曾经帮陈伯之藏匿以避灾祸，陈伯之尤其感激他。到江州以后，任邓缮作别驾，戴承宗作记室参军。河南人褚缉，是京都品行不端的人，梁武帝萧衍即位，褚缉频频造访尚书范云。范云对褚缉没好感，将他拒之门外。褚缉十分生气，私下对他认识的人说："建武以后，出身低微的人都成为尊贵之人，我有什么罪过被排挤在外？今天下刚刚平定，还有很多不可预知的祸乱。陈伯之在江州拥有强兵，他并不是梁的旧臣，常有二心。况且荧惑星守卫南斗星，不是为我才出现的吗？今日一去，事情若没有成功，就去投靠魏国，最少能做河南郡（今河南偃师）守。"于是他投

靠到陈伯之的书佐王思穆手下做事，受到亲近。陈伯之又有同乡人朱龙符做长流参军，二人一起利用陈伯之的愚昧，恣意妄为，做奸险之事。

陈伯之的儿子陈武牙当时是直阁将军，武帝写诏书斥责朱龙符的罪行，并亲自交给陈武牙，让他拿给陈伯之看，又遣人来代替江州别驾邓缮。陈伯之并没有接受武帝的命令，说："朱龙符是健将，邓缮在任做事有政绩。朝廷所派来的别驾，请让他做中从事。"于是邓缮整天劝伯之说："朝廷的库藏空竭，又没有武器，三仓没有存粮了。这是万载难逢的好时机，机不可失。"褚缉、戴承忠等人都赞成邓缮的说法。陈伯之对邓缮说："现在我把你的事启奏朝廷，若朝廷还是不同意，便和你一起举兵起事。"使者返回，武帝下令让陈伯之把邓缮安置在州内的一个郡中。于是陈伯之集合府州的佐史，对他们说："奉齐建安王的命令，他率领着十万江北义勇已经到达六合（今江苏南京正北），让我动用江州现有力量速运粮东下。我受过齐明帝的厚恩，誓死回报。"让褚缉伪造萧宝寅的书信并出示给僚佐们看，在厅堂前面筑坛，杀牲盟誓。陈伯之先歃血，长史以下依次歃血。褚缉对陈伯之说："现在举兵做大事，应该引领众望。程元冲不与众人同心；临川内史王观是王僧虔的孙子，此人不错，可召他作长史以替代程元冲。"陈伯之听从他的建议，仍任用褚缉为浔阳太守，戴承忠为辅义将军，朱龙

一佛二菩萨造像一躯·北魏

符为豫州刺史。

豫章太守郑伯伦发动郡兵抵制防守。程元冲已经失去职务，在家中召集数百人，让陈伯之的典签吕孝通、戴元则做内应。每天早上陈伯之常作歌舞之乐，日落就睡觉，身边的守卫也都去休息。程元冲趁他松懈时，从北门进来，一直到大厅前面。陈伯之听到叫声，亲自带兵冲杀出来。程元冲的兵力抵不过他，逃跑到庐山。陈伯之派遣信使回去报告给陈武牙兄弟，陈武牙等人奔向盱眙（今江苏临淮境内），

盱眙人徐文安、庄兴绍、张显明阻击他，没挡住，反而被杀。武帝派遣王茂去征讨陈伯之，陈伯之败走，抄近道逃命到江北，和他的儿子陈武牙及褚缉都进入北魏。魏国任陈伯之为使持节、散骑常侍、都督淮南诸军事、平南将军、光禄大夫、曲江（今陕西长安东南）县侯。

【归降故土】

天监四年（506），武帝下诏以太尉临川王萧宏北伐，萧宏令记室丘迟私下写信给陈伯之说：

"陈将军近来可好，很荣幸给你写信。将军勇冠三军，才能举世无双。摈弃燕雀的短小毛羽，爱慕鸿鹄能翱翔于天空。以前因机缘变化，遇到时主，建功立业，作为开国元老，享受朱轮华车，拥有巨大的权力，何等壮观！为何旦夕之间就

变成亡命之徒，听到箭鸣大腿就发抖，对着穹庐就屈膝，又何等卑贱？探讨你在去留之间做出的选择，没有其他的原因，只因为不能对自己反省，又受到外面流言的迷惑，沉迷不醒，以至于到今天这一地步。

"圣朝允许人将功折罪，不计较瑕疵加以录用，以赤诚对待天下，安抚万物，这点将军是知道的，无需赘述。以前朱鲔杀死光武帝刘秀的友人，张绣杀死曹操的爱子，汉光武帝没有因此疑忌朱鲔，曹操还像以前一样对待张绣。况且将军非但没有他们那样的罪过，还有功于当代。迷途知返，是从前贤哲所认可，旧时典籍所称颂。主上宽法施恩，将军的祖坟丝毫未损，亲戚在家安居；房屋安然，爱妾都还在。你好好想想，还有什么可说的。当今的功臣名将，排列有序，有的穿着紫衣怀揣黄金印，在帷幄之中谋划；有的乘着战车手持符节，任职于边疆战场。一起杀马盟誓，传给自己的子孙。将军却厚着脸皮活着，为魏国国君在沙场卖命，不悲哀吗！

"以慕容超的强大，终究还是被斩杀；以姚泓的威势，最后也被缚于长安。因此天下自来均衡，周、汉旧地，不允许异族杂处。北魏僭越中原帝号，已有多年，罪恶深重，理应灭之。再加上他们昏乱狂暴，自相残杀，部落分离，互相猜疑，很快就要自取灭亡了。而将军如游在沸鼎之中的鱼，在飞幕上建巢的

燕子，不是很愚昧吗！

"暮春三月，江南草长，杂花生树，群莺乱舞。见到故国的军旗战鼓，感慨自己的生平经历，登高抚琴，岂不是很悲怆。所以廉颇投魏后仍想回赵国做将军，吴起被迫离开时在西河故地痛哭流涕，这都是人之常情，唯独将军没有这样的感情吗？望将军早做计划，自求多福。

"当今皇帝圣明，天下安乐，万邦来朝，唯北魏野心勃勃，在边塞地区苟延残喘。如今中军临川王殿下，作为有才德的皇亲，总领军务，正要挥师北伐，若你还没有悔改之意，应好好考虑我说的话。"

陈伯之拿到书信后，深受感动，就带领八千兵众在寿阳（今安徽寿县）归降南朝。陈武牙则被魏人杀死。

陈伯之归降后，被任为平北将军、西豫州（今河南息县一带）刺史、永新（今江西西部）县侯。还没赴任，又授以骁骑将军，太中大夫。过了很久，死在家中。他的儿子还有在魏国的。

论赞

论 曰：陈伯之虽然内心轻浮狡诈，但以勇猛强劲而闻名。他被授予爵位，大概都是这个原因。等平定丧乱后，他翻覆取舍，最后得以死在家乡，也是一件幸事吧！

祖冲之列传

提 起圆周率，自然会想到祖冲之（429～500）。这位南朝杰出的数学家、科学家，自幼聪明好学，兴趣广泛。为官之余，专心从事研究工作，在天文历法、机械制造等方面取得了卓越成就。其子孙也承袭家业，在算术、历法方面有相当造诣。

【编制新历】

祖冲之，字文远，范阳逎县（今河北涞水县北）人。曾祖父祖台之，曾任晋朝侍中。祖父祖昌，做过宋时的大匠卿。父亲祖朔之，官拜奉朝请。

祖冲之自幼喜好研究古时候的事情，心思机敏。宋孝武帝命他入值华林学省，赐给他豪宅、华车、美服。他入仕后曾任南徐州（今江苏省镇江市）从事、公府参军等职。

当初在宋文帝元嘉年间（424～453），国家使用的是何承天所制定的历法，与古时候十一家的历法相比更为缜密。而祖冲之认为还是有疏漏，于是重新编制新历，并上表言明此事。宋孝武帝刘骏令朝中通晓历法的人和他讨论，都未能驳倒他。此时正逢孝武帝去世，新历法也未能施行。

【钻研机械】

祖冲之后来出任娄县（今江苏昆山东北）县令、谒者仆射等职。最初，宋武帝刘裕平叛关中地区时，得到姚兴的指南车，这辆车只有外壳而没有内部的机件。每次使用它的时候，都得让人在里面转动。宋顺帝升明年间（477～479），后来的齐高帝萧道成辅佐朝政，命祖冲之研究运用古时的制造法来修复它。祖冲之重新制造了铜制机件，于是车子可以不停地转动，而指出的方向始终是南方，自马均以来还没有过这种事例。当时有个叫索驭驎的北方人也说自己能造指南车，齐高帝命他和祖冲之各造一辆，让他们在乐游苑一起较量比试，结果索驭驎的车有些偏差，便把他的车销毁焚烧掉。晋朝时杜预常有奇思妙想，造出欹器，改动三次都没有成功。齐武帝永明年间（483～493），竟陵王萧子良爱好古玩，祖冲之制造了欹器献给他，和周代太庙中的一模一样。文惠太子在东宫，见到祖冲之编制的历法，奏请齐武帝施行。但不久太子去世，这事又耽搁下来。

后来，祖冲之又改任长水校尉，兼任本来的职务。他编写了《安边论》，想要大力推行屯田，扩展农耕生产。建武年间（494～498），齐明帝萧鸾想派他去全国各地巡视，兴办可以对百姓有利的大事业，正巧赶上国家连年战争，兴造大业的事情最终未能实行。

祖冲之精通音律和博塞，这在当时是独一无二的技艺，没有人是他的对手。他依据诸葛亮制造的木牛流马，自己也制出一种器械，这种器械不需借助风力水力，就可以启动机关自己运行，不费人力。又造千里船，在新亭江试行，一日可行一百多里。在皇宫的乐游苑中制造了水碓磨，齐武帝曾亲身前去观看。祖冲之还特别精于算术。

东昏侯永元二年（500），祖冲之去世，是年七十二岁。他著有《易义》、《老义》、《庄义》，注释过《论语》、《孝经》，为《九章》作过注，并写下《缀述》数十篇。

【子孙承业】

祖冲之的儿子祖暅之，字景烁，自幼传习家业，研究极其精微，也有巧妙的构思。思维一旦进入状态，连公输班、工倕都没法超过。当他思考入微的时候，打雷都不能干扰他。曾经在路上遇到仆射徐勉，用头撞到了他，徐勉叫他才反应过来。父亲改制何承天历法还未颁行时，梁武帝天监初年，祖暅之继续修改它，后来才颁行。官至太舟卿。

祖暅之的儿子祖皓，志气节操慷慨激昂，有文韬武略。自幼传习家业，

精通算术历法。大同年间任江都令，后官拜广陵太守。

侯景攻陷台城时，祖皓正在京城中，将要遇害，后来逃回长江以西。百姓感念他往日的恩惠，总是将他藏起来。后来祖皓招募到勇士耿光等百余人，率领他们袭杀了董绍先，拥戴太子舍人萧勔为刺史，准备讨伐侯景。侯景非常恐惧，当天就率领侯子鉴等攻击祖皓。兖州城破，祖皓被抓，被捆绑住万箭穿心而死，最后以车裂示众。

祖冲之像

祖冲之（429～500），中国南北朝时期杰出的数学家和天文学家，字文远，祖籍河北涞水县，他在青年时代进入专门研究学术的华林学省，从事科学活动。在数学方面的主要贡献是：算出圆周率 π 的真值在 3.1415926～3.1415927 之间。

陶潜列传

列传

南史

提 到"田园诗派"的鼻祖，人们一定会想起陶渊明（365～427）。这位生活在晋、宋之间的没落贵族，一生淡泊名利，以"不为五斗米折腰"的孤傲气节，甘心退隐山林，饮酒赋诗，躬耕自资，在贫病交加中走到生命的尽头，所著诗文为后世传唱。

【五柳先生】

陶潜字渊明，也有说字深明，名元亮。浔阳柴桑（今江西九江市九江县）人，是晋朝大司马陶侃的曾孙。他自幼志趣高远，其家房舍旁有五棵柳树，曾写过一篇《五柳先生传》，文中称：

"先生不知来自何处，也没人清楚他的姓名表字。平日好闲静而不爱说话，不羡慕功名利禄。喜好读书，但不追求所有字句的详细解释，每当对书中意境有所感悟，便高兴得废寝忘食。生性酷爱饮酒，但家贫不能时常喝到。亲友知道他的这一嗜好，有时就摆酒招待，而他每次都要把酒喝光，一醉方休。喝醉了就立刻离开，绝不留恋。其家徒四壁，不能遮蔽风吹日晒，粗布衣服满是破洞和补丁，还经常揭不开锅，他却悠然自得。常写文章来自娱，以此表明自己的心志，忘怀得失，愿如此度过一生。"

这个自序，正是记述他自己的生活状况，故当时人都认为此文是他自己的如实记录。

陶潜父母年迈，家境贫寒，他曾被任用为州祭酒，却不堪忍受这种小吏的地位，只待了几天就辞职回家。州里征召他做主簿，他也不去就任，自己种田养活自己，却因此身体虚弱，积劳成疾。江州（今江西南昌）刺史檀道济去看望他时，他已瘦弱不堪，卧病在床，且多日不食了。檀道济对他说："贤德之人的处世之道在于：天下无道就隐居山林，天下有道就出仕为官。如今你生活在文明昌盛的时代，却为何这般自讨苦吃呢？"陶潜回答道："我怎敢自认是贤德之人，我的志趣可没有那么高啊！"檀道济送粮食和肉给他，但陶潜并未接受，挥手请他离去。

【归去来兮】

有一段时间，陶潜做了镇军、建威参军。他对亲友说："我想暂且做几天官，以赚取日后归隐的生活费用，不知是否可以？"上司听说后，便安排他去彭泽（今江西彭泽）做了县令。上任后，陶潜打算把县里的公田全都种上酿酒用的秫稻，而妻子则坚决请求种些纯粮食的粳稻以供饮食，最后，他才勉强把其中二顷五十亩土地种了秫稻，剩余五十亩种了粳稻。

郡中派督邮到县里视察，县吏告诉陶潜应穿戴整齐去迎接拜见。陶潜感叹道："我不能为区区五斗米的俸禄就对那些乡里小人卑躬屈膝！"当天就解下官印辞职而去，并写下一首《归去来辞》，用以抒发自己淡泊名利、倾心田园的心志，其内容如下：

"回去吧，田园将要荒芜了，怎能还不回去呢？既然发觉过去的心灵受制于形体，又何必如此失意而独自伤悲？我悔悟过去的错误不可挽回，但也了解到未来的岁月可以补追。我误入迷途还不算远，已觉悟到今日决断的正确而从前都不对。"

"小船在水上轻轻飘荡，微风吹拂着衣裳。向行人打听前方的路，只恨晨光还不明亮。终于看到自己简陋的家门，我高兴地向前飞奔。家僮欢快地出迎，幼子已守候在门前。小路上都长满了荒草，松树和菊花还维持原样；我领着孩子走进屋内，美酒已经斟满酒杯。我自斟自饮，观赏着庭外花树，悠然自得；倚着南窗寄托傲世之情，自觉得这地虽狭小却容易使我安心。每日在园中散步乐趣无穷，虽有园门却经常关闭。拄着拐杖走走歇歇，不时抬头凝望远方。白云自然而然地飘出山谷，鸟儿疲倦了知道回

巢。夕阳西下，光影模糊，我却抚摸着孤傲的松树，久久不忍离去。"

"回去吧，我要跟世俗之人断绝交往。既然世人与我互相遗弃，我又何必有所追求？每日与亲友谈心，弹琴读书来消除忧愁。等农夫告诉我春天到了，我就要去耕作西边的田地。有时乘坐篷车，有时划着小舟，既探寻那幽深的沟壑，又可经过那险峻的山丘。树木欣欣向荣，泉水缓缓流动，羡慕万物各得其时，感叹自己生命将走向尽头。"

"还是算了吧！寄身世上还有多少时光，何不按照自己心意决定去留？为什么还心神不定好像有所追求？富贵并非我的愿望，修道成

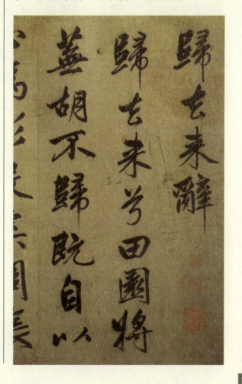

🔹《归去来辞》（局部）·赵孟頫书

渊明醉归图·清·张士保

仙也不可期望。爱惜这良辰美景独自去欣赏，或者就植树栽苗耕耘土壤。登上东边的山坡放声长啸，站在清溪之旁赋诗吟唱。姑且顺应自然终老一生，乐天知命也就不再犹豫彷徨。"

【酒神醉仙】

晋安帝义熙末年，朝廷征召陶潜任著作郎，他不去赴任。江州（今

江西九江）刺史王弘想结识他，总找不到机会。一次，陶潜要登庐山，王弘事先让陶潜的旧友庞通之准备好酒食器皿在半道上的栗里（庐山温泉北一里许）等他。陶潜脚有毛病，让一个弟子和两个儿子用小轿抬着他前行。走到栗里正遇见庞通之，便欣然与他一起饮酒，过了一会儿，王弘赶来，陶潜也没有表示不快。

先前，颜延之任刘柳的后军功曹，在浔阳（今江西九江）时和陶潜情趣相投。后来他出任始安郡（今广西桂林）太守。每次路过看望陶潜，两人必要痛饮到大醉为止。而刺史王弘想请颜延之来坐坐，竟终日守候也等不来。颜延之临走时，留下二万钱给陶潜，结果陶潜把钱全都存到酒馆里，以便日后随时来打酒。曾有一年的九月九日，他没酒喝了，就跑出来在屋旁菊花丛中呆坐许久。正赶上王弘给他送酒来，于是他拿来就喝，直到酩酊大醉才回去。

陶潜不懂音乐，却收藏着一张素琴。每次喝酒至酣畅时，他就拿出琴来胡乱拨弄一番，以此抒发情怀。来访者无论贵族还是贫民，只要有酒他就拿出一块儿喝。陶潜要是先醉了，就对客人说："我喝醉了要睡觉，你

回去吧。"他就是这样的天真率直。一次，本郡的武将前去探望陶潜，正赶上他的酒刚酿好，只见陶潜从头上摘下葛巾来滤酒，滤完后，又直接戴在头上。

【遗言训子】

陶潜年轻时做过小官，无论出仕或退隐都不以名声操守为顾及，但自以为曾祖在晋朝曾为宰辅大臣，耻于屈身侍奉新朝，自从宋武帝政权日渐巩固后，他便不肯再出仕为官。所写的文章，都注明写作时间，自东晋义熙（405～418）以前，书明晋朝年号，自宋永初（420）以后，就只用干支纪年。

晚年，他在给儿子的家书中回顾了自己的生平志趣，表达了与世俗相抵触而辞官的原因、对田园生活的向往，以及因此造成妻儿共受贫困之苦的愧疚之情。他自觉不久于人世，感谢亲朋故友的照顾，对儿子们无限挂念。最后，他举出鲍叔和管仲分配钱财时从不互相猜疑，归生和伍举共同坐在荆条上共叙旧情等历史典故，指出：虽然年纪上有长有幼，但是你们要常想着四海之内皆兄弟的道理。这样的情谊才能于失败中获取成功，在丧乱间建功立业。朋友间尚能如此，何况你们这样同父亲所生的亲兄弟呢！此外，像汉末名士颍川人韩元长，官居卿相，活到八十岁而寿终，兄弟几个始终住在一起，直到老年

牙齿掉光。济北人汜稚春，是晋朝有操守的人，七世同堂，共同拥有财产，家里人都没有怨言。《诗经》中说："高山仰止，景行行止。"以此训诫儿子们要相亲相爱，互相扶持。之后，他又写下《命子诗》赠给儿子们。

宋文帝元嘉四年（427），朝廷又要征召陶潜为官，可就在这时他去世了。后人称他为"靖节先生"。陶潜的妻子翟氏，与他志趣相投，也能安贫乐道，每日里，夫唱妇随，耕耘为乐。

南史

列传

卷八十

周迪列传

周迪（？～565）本是无名小卒，因参与平定侯景之乱的机遇，受到时主的赏识，于梁、陈二朝均为统兵将领。但他心怀异志，因朝廷赏赐不公而起兵反叛，最后不但兵败身死，还被列入《贼臣传》中，遭后世诟骂。

▶【应运起兵】

周迪，临川南城（今江西南城东南）人。自幼生活在山谷之中，有较强的体力，能拉强弓，以打猎作为谋生手段。侯景叛乱的时候，周迪的同宗周续在临川起兵，始兴王萧毅将自己所辖的郡割让给周续，周迪招募乡邻追随周续的队伍，每次作战周迪比军队里的任何人都勇猛。周续所率

🔴 **青铜人形烛台·南朝**

领的将帅，都是本郡的豪门富户，渐渐地骄横起来，只因周续对他们管的稍微严了一点，这些人就杀死周续推选周迪为首领。梁元帝授命周迪担任高州（今广东江县西）刺史，封他做临汝（今江西临川）县侯。绍泰二年（556），又为衡州（今湖南衡阳）刺史，兼领临川内史。周文育讨伐萧勃时，周迪按兵不动以自保，静观其成败。

陈霸先受禅称帝后，王琳率兵东下反陈，周迪想趁机独自占据南川（今赣江流域），于是就召集自己所统辖的八郡长官结成同盟，宣称要领兵入朝援助，朝廷担心其中会发生兵变，就用丰厚的待遇来安抚他。王琳抵达盆城（今江西九江）后，新吴（今江西奉新）洞主余孝顷带兵响应王琳。王琳认为只要散发传达檄文就可以平定南川诸郡，便派遣他的部将李孝钦、樊猛等人去南面征集粮饷。孝钦等人和余孝顷联合进攻周迪，周迪将他们打得大败，生擒孝钦、樊猛、孝顷，把他们送到建邺（今江苏南京）。周迪凭借这次战功被加封为平南将军、

开府仪同三司。

【反叛被杀】

陈文帝登基后，熊昙朗发动叛乱，周迪和周敷、黄法氍等人一同攻打昙朗，屠城。王琳失败以后，文帝征派周迪去镇守盆口（今江西九江市西），又征召他儿子入朝为官。周迪犹豫不决，父子二人都没去。豫章（今江西境内）太守周敷原本是周迪的部下，这时和黄法氍带领自己的部众抵达京城，文帝记录下他们攻破熊昙朗的军功，都对他们加官赏赐。周迪听说此事后，心中愤愤不平，便暗地里与留异勾结。等到朝廷大军讨伐留异时，周迪深感疑虑，心中害怕，于是就派他弟弟周方兴偷袭周敷军队，周敷和他交战，大破方兴的队伍。又另派兵在盆城突袭华皎的军队，事情败露后，部众全被华皎俘获。

天嘉三年（562），文帝命江州刺史吴明彻统领监督诸军，和高州刺史黄法氍、豫章太守周敷一起征讨周迪，久攻不克。于是文帝派遣陈顼总督各路军马讨伐他，周迪的军队溃散，他自己脱身越过东兴岭前往晋安（今福建福州市），投奔陈宝应。宝应资助给他军队，留异又派遣他的第二个儿子留忠臣追随他。第二年秋天，周迪又翻越东兴岭回来。文帝派遣都督章昭达征伐周迪，周迪再一次逃散躲到山谷之中。

当初，侯景叛乱时，百姓们大都抛弃农耕，沦落成盗贼。只有周迪所统辖的地区没有受到侵扰，他辖区内的百姓们无论是务农还是经商，都有多余的储备，他政令严明，朝廷征收的赋敛从不违抗拖欠。他性情质朴，不好威风的礼仪。冬天则穿着短身布袍，夏天则戴着紫纱兜肚。平时在家常常赤着脚，虽然门外站着卫兵，屋内有歌伎舞女，但是他照样搓绳剖篾，旁若无人。他轻视财物，乐善好施，凡是他所周济过的人，都是公平对待。他言语迟钝，心中却怀有诚信，临川人都对他感恩戴德。到这时人们还是都帮他藏匿，即使朝廷因此对自己加以诛杀，也没人愿意说出来。

章昭达翻越东兴岭去和陈宝应抗衡。周迪又集合起被打散的兵马出东兴岭，文帝派遣都督程灵洗攻打他。周迪又与十多个人躲进山洞中。后来派人偷偷出去到临川郡市集上买鱼，结果这人被临川太守骆文牙抓住，命他帮忙抓周迪以自救。这人便诱使周迪从山洞出来打猎，事先埋伏好的士兵趁机斩杀了周迪。将他的首级送到建邺，在朱雀航（今南京镇淮桥东）悬挂示众三天。

论赞

论 曰：周迪等人，虽然生逢隆运，但是迷途未返，总心怀扰乱国家秩序的念头，终于遭到杀身之祸，也是罪有应得啊！

白话精编二十四史

● 第四卷

宋书 · 南齐书 · 梁书 · 陈书 · 南史

【特邀编审】
刘德麟

【文图编辑】
樊文龙

【文字撰写】
王承帝　胡克诚　王军

【装帧设计】
罗雷

【美术编辑】
刘晓东

【图片提供】
Fotoe.com